KB236777

시의 삶, 삶의 시

이 주 열

이주열

* 통일국민정당 통일과 화합을 위한 생활작품 시 우수상
* 아시아나 우수학술논문상
* 교육인적자원부 능력중심사회구현 교단수기 우수상
* 대한민국학술원 우수학술도서상
* 한국외국어대 · 방송대 · 한국철도대 강사
* 석사학위논문
  『조태일의「국토」에 나타난 이미지 양상 연구』(중앙대, 2000)
* 박사학위논문
  『한국 현대시의 해학성 연구』(한국외대, 2005)
* 저서
  『한국 현대시에 나타난 해학성과 정신』(푸른사상사, 2005)

시의 삶, 삶의 시

지은이 이주열
인쇄일 초판1쇄 2007년 12월 13일
발행일 초판1쇄 2007년 12월 18일
발행처 국학자료원
등록일 제324-2006-0041호

발행인 정구형
편 집 이초희, 박지혜, 김나경
총 무 한미애, 박지연
물 류 김종효

서울시 강동구 성내동 447-11 현영빌딩 2층
Tel 441-1762, 442-4623,4,6
Fax 442-4625
www.kookhak.co.kr
kookhak2001@hanmail.net

ISBN 978-89-6137-318-0 *93080
가 격 18,000원

저자와의 협의하에 인지는 생략합니다.

책 머리에

우주 한 켠에 거대한 숲이 있다. 이 숲은 좁고 험한 수렁으로 얽어져 있으며 거칠고 깊은 돌개바람에 휩싸여 있는 인간의 숲이다. 동굴처럼 어두웠다가도 금세 꽃향기 가득 피어나는 오묘함이 그지없는 숲. 인간은 보다 아름다운 휴식의 아침을 만들기 위해 대대손손 꿈을 부풀려 왔다. 그러나 아름다운 삶을 향한 이상향이 과해 머리카락을 찢는 폭우와 폭풍과도 같은 기계적 인간, 기쁨을 만끽할 줄도 슬픔을 위안할 줄도 모르는 자동인형의 세상 같은, 정을 쉽게 나눌 수 없는 요즘이다. 그런 가운데 시름시름 앓는 자연의 숨소리 뒤로 동심을 맺어줄 한 가닥의 웃음소리, 황량한 광장을 덮는 천진스런 풀들, 희미한 창유리에 밀려드는 안개를 방긋이 열어젖히는 태양, 사랑의 갈증으로 괴로워하는 연인들의 가슴팍에 살랑살랑 성스런 미소를 던져주는 시인들이 있기에 살아갈 맛이 난다.

물신주의에 빠져 나무의 크기만 보고 숲의 아름다움을 보지 못하는 자. 순간의 쾌락만을 좇다가 하루가 다르게 변모하는 사회 속에서 허둥대는 자, 새로운 지식과 사상을 받아들이며 무에서 유를 창조하는 삶의 주체들을 시기하는 자, 경쟁상대를 지목하고 음모와 모략으로 자신의 안위를 도모하는 자, 자기의 잘못된 행동을 바로잡기 위함보다는 상대의 결점만 트집 잡는 자, 불의를 참지 못하고 투쟁의 대열에 합류는 하였지만 고뇌에 찬 심정이라기보다는 유흥기분에 들떠 실제적 대책을 마련하지 못하는 자, 늘 자신의 감정을 다스리지 못하고 폭행·폭력을 일삼는 자, 일찍이 중국의 양계초가 언급했듯이 이해관계에 따라서만 행동하는 이기주의자, 자기 스스로는 아무 일도 하지 않으면서 남을 비방하고 헐뜯어 일을 그르치게 하는 자 등은 경계의 대상이다. 하지만 이 또한 그들 개인의 문제가 아니라 우리 모두의 문제임을 인식하고 반성하며 함께 껴안고 가야할 의무가 있다.

만족스럽지 못하지만 오늘날 우리가 이만큼이라도 편안한 인생의 숲을 누리고 있는 데에는 앞 시대 사람들의 희생과 무수한 시행착오를 겪으며 다져진 길임을 알아야 한다. 그러한 길을 지금보다는 월등히 좋은 방향으로 만들어 다음 세대에 내어주어야 할 책무가 우리에게 있다. 그 길이 비록 순탄하지 않을지라도 끊임없이 인간과 자연 간, 인간과 인간 간의 충돌로 굴곡진 길, 파인 길, 끊어진 길을 고쳐 바로잡는 데 힘써야 할 것이다. 그러하기에 삶의 용기와 희망을 일깨우는 인문학적 정신으로 자신이 걸어온 길을 되돌아보는 자기반성적 성찰이 그 어느 때보다 요구된다.

하루하루 자기반성적 성찰로 자신이 한 일에 대해 옳고 그름을 따지면서 이전에 누군가 밟고 지나간 자취를 조심스럽게 더듬을 때만이 이기주의로 파편화된 인간의 숲은 다시 올곧게 세월질 수 있다. 기쁨의 빛을 흩날리며 정열의 자줏빛 소리를 뿜어내는 새들이 파닥거리는 그런 숲 말이다. 누군가 앞서 피와 땀으로 가시밭을 헤치며 닦아놓은 길이 돌이 많다며 투덜대거나 가슴이 서늘케 할 정도로 돌팔매질을 해댄다면 인간의 숲은 영영 살아남을 수 없다.

본서에서 논의되는 대상은 대한민국이라는 가시밭 속에서 지금 현재 우리들이 그나마도 안락하게 살아가게끔 꿈을 심어주었던 시인들이다. 김지하 · 도종환 · 박노해 · 고재종 · 신현림 · 조태일은 각자의 영역에서 주체적 삶의 방식을 확장하고 심화시키면서 보편적 인류의 가치인 좀더 나은 인간적 삶을 배태시킨 선도자이기도 하다. 앞의 다섯 시인에 대해서는 비평적으로 다루었으며, 조태일 시인에 대한 글은 필자의 석사학위 논문으로 앞의 글들과 다소 이질성을 띤 형식이기는 하지만, 인간적 삶을 위한 실천적 창작행위를 보여준 까닭에 함께 묶는다. 이들의 공통점은 자신들이 추구했던 일들을 과시하시 않고 오류와 결함을 발견할 줄 알았으며, 자기반성적 성찰로 희망을 엮어낸 데 있다.

그들의 삶의 행위와 시적 방식을 긍정적으로만 바라보기에 한계가 있는 것 또한 사실이다. 그렇지만 변화된 사회상황을 이해하려 하지 않고 단순히 현재적 관점에서 미의 형식을 포함한 당대의 문화실천적 창작 방법을 문제 삼을지라도 인간적 삶을 위한 치열한 시적 작업까지 부정할 수는 없을 것이다. 한 시인의 성과를 재검토하고 그에 대한 비판적 시각으로 접근하는 학문적 자세야말로 더없이 좋은 현상이지만 긍정적 측면을 드러내는 데 인색해도 안 될 것이다.

오늘날 극대화된 자본주의로 인해 인간의 인식마저 상업화되어 여기저기서 과거의 인간주의적 삶을 위해 희생한 자들을 폄훼하는 소리가 들린다. 그러한 목소리가 정치적 경쟁수단으로까지 치닫고 있어 안타까운 마음 금할 길 없다. 자기가 지나가고 있는 지점이 편리하건 불편하건 앞 세대들이 인간의 숲을 가꾸어나가는 과정에서 만들어진 길임을 인식하지 못하거나 편협하고 편견적 사고에서 벗어나지 못하는 몽매함 때문이리라. 현재의 편리한 길은 흠이 나지 않게, 불편한 길은 현세의 우리들이 더 지혜를 짜내 고쳐 가면 될 일이다.

인간적 삶의 완성이 없듯이 학문 또한 완벽을 추구하되 절대 완성의

성과를 제공하기 어렵다. 한없이 모자란 글임에도 최고의 양서만을
내놓는 국학자료원에서 출간할 수 있게 결정을 내려주신 심사위원님
들께 깊은 감사를 드린다.

시의 삶을 궁굴리며
2007년 11월
이주열

■ 차례

I 부

시름시름 앓는 자연의 숨소리 뒤로 동심을 맺어준 한 가닥의 웃음소리, 황
량한 광장을 덮는 천진스런 풀들. 희미한 창유리에 밀려드는 안개를 방긋이
열어젖히는 태양, 사랑의 갈증으로 괴로워하는 연인들의 가슴팍에 살랑살랑
성스런 미소를 던져주는 시인들이 있기에 살아갈 맛이 난다.

1. 중심의 존재양식

인간의 역사는 지배층과 피지배층의 대립과 갈등 속에서 꾸준히 발전해 왔다. 지배층은 부와 권력을 조금이라도 더 소유하려는 데에서, 피지배층은 정치·경제의 권력지배자들로부터 벗어나기 위해서 의식적 저항의 형태를 보여 왔으며 앞으로도 두 계층 간 불신의 벽은 지속될 것이다. 1989년 소련을 비롯한 동구권 현실사회주의 국가들이 붕괴된 이후, 미국을 주축으로 한 대륙과 대륙 간의 세계적 자본주의 시스템이 연결되면서 전 지구적 자본권력과 전 지구적 노동주체들 간의 조직적 갈등 현상을 보이고 있다.

그러나 역사적으로 우위를 확보한 집단의 이념태일지라도 새로운 삶을 추동시키는 또 다른 집단의 이념태에 의해 도전을 받아 항구적이지 못했다. 인간은 개인적으로 혹은 집단적으로 자동화되고 진부한 사회현상을 분산시키려는 속성을 지니고 있으며, 개성적 개체로서의 집단적 삶의 목표를 설정하지 않고서도 독자적으로 살아갈 수 있는 능력을 계발하는 까닭이다.

인간의 세계는 긍정적 사고 변이와 부정적 사실인식의 상호 결합에 의해 진보해 나간다. 그 속에서 누구든 주체적인 세상읽기가 요구되는데 자신의 세계관과 현실 변화에 의해 이해득실을 따지게 되고 그에 따라 제각각의 삶의 방식을 터득해 나간다. 지배층에 속한 사람도 사회적 모순에 대한 저항의식을 가질 수 있으며 피지배층에 속한 사람도 불합리한 정치·경제적 구조에 의존한 삶의 행로를 제시할 수도 있다. 모든 정신과 모든 물체가 동전의 양면처럼 이질적이면서도 상호보완적인 관계로 굴러간다는 것을 인지할 필요가 있다.

인간의 삶은 따라서 순차적인 인과관계로 이루어지지 않을 뿐 아니라 자아와 타자, 안과 밖, 이쪽과 저쪽 등의 이분법적인 경계에 의해 상정되지도 않는다. 인류가 추구하는 인간적 삶이 도래되었더라도 언제 어느 때 인간에게 절대 필요한 물이나 불 등에 의해 쓸려 내려가거나 재가 된다는 것을 명심하고 늘 그러한 위험을 극복할 수 있는 지혜를 습득해야 할 것이다. 등산이나 테니스, 수영 같은 운동으로 몸 관리를 제아무리 잘한다 할지라도 언제 갑자기 병(病)과 맞닥뜨려져 눈으로 보이지 않는 신에게 목숨을 구걸하는 신세가 될 수도 있다. 의지와 관계없이 자연 현상에 의해 삶과 죽음이 나누어지기 때문이다.

그렇다면 인간 자체가 나약한 존재임이 명확하게 확인되는데 그 나약한 존재들이 서로 자연스럽게 살아가지 못하고 타자를 향한 공포와 죽임을 자행하는 가장 큰 이유는 무엇일까 하는 의문을 던질 수 있다. 그 답으로 제시할 수 있는 하나가 그 물음 속에 이미 내재해 있다. 바로 인간은 각자 자신의 나약함을 내보이지 않으려는 은폐의 본능이 우리 내에 내장되어 있다. 그러한 은폐의 본능을 운명으로 치부한 채 자신의 사악한 마음을 제어하지 못하는 경우 남에게 크나큰 해를 입히게 되는 것이다.

국가를 형성시키고 사회를 구성해나가는 가운데 인간은 끝없는 욕심을 갈구한다. 작게는 남보다 좋은 집에서 잘 먹고 잘 살겠다는 것으

로부터 크게는 다른 사람 위에 군림하면서 사회적 영웅으로 대접받고
자 한다. 스스로 자아의 사적인 욕망을 무화시키기 위한 학습이 끊임
없이 실행되어야 하는 이유가 여기에 있다. 자신의 의지와는 다르게
피폐한 삶의 결과를 초래할 일을 만들 수도 있지만 이성적으로 사유
하고 감성적으로 타자를 품어 안을 수 있는 능력을 소유한 동물이 또
한 인간이다.

　좀더 넓게 응시해본다면 그러한 개인적 욕망에 따라 다른 사람의 인
권을 무시하는, 즉 힘으로써 욕구를 채우기 위한 부정의 형태가 인간
세계에서 무수히 발생해왔다. 인위적인 생의 파괴, 이것이 하나의 문
화를 형성하기 위한 과정에서의 구성원들 간 아귀다툼이 되는 요인이
다. 물질충족 욕구에 의해 자국 내의 나약한 자의 재산을 빼앗는 데서
부터 약소국가를 침탈하는 행위들이 여기에 포함된다. 한편에서는 이
러한 역사적 상황을 의식하면서 스스로 국가적 권력의 횡포와 사회적
모순에 대항하는 자들이 존재해 왔다. 불합리한 제도에 맞서 정치
적·경제적·문화적인 저항의 층위가 생성되었으며 이 중 시는 한국
사회에서 문화적 층위에서의 저항담론을 생산해내는 데 주저함이 없
었다.

　시는 시적 자아를 둘러싸고 있는 현실사회나 희로애락의 내면적 가
치를 비유나 상징으로써 노래하는 오랜 전통을 지닌 갈래다. 삶의 순
간순간을 유희적 상상력에 입각해 새로운 삶의 세계를 현현하는 글쓰
기가 시의 세계이며 시인의 이데아이다. 김지하는 삶의 역동적 주체
로서의 불구적 정치행태에 대항해 인류의 보편적 가치인 자유민주주
의를 실현시키는 데 온몸을 불사른 시인이다.

2. 중심의 시학

김지하(1941~)는 우리의 전통적 양식인 판소리 형식을 이용, 정치권력에 대한 저항의 담론을 엮어낸 시인이다. 시인의 젊은 시절, 한국의 1960~70년대는 그야말로 비민주적 정치통치하에 놓여 있었다. 초대 대통령 이승만 정권의 부정부패를 무너뜨린 4·19 민주혁명이 일개 소장인 박정희를 중심으로 총을 앞세운 군인들에 의해 다시 무너지는 수모를 겪어야 했다. 이후 군사정부는 한 줄기의 가느다란 민주주의를 갈망하는 학생들의 목소리를 냉소적으로 받아들이며 반공주의 기치를 내걸고 독재정권을 유지해 나갔다.

쿠데타로 대통령을 거머쥔 박정희에게 국민들은 일상적인 활동으로부터의 공포대상이 되었고 그에 따라 인간사회의 정신적 긴장을 이완하며 인간개체 발달을 위한 자유스런 예술창조 활동도 제약을 받을 수밖에 없었다. 김지하는 이러한 비민주적이고 반인권적인 정치권력과 개인의 부귀영화를 위해 이해관계에 따라 처세술로써 파벌을 조성하면서 호의호식하는 자들을 향해 비판적 목소리를 내게 된다. 그렇지만 민주화운동에 뛰어들어서도 연극과 상송, 재즈에서 판소리·민요·무가·정악(正樂)에 이르기까지[1] 폭넓은 문화적 실천을 보여주었다. 그의 이 같은 행위는 분단시대 민족적 위기의 극복 목표와 일치한다.

김지하는 '우리문화연구회' 회원인 조동일로부터 현대 서사시가 판소리의 현대화라는 말을 듣고 판소리 양식에 관심을 기울이게 된다. 1964년 5월 20일 한일회담에 반대하는 시위에 가담 '민족적 민주주의 장례 및 규탄대회'에서 「곡 민족적 민주주의」 조사와 「최루탄가」라

1/ 『김지하전집』 제1권(실천문학, 2002), 730-731쪽.

는 데모가를 쓰고, 6월 3일 광화문 일대에서 연좌시위를 벌인다. 쿠데타로 정권을 잡은 박정희 대통령은 비상계엄령을 선포하고 학생운동 지도자와 언론인 등 4백여 명을 내란선동 혐의로 체포하기에 이른다. 이때 김지하도 서대문형무소에서 4개월간 '집회 및 시위에 관한 법률 위반' 혐의로 옥고를 치른다. 그리고 이른바 '6·3사태'의 여파로 서울대학교 문리대 학생의 신분이었던 그는 무기정학 처분을 받았다가 9월 20일 서울지검에서 기소유예로 석방, 그와 함께 무기정학이 해제된다. 그 후에도 계속 한일협정 반대 투쟁이 가속화되자 그는 또다시 1급 지명수배자가 되어 도피의 나날을 보내고 그의 아버지는 중앙정보부에 연행되어 은신처를 강요받으며 고문을 당한다.

이러한 억압적 사회 구조에 대한 적극적인 저항을 끊임없이 실행하면서 김지하는 1966년 갑오동학혁명을 주제로 한 서사시 「우슬치」와 서정시 「황톳길」을 창작한다. 서정시 속에 시인의 사회 의식적 경향과 정치적 이념이 내포되어 있음은 물론이다. 식민지에 태어나 총칼로 무장한 자들에게 죽임을 당한 아버지. 자연히 시인은 그러한 가족의 아픈 상처를 보듬어 안고 사회중심부로 저항의 발길을 옮겨 놓는다.

1971년 10월 5일 김지하는 카톨릭 원주교구에서 '부정부패 규탄대회'의 초안을 작성한다. 그러나 군부독재정권은 이 대회의 확산을 차단하기 위해 위수령을 발동 학생들을 연행 구속시키고, 김지하는 이날 시위 배후조종 혐의로 지명 수배되어 강원도 탄광 지대로 피신한다. 그곳에서 민중에 대한 종교적 실천 문제를 다룬 희곡 「금관의 예수」와 도시빈민층의 삶의 애환과 지배층의 폭압 구조를 다룬 희곡 「구리 이순신」을 발표한다. 그 후에도 절대 권력의 횡포와 민심의 향방을 풍자한 담시 「비어」를 창작하는 등 불합리한 시대의 중심에 서서 지칠 줄 모르는 사회적 삶의 대안과 새로운 역사적 전개의 실험에 나서게 된다.

김지하는 인간 개인의 가치들을 한껏 인정하는 사회 중심적 삶을 지향했다. 그러한 삶의 태도를 그는 무(無)의 활동으로 규정지었다. 텅 빈 무, 즉 신선하고 근원적인 창조적 생명을 뜀뛰게 하는 민중적 삶[2]의 개념을 이끌어냈는데, 그것은 당대에 맞닥뜨려진 삶의 절망감을 치유하고 실존주의의 도덕적 삶을 제공하는 차원에서였다.

남녘의 군부독재정권과 북녘의 공산주의의 유일사상으로 인한 민족의 이질성이 더해짐에 따라 남녘은 남녘대로 북녘은 북녘대로 상대에 대한 모멸감과 열등의식에 사로잡혀 군비경쟁만이 가속화되어 갔다. 그것은 양쪽의 국민들로 하여금 인간적 삶의 실현을 포기하게 만드는 형국이 되었다. 국가의 경제성장과 분배 및 안보 사이에서 국민들은 하나만의 선택을 강요받을 수밖에 없었던 것이다. 자연스레 김지하는 진보적 이성과 자유의식을 갖고 민주주의를 향한 사회 중심부로의 발걸음을 힘차게 내딛고 있었던 것이다. 그의 자유의식은 무로의 길로 나아가는 핵이 된다.

무를 향한 자유의식의 발걸음, 이것이 김지하가 판소리 기법의 시를 창작하게 된 기폭제라 할 수 있다. 판소리를 차용한 무로의 시적 방향은 김지하에게 있어 하나의 놀이판으로 간주되었다고 하겠는데, 그의 판소리 시법이 놀이판으로서의 판소리처럼 군중을 대상으로 공연하는 무대 위의 음악적·연극적인 요소를 동시에 갖추었다고 할 수 있다. 그런 연유에서 김지하를 시인이면서 가수이고 또한 연극배우라 칭할 수 있는 것이다. 말하자면 종합 예능인으로서의 사회 중심적 위치에 선 인물이라 하겠다. 실제로 김지하는 영화시나리오와 모노드라마 그리고 풍자극 등의 연극 대본을 쓴 시인이기도 하다.

2/ 김지하, 「민중문학의 형식문제」, 김병걸·채광석 편, 『민족, 민중 그리고 문학』(지양사, 1985), 228쪽.

판소리는 문학적 내용과 노래극 형식의 성격을 가진 예술적 갈래이기 때문에 연행되는 형식에 따라 다양한 사설로 전개되는 것이 특징이다. 특히 전통적으로 서민들의 피폐한 삶과 지배와 피지배 간의 갈등을 적나라하게 폭로하면서 피지배층의 소망에 창자(唱者) 자신의 경험을 부합시켜 생동적인 풍속의 묘사가 지배적이다. 김지하도 권력 남용과 부정부패를 일삼는 사회 상층부에 대한 반감을 창과 아니리로 반복되는 판소리 구조로 시를 엮어낸 것이다. 사람들을 울리고 웃기는 연희로서의 판소리 시학의 산출은 현실적 삶과 예술을 동일시하고자 한 김지하 특유의 시관이라 하겠다. 판소리 기법의 시가 어떠한 과정을 통해 탄생되었는가는 다음 글에서 확인할 수 있다.

> 판소리를 접하게 된 것은 학생 시절이다. 판소리의 현대화를 생각하게 된 것도 그 시절이다. 스물네 살 때든가 당시 『청맥』이란 잡지로부터 동학혁명에 관한 장편 서사시를 청탁받고 200행까지 쓰다가 모두 찢어버렸다. 형식 문제가 해결되지 않았기 때문이다. 그로부터 판소리의 현대화와 동학혁명 서사시는 내 꿈이 되었다. 스물아홉 살 때 형식 문제를 해결하기 위해 시작(試作)으로 쓴 것이 「오적」이다.[3]

1970년 특권층의 권력형 비리와 그 부패상을 판소리 가락으로 통렬히 비판한 담시 「오적」을 월간지 『사상계』 5월호에 발표, 치열한 사회 변혁운동의 중심에 선 격정의 목소리를 들려준다.

> 이놈들 오적은 들거라
> 너희 한갓 비천한 축생의 몸으로
> 방자하게 백성의 고혈 빨아 주지육림 가소롭다

3/ 『김지하 시전집-3』(솔, 1993), 9-10쪽.

대역무도 국위손상, 백성원성 분분하매 어명으로 체포하니
오라를 받으렷다.
이리 호령하고 가만히 둘러보니 눈 하나 깜짝하는 놈 없이 제일에
만 열중하는데
생김생김은 짐승이로되 호화찬란한 짐승이라
포도대장 깜짝 놀라 사면을 살펴보는데
이것이 꿈이냐 생시냐 이게 어느 천국이냐
서슬 푸른 용트림이 기둥처처 승천하고 맑고 푸른 수영장엔 벌거벗
은 선녀가득
몇 십리 수풀들이 정원 속에 그득그득, 백만 원짜리 정원수 백만 원
짜리 외국개
천만 원짜리 수석비석, 천만 원짜리 석등석불, 일억 원짜리 붕어 잉
어, 일억 원짜리 참새 메추리
문도 자동, 벽도 자동, 술도 자동, 밥도 자동, 계집질 화냥질 분탕질
도 자동자동
여대생 식모 두고 경제학박사 회계 두고 임학박사 원정 두고 경영
학박사 집사 두고
가정교사는 철학박사 비서는 정치학박사 미용사는 미학박사 박사
박사박사박사
잔디 행여 죽을세라 잔디에다 스팀 넣고, 붕어 행여 죽을세라 연못
속에 에어컨 넣고
새들 행여 죽을세라 새장 속에 히터 넣고, 개밥 행여 상할세라 개집
속에 냉장고 넣고
대리석 양옥 위에 조선기와 살짝 얹어 기둥은 코린트식 대들보는
이오니아
선자추녀 쇠로치고 굽도리 샛슈박고 내외분합 그라스룸 석조 벽에
갈포 발라
앞뒷퇴 널찍 터서 복판에 메인홀 두고 알매달아 부연 얹고
기와 위에 이층 올려 이층 위에 옥상 트고 살미살창 가로닫이 도자
창으로 지어놓고

(…)

저게 모두 도둑질로 모아들인 재산인가

이럴 줄을 알았더라면 나도 일찌감치 도둑이나 되었을 걸

원수로다 원수로다 양심이란 두 글자가 철천지원수로다

이리 속으로 자탄망조 하는 터에

한놈이 쓰윽 다가와 써억 술잔을 권한다

보도 듣도 맛보도 못한 술인지라

허겁지겁 한잔두잔 헐레벌떡 석잔넉잔

이윽고 대취하여 포도대장 일어서서 일장연설 해보는데

안주를 어떻게나 많이 처먹었던지 이빨이 확 닳아 없어져 버린 아 가리로

이빨을 딱딱 소리내 부딪쳐가면서 씹어뱉는 그 목소리 엄숙하고 그 조리 정연하기

성인군자의 말씀이라

만장하옵시고 존경하옵는 도둑님들!

도둑은 도둑의 죄가 아니요, 도둑을 만든 이 사회의 죄입네다

여러 도둑님들께옵선 도둑이 아니라 이 사회에 충실한 일꾼이니

부디 소신껏 그 길에 매진, 용진, 전진, 약진하시길 간절히 간절히 바라옵고 또 바라옵나이다.

　판소리는 반봉건적 삶의 형태를 거부하는 시민의식을 추수하고 각성된 민중의식에 기반을 둔 예술의 근대성에서 문학적 의의를 찾을 수 있다. 한국 서사시의 전통성과 산문형식을 띤 서구적 근대성이 잘 조화되어 새로움을 획득하고 있는 것이다. 판소리 창자인 광대가 정치적 제한성을 뚫고 삶의 미래적 전망을 사실적으로 노래한 것처럼 김지하도 거칠면서 단조로운 곡조와 평범한 서민의 정서에 맞는 노래의 시를 들려주고 있다. 재벌·국회의원·고급공무원·장성·장, 차관을 5적으로 간주, 당시 지배층의 권력형 부패에 대해 비장한 각오와 냉엄한

분노를 표출해 시인으로서의 사회 중심적 역할을 보여주고 있다.

　인용한 시에 국한시켜 보면 추악의 대상에 대해 포용과 융화로서의 해학적 제스처는 찾아볼 수 없는 듯하다. 조롱과 야유로서의 풍자적 태도만 비쳐지는 모습이다. 판소리 기법으로서의 사회적 풍속과 창자로서의 피지배층의 현실을 올바르게 반영하기 위한 서민의식이 드러나 있다. 말하자면 허위와 방탕한 사치를 일삼는 지배층에 대한 비판적 목소리를 전통적인 판소리 기법으로 살려내고 있다. 시인의 사회문화적 중심의 위치를 확인할 수 있는 지점이다.

　김지하의 판소리 시법은 그래서 반사회적인 세력들에 대한 응전력을 일구어냈다고 하겠다. 사회적 중심부에서의 핍진한 삶에 대한 전면적인 도전이라 할 수 있다. 이는 하층민들의 삶에 진입해 들어가 그들의 삶의 활력을 불러일으키는 구실과 상통한다. 판소리 기법으로서의「오적」은 이성적 판단과 기질적 감정이 혼용한 이미지가 나타나 있다. 이 판소리 기법의 시가 감상하는 수용자와 소리하는 발화자 사이의 사회사적 담론의 괴리를 무화하는 데 효과를 발휘하고 있다. 그렇기 때문에 이 작품에서 도덕적 가치회복을 위한 시인의 희생과 순수성을 떠올릴 수가 있다.

　그러나 판소리 시법이 김지하 특유의 문학적 상상력일지라도 대상에게로의 풍자적 감정만이 현현되었다면 또 다른 증오를 낳는 문제와 직결된다. 그렇기 때문에「오적」이 대상에 대해 매질하며 보복의 달콤함을 대리 경험하게 하는 판소리의 풍자적 구조를 띠면서도 추악의 대상을 부드럽게 감싸안는 해학적 발현이 통어되고 있다고 하겠다. 그래서 작품 곳곳에 감정을 부드럽게 전이하는 판소리의 가락과 장단의 언어적 울림이 느껴지고 있는 것이다. 큰 마당이 아닐지라도 옹기종기 모여 앉은 사람들 앞에서 한판 벌이는 연희를 맘껏 즐기듯이 질박한 아름다움과 고도의 기교 등을 갖춘「오적」을 통쾌하게 감상할 수 있는 것이다. 그러므로 김지하의 판소리 시법은 삶의 진실성 추구를 위한 언어적 긴장과 이완이 반복적으로 실행되고 있으며, 이에 따라 김지하 시인의 독자적이고 역동적인 삶의 방향을 가늠해볼 수 있다.

김지하의 「오적」은 어두운 시대상황에서의 지성적 변화 의지와 외부세계에 대한 냉담한 반응으로서의 삶의 진리를 길어 올리는 양상으로 전개되고 있다. 반사회적 사상과 독재권력 구조의 제약 속에서 다채로운 삶의 목소리를 생생하게 들려주는 데「오적」의 가치가 있는 것이다. 시인이 사회의 주변에 머물러 있지 않고 전면적 혹은 부분적으로 사회 주류로서의 책무를 다하고 있다는 증거다. 날카로운 현실감각과 사회학적 상상력에 의해 구체적 삶의 현상을 구가해낸 것은 소시민적 생활방식에서 벗어나 거시적 안목으로 공동체사회를 실현하는 가능성을 보여준 것이라 하겠다. 이상과 현실의 괴리를 좁히면서 비루한 사회 속에서도 아무런 의식 없이 쾌락을 좇는 인간군상을 질타하는 예증이기도 하다.

3. 중심에서의 자각

1979년 10월 26일 자신의 심복 중앙정보부장 김재규에게 죽임을 당한 박정희의 뒤를 이어 전두환이 중심에 선 신군부가 막강한 힘을 내세우며 1980년 서울의 봄을 잠재운다. 그러나 1987년 학생과 시민들의 격렬한 민주화투쟁에 무릎을 꿇고 마침내 25년의 제왕적 군사정권이 막을 내린다. 그 후 다시 군인 출신이 정권을 잡지만 그것은 형식적으로나마 민주주의 방식에 의한 국민들의 선택이었으므로 그에 따른 문제점들은 차츰 국민들의 합의를 통해 시정해 나가면 될 일이었다. 그리하여 어느 분야 할 것 없이 그동안의 누적된 비합리적인 구조적 장치들을 개선하는 데 심혈을 기울이게 된다. 그렇지만 민주화 운동으로 희생을 당한 학생 및 시민들의 보상과 비민주적 통치방식이 곧바로 이루어지거나 개선되지 않았다.

진정한 민주주의를 향한 진보적 인사들의 목소리가 계속해서 터져 나왔지만 이전 같은 죽음을 각오한 전투적 모습은 눈에 띄게 사라지고 대다수의 시민들도 묵묵히 합법적 정부를 지켜보는 단계로 접어들었다. 자유와 평화를 갈구하며 비합리적인 사회 한복판으로 온몸을 밀고 들어갔던 문학인들도 서서히 뒤돌아 나오기 시작했다. 1970~80년대 작품의 반동성과 진보성으로 나누어 꾸준히 사회비판적인 창작 활동을 고무시켰던 민족문학이니 민중문학이니 하는 이념적 문학의 흐름도 급격히 퇴조하기에 이른다. 문단의 한 귀퉁이를 장식하며 당대 현실의 사실적 묘사를 추동한 리얼리즘의 문학적 표방이 새로운 미학적 실천을 수용하는 면모를 보이게 된 것이다. 사회 중심적인 입장에서 현실에 대한 정당한 인식과 동지적 정열로써 집단적 창작방식에 준하는 문학적 연대성의 진전을 이루었던 김지하도 사물의 본질적 탐색과 전통적 서정시로의 방향을 튼다. 1989년 『별밭을 우러르며』는 지난 시대의 시적 경지와는 다른 생명에의 성찰과 겸허의 시적 경향을 펼쳐 보인 서정시집이다.

합법정부임에도 군인 출신의 한계로 노태우 정부는 공안통치를 그대로 유지하고 있었기에 1990년대까지 문단 내의 참여문학론자들은 여전히 사회 내 중심적 존재의의를 부단히 끌어올리려 했다. 소련을 중심으로 한 사회주의 국가들이 몰락을 겪는 세계사의 일대 전환점에 처하여 한국 내의 실천적 지식인들과 사회주의를 지향한 운동권 학생들의 정신적 혼란이 가중되는 와중에 분신자살이 이어졌다. 이때 시인 김지하는 자신이 몸소 실행했던 민중적 투쟁에 반기를 드는 기고

문 「죽음의 굿판을 걷어치워라」라는 글을 『조선일보』에 발표한다. 그에 따라 그동안 함께 했던 사회 중심적 동지들은 물론 다수의 민중들로부터 가혹한 비판을 받게 된다.

선도적으로 이루어진 삶의 진지성 발언이 많은 의혹을 사기도 했지만 사회 주체로서의 그리고 시인으로서의 사회통합적인 의장, 즉 균형·화해의 몸짓이었음을 이해할 필요가 있다. 모순과의 싸움에서 극단적인 죽음으로 치닫고 있는 학생들의 분신에 대한 반대 입장을 정치적으로 편협하게 해석되어진 측면이 없지 않았기 때문이다. 후에 역사적 책무와 현실적 대안을 모색하는 철학적 사상이 내재된 '생명'의 소중함과 '반분신'의 필요성을 역설한 그의 글에서 그것을 충분히 감지할 수 있다. 그것이 1992년 출간한 『생명』이라는 산문집인데 이로 인해 시인의 지난한 이론적이고 실천적인 언급들이 독자들과 공유하기 시작한다. 그리고 1994년 어둡고 고적함 속에서 시는 숨쉴 수 있는 틈이었다고, 말을 절약하여 틈을 열고 싶었다고 그러나 그것은 괴로운 일이었음을 고백하며 시집 『중심의 괴로움』을 내놓는다.

봄에
가만히 보니
꽃대가 흔들린다

흙밑으로부터
밀고 올라오던 치열한
중심의 힘

꽃피어
퍼지려
사방으로 흩어지려

괴롭다
흔들린다

나도 흔들린다

내일
시골 가
가
비우리라 피우리라.

 사회 중심으로부터의 경직화된 삶에서나 예술적 편향의 시적 작업에서나 한층 성숙된 미적 태도를 보여주는 시 「중심의 괴로움」이다. 모순으로 가득 찬 사회 한가운데로 파고들어가 강한 저항의식으로 비통한 이미지를 환기시켰던 시인은 이제 그러한 중심적 사고가 괴롭게 흔들리면서 새로운 각오를 다지지 않으면 안 되는 상황이 도래된 것이다. 비운의 현실의식을 적극적으로 수렴하며 민주주의가 오고야 말리라는 확신을 가졌던 시로서의 강세 효과가 변화된 시대적 상황과 맞물려 민중적 자아각성으로서의 시정신을 풍기고 있는 것이다.

 외부세계의 강력한 힘으로부터 비록 저항의식이 한풀 꺾인 시적 자아의 위축된 심정을 자아내고는 있지만 마지막 연에서 나타나듯이 자신의 몰개성적 투쟁의 오류와 폐해를 간파하고 부분적으로 자기통어에 의한 자의적 탈출을 감행하는 감정적 단면이 엿보인다. 선동에 의한 대상과의 투쟁의 정당성을 부여하면서 융화와 화해를 도외시하는 사고의 단순성을 넘어서고 있다.

 인간사를 관통하던 중심적 사고·중심적 행동은 김지하 시인에게 있어 도덕적 행위의 토대였다. 이러한 의식적 노력은 사회발전을 위한 인간들 개개인이 지켜야 할 필요충분조건이다. 불안정한 시대에 그리고 불합리한 사회제도로 인해 수많은 사회구성원들의 고통은 왜소한 국가와 상호 배타적인 의식의 결과를 낳는다. 그렇기 때문에 시인은 사회 중심적인 사고와 행위로부터의 무책임성에 대한 성찰을 시로써 보여준다. 자신의 신념을 실행하고자 다른 사람의 신념들을 배타시하는 행위 또한 반사회적 행위이다. 억압적인 사회제도와 인간 삶의 모순에 대한 격렬한 저항만큼이나 이념이 다른 타자에 대한 삶을 얼마만큼 이해하려고 했는지를 물을 때 당대의 그러한 문제의식은 거의 없었다고 해도 무방하다.

김지하 역시 외부세계에 대한 주체적 탐구와 문학적 참여의식은 그 누구보다 강했다고 할 수 있다. 그의 시가 전대에는 폭발적이고 충격적인 호소력에 기인한, 즉 도덕적 정당성을 부여하는 시적인 목소리였다. 그러나 인용시에서 보듯이 1990년 이후 그의 사회 중심적 시각과 사회적 발언으로서의 문학행위의 방식은 현격히 다르다. 그의 세계는 이제 모순으로 가득 찬 사회에서의 중심을 잡고 있는 것이 아니라 그곳으로부터 떨어져 나오는 형국이다. 불완전한 세계를 목도하면서 그것을 전도시키려던 몸부림을 가까스로 추스르는 시적 행위를 보이기 시작했다고도 할 수 있다. 사회적 중심에서 생경한 구호와 경직된 이념만을 고집하던 시인이 세계변화의 물결에 따라 자신의 변화를 진정한 문학정신으로써 보여주고 있는 것이다.

그는 한때 독재정권에 의해 옥살이를 거듭할 정도로 여러모로 행복을 저당 잡힌 민중들의 희망적 대상이었다. 그러나 어느 정도 민주주의를 쟁취한 이후 시인은 온갖 비난의 소리를 참아내면서 생명의 존엄성과 영혼적 친교를 노래하는 등의 철학적·사상적 변환을 시도한다. 김지하는 인간적 변절이 아니라, 스스로 규정지은 철학적 삶의 준거 원칙에 의해 생명사상을 추동시키고 그것에 바탕을 둔 문학창작을 감행한 것이다. 그의 생명사상은 바로 역사와 인간과 문학을 한데 결합하여 인간의 본질을 근원적으로 되돌려 놓는 데 있었기 때문이다. 시인은 그래서 중심적 삶의 괴로움을 토로하고, 그에 대한 정서를 서정적 상상력으로 「중심의 괴로움」을 탄생시켰다고 할 수 있다.

그러나 그의 자아 중심적 사고는 기존의 사회적이고 문화적인 질서 속에서 도피하는 데 있었던 것이 아니라 인간의 존재가 하나의 기계 부속품으로 전락하는 데 따른 자기반성적 성찰의 시학과 부합된다. 그것은 인간 개체에 대한 존엄의식에서 비롯된다. 그러나 인간 개체에 대한 존엄은 사회적 연대의식을 깨고 나오는 데 있지 않다. 오히려 꾸준히 그러한 사회 중심적 사고에 의해 꿋꿋한 의지로 발전시켜온 자아의 각성과 병행할 때 가능한 것이다. 자기반성이 곧 새로운 사회를 변화시키는 데 유효한 특장이라 할 수 있다. 김지하에게 있어 사회 중심적 삶의 변형이란 궁극적으로 인간 개체의 생명 재건을 위한 대안과 모색의 성격을 띤다. 김지하의 생명사상은 다양한 목소리와 교감하고 그를 수렴할 수 있는 의식적 노력의 기반에 두고 있다. 그러한 시인의 노력은 주변 여건이 성숙되지 못해 괴롭지만, 그 어려움을 또한 그는 이해하고 있다. 그러한 사회 의식적 변환을 꾀하는 데에는 더 많은 시간을 요구받기 때문이다. 시인은 따라서 성숙한 통합의 원리를 추구하는 데 게을리 하지 않는다.

이제 부정의 논리와 악의 대상이었던 것까지 내적 성찰로 전환되어 가슴으로 품어 감싸 안는 면모를 보여준다. 김지하의 중심으로부터 틈 벌리기는 그러므로 사회 연대적 의식에만 초점을 두었던 자아의 결함을 발견하고 인간 개개인의 개성을 존중함과 아울러 우리 주변의 모든 자연과 친교하고 교감하는 데 있음을 알 수 있다. 그것은 우주의 자연적 의미를 발견하고 실천하는 일이며 거룩한 삶을 누리는 생활세계를 건설하는 일이다.

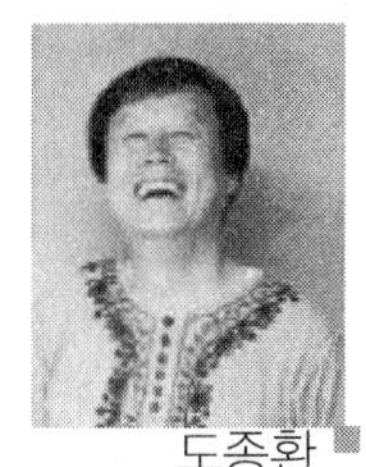

1. 무너져야 할 것과 무너져서는 안 되는 것

학교는 학생이 모르는 사실을 선생님이 가르치는 곳. 이렇게 단순하게 정의를 내려놓는다면 교사와 학생의 소통이 닫힌 현재 상황에서 진정한 인간적 교육은 요원하다. 천진난만한 아이들과 함께 복잡다단한 사회 속에 파고들어가 구체적 체험을 체득하는 가운데서 지식과 인격체 함양이 가능하리라는 것을 누구나 인정하면서도 현실은 그렇지 못하다. 이는 장차 한국 사회를 이끌어갈 수 있는 인간을 키우는 학교 교육이 그만큼 백년대계(百年大計)라는 교육의 목표를 담보해내지 못하고 있음을 말해주는 것이다. 그렇더라도 교사는 학교라는 공간을 통해 주체적인 교육을 실현시킬 수 있는 여지가 충분히 있다. 일례로 일방적인 지식 전달의 장을 교양인을 길러내는 공간으로 탈바꿈시킬 수 있는 것이다.

현실적으로 대학진학을 위해 쓰여지고 있는 왜곡된 학교 교육을 감안하더라도 교양인을 육성하는 실천을 보일 때, 최상의 대학을 목표로 공부를 시키고 있는 부모들이나 학교 측 모두를 만족시킬 수 있을 것이다. 교양과 지식은 동전의 양면과 같기 때문이다. 즉 교양이 사람

과 사람의 관계를 통해 실현되며, 그 결과는 많은 것을 아는 지식과는
달리 인간 상호 간 이해와 배려에 의한 일상을 즐겁게 해주는 인격으
로 나타나지만, 그 교양은 지식을 바탕으로 이루어지는 까닭이다.

학교는 일방적 지식전달의 장소가 아닌, 학생들 스스로 주체로의 인
간상을 정립하는 곳이라고 다시 정의를 세울 때, 학교는 제 각각의 학
생들이 모여 현대사회를 살아갈 수 있는 능력을 기르는 데 적극적인
협조를 도모하는 곳이라 할 수 있다. 학생들은 개인적인 혹은 사회적
인 문제를 제 나름대로 조사하고 정리하며, 정보를 수집, 거짓과 오류
를 발견하여 설득력 있게 자신의 주장을 펼칠 수 있는 문화적 공간으
로 학교를 활용하여야 할 것이다. 그럴 때만이 교육자와 피교육자 간
의 지속적 사랑이 싹틀 것이며, 새로운 환경을 접하더라도 그 새로운
환경에 빠르게 적응할 수 있는 역동적이고 참신한 현대문화인으로서
의 역할을 담지해낼 것이다. 따라서 학교 교육은 교육자의 일방적인
훈시나 지시에 끝나서는 안 되고 교사와 학생 간의 자유스런 이야기
를 통한 교육문화가 서둘러 정착되어야 할 것이다.

유교문화에 의해 학생은 선생님의 그림자도 밟지 말아야 한다는 등
으로 한국에서의 학교는 권위주의의 상징으로 자리매김되어왔다. 19
세기 말 서구 근대교육이 이입된 이후 많은 우여곡절 끝에 인간적 평
등의 가치를 실현하기 위한 근대식 학교들은 나름대로 제 역할을 다
했지만, 일본의 식민지를 거치면서 국가 이념을 강압적으로 주입하고
획일적인 교육제도로서 국가의 통치수단으로 이용되었다.

1945년 일본의 식민지로부터 벗어나고서도 진정한 민주주의 사회
를 갈망하는 사회구성원들의 요구를 무참히 짓밟고 들어선 군사정부
에 의해 자유와 평등을 실현하는 근대적 교육은 먼 나라의 이야기일
뿐이었다. 그러한 행태는 1980년대까지 정치위정자들에 의해 통치를
손쉽게 하기 위한 방안의 하나로 일정부분 국가적 · 집단적 이데올로

기를 습득시키는 장소로 간주되었던 것이다. 그 결과 고등교육을 받은 사람들조차도 제대로 의사를 구사하지 못하고 상대를 윽박지르거나 강압적인 행태로서 자신의 목적을 달성하는 분위기가 지속되었다. 학교가 마치 군사정부의 직할부대처럼 학생들을 군인 훈련시키듯이 대했던 것이다. 그에 따라 학생들도 남의 이야기를 귀담아 듣는 데 미숙하다. 그것이 오늘날 성인이 되어서 상대와의 의견교환과정에서 합리적 설득을 위한 노력은 보이지 않고 상대방을 압박하여 자신의 주장을 관철시키는 데 익숙해져 있는 것이다.

학교가 감독보호, 사회적 역할의 선택 및 교화, 일반적인 기술과 지식 함양 등의 기능으로 인해 전체주의적 제도로 흐르거나 효과적인 사회통제의 수단[1]을 극복하지 못한 요인 중의 하나는 학교가 교양을 습득하는 곳이 아닌, 여전히 출세의 장으로 작동되고 있는 까닭이다. 그것은 과거시험을 통해 입신양명을 꾀했던 우리나라의 전통적 교육제도에서 기인한다. 1980년대 말까지는 실질적인 배움의 터로서 작용하지 못했던 학교, 이제는 그러한 뿌리 깊은 부정적 인식에서 벗어나기 위해서는 학교만이 아닌, 학생과 학부모가 함께 주체가 되어 진정한 인격체를 만들어내는 데 힘을 기울여 할 것이다.

지난날의 학교가 새로운 자료의 발굴과 그에 대한 집중적인 탐구, 정보의 상호교환에 의한 자아와 타자 사이의 변증법적 정신승화의 가치를 세우는 데 소극적이었다면, 이제는 그러한 교육방식을 과감히 수용하여 실천에 옮겨야 할 때이다. 새로운 발견이나 발명을 통해 사회의 문제를 해결할 수 있는 것까지도 국가의 통치에 맞지 않는다면 받아들이지 않았던 시대의 잘못된 관습을 떨쳐버려야 할 것이다.

1/ 프레이리 외, 김쾌상 외 역, 『민중교육론』(한길사, 1989), 147쪽.

다른 사람의 의견이나 자기가 만들어낸 이론을 검증하고 검증받는 시스템 속에서 이루어져야만 교육의 폭이 확장되고 심화될 수 있다. 하나의 담론이 주어지면 그에 대한 이론적 견제와 비판의 과정을 통해 좀더 깊은 이론의 틀이 갖춰지는 것이다. 그리고 그것은 인간적 삶을 풍요롭게 하는 데 쓰여져야 가치있는 것이다. 사회발전의 가능성을 키워갈 수 있는 교육적 기능으로 이론이 작동되어야 한다.

학교는 건강한 삶을 배태시키는 신성한 공간이다. 그리고 학교는 인류공동체를 형성하고 기본적인 문화생활의 방식을 습득하는 장이기도 하다. 학교 교육은 불가피하게 맞닥뜨려지는 개인 간, 사회 간의 갈등을 치유할 수 있는 방법을 터득하는 곳이라 하겠다. 의식적이고 능동적인 사고 없이 무의식적이고 수동적인 태도로써는 그러한 학교교육의 목적에 부합하는 결과를 달성할 수 없다.

민주주의의 바탕이 되는 자유·평등·우애의 기본적 요소들을 관념적으로 수용하는 데 그쳐서는 안 되고 사회적 실천 속에서 담지하기 위한 무한한 노력을 교사와 학생 모두에게 요구된다. 교사는 꾸준히 학생들에게 스스로 문제를 발견하게 하며 교사와 학생 간의, 학생과 학생 간의 의사소통을 위한 토론식 수업이 하나의 방법이 될 수 있다. 그럴 때만이 교육의 지침서라 할 수 있는 획일적 내용의 국정교과서를 주체적으로 수용하게 되는 것이다.

학교 교육의 목적을 달성하기 위해서는 무엇보다 교사의 편향적 사고에 의한 왜곡된 교육을 차단하는 일이다. 그를 위해 교사 자신에 대한 검증작업도 수시로 이루어져야 한다. 그렇게 할 때만이 이성적·합리적으로 검증된 이론들을 배타적이지 않고 공유하는 교육의 지평을 확장할 수 있다.

교사는 학생들 간의 이견을 통합, 끊임없이 대화를 통해 풀어나가는 모습을 보여주어야 한다. 그렇지 않고 교사는 교사대로 학생들은 학생들대로 각자 자기만의 주장을 고집하며 충돌할 때, 극단적인 비합리적 행동에 의한 사건발생시 해결책을 마련하는 데 어려움이 따를 것이다. 인간적 삶을 추동시키기 위해서는 사전에 부정적 요소들을 제거하는 것이며, 교사와 학생들이 머리를 맞대고 다양한 아이디어를 도출해내는 실천이 뒤따라야 할 것이다.

학교에서의 교사는 논리적 비판으로 글을 구성할 수 있는 가르침이 수행되어야 한다. 터진 봇물처럼 마구 쏟아져 나오는 각양각색의 저널들에 매몰되지 않고 주체적이고 비판적 안목으로써 올바른 판단을 확보할 수 있는 학생을 길러내야 하는 것이다. 그를 통해 장차 우리 사회의 발전적 전망을 제시하는 인재들이 탄생할 것이라 믿는다. 이는 물질만능시대를 살아가면서 접하게 되는 교활, 간계 등의 비인간적인 모습들을 떨쳐내고 행복한 삶을 위한 전략이라고도 할 수 있다.

자본주의의 사회문화현상을 독창적으로 읽어내는 가운데 문제의 특정 현상을 다양한 변수들로 엮어 풀어내는 역량을 갖추게 하는 것 또한 교사의 몫이다. 의사결정능력이나 의사소통능력 향상에 주력하다 보면 갖가지의 문제에 부딪힌 학생들 스스로 문제를 조사하고 정보를 정리하는 습관이 길러질 것이다. 이때 교사는 학생들의 의지력을 키우는 데 게을리 하지 말아야 할 것이며, 학습하는 마음의 유연성을 잃지 않게 지켜보는 것도 중요한 일이다. 교사는 성적이나 졸업증서만을 만들어내는 의무적인 것에서 벗어나 학생 개개인의 적성을 찾아내 그에 걸맞은 프로그램을 독자적으로 개발해야 한다. 인간적 삶을 간과하고 반강제적 학습수용을 강요하는 학교나 교사는 진정한 교육을 망각한 현대사회의 적이라 하지 않을 수 없다.

1948년 정부수립 이후 대한민국의 민중들을 억압하고 독재정권을 수립하는 데 혈안이 된 이승만, 박정희, 전두환 정부는 독재정권을 합리화하고 유지하기 위하여 학교 교육을 정치적 수단으로 이용했다.

그에 따라 일부 학교는 반윤리적이며 비도덕적인 사이비 교사를 양산하는 결과를 초래했으며, 많은 학교에서 학생들의 올바른 성장을 저해하는 인권유린도 발생하곤 했다.

그리하여 1989년 5월 28일 마침내 교사들이 교육의 주체로 서서 민족 민주적 교육과 인간화 교육 실천을 위한 전국교직원노동조합 결성을 선포하기에 이른다. 전국교직원노동조합 창립대회가 열리는 날, 대회를 원천봉쇄하는 경찰병력과의 대치 속에 선포된 강령에서 보듯 교사들은 교육의 자주성·전문성 확립에 주력할 것을 다짐했다. 그와 함께 교육민주화 실현과 교직원의 사회·경제적 지위 향상에 소홀히 하지 않겠음을 대내외에 선언한다. 더불어 민주적 권리의 획득과 교육여건 개선, 학생들이 민주시민으로서 자주적 삶을 누릴 수 있도록 하고 민족·민주·인간화 교육을 위해 자유·평화·민주주의를 사랑하는 국내 여러 단체 및 세계 교원단체와 연대할 것임을 표명[2]하고 나선다.

군사정권의 연장선상에 있던 노태우 정부는 그러한 교사들의 요구를 묵살하고 경찰병력을 동원, 앞사람의 엉덩이로 머리를 처박게 하는 등 비인권적 행위를 서슴지 않았다. 더욱이 참된 교육의 실현을 위해 그러한 치욕스런 탄압에도 굴하지 않던 교사들에게 정부는 관제언론을 배경 삼아 빨갱이로 몰아갔다. 결국 비정상적인 언론플레이로 정부는 저항하는 교사들을 무릎 꿇게 만든 후, 많은 교사들을 길거리로 내몰아 추스를 수 없는 교육사태를 맞이하게 된다. 발을 동동 구르면서 가지 말라고 울며불며 매달리는 학생들을 눈물로 달래며 학교에서 쫓겨난 선생님들은 다시 고난의 행군을 하게 된다. 그러나 그들은

2/ 『80년대 민족·민주운동』(동아일보사, 1990), 218쪽.

희망을 잃지 않고 참교육의 목표와 인간화를 위해 더욱더 투쟁의 머리끈을 묶는다.

투쟁의 깃발을 펼쳐든 지 10여년이 지난 1999년 7월 드디어 꿈이 실현되기에 이른다. 진정성이 담보된 가열 찬 투쟁이 있었기에, 길거리에 나앉아서도 교육자의 모습을 잃지 않았기에 교직원노동조합의 합법화를 쟁취하게 된 것이다. 참교육 실현을 위한 피눈물 나는 교사들의 투쟁의 결과는 비민주적인 교육현장과 학교재단의 비리 등을 알리는 성과도 함께 따랐다.

시민단체들의 호응과 많은 학부모들로부터 지지와 성원을 받게 된 전교조는 교육이 어떠한 방식으로 전개되어야 하며, 어떠한 형태의 학교가 되어야 하는지를 공유하는 계기가 되었다. 그 많은 교사들 중 도종환은 이러한 교육현상에 일찌감치 눈을 뜨고 교사로서의 책무를 성실히 수행하며 격조 있는 시어로서 아름다운 교사의 상을 보여준 시인이다. 책 읽기를 좋아하고 뭔가를 쓰면서 혼자 생각하는 시간 갖는 것을 유일한 낙으로 삼았던 시인 도종환, 그의 삶은 이렇게 시작된다.

2. 교육의 시학

도종환(1954~)은 교육운동에 헌신하면서도 시 창작으로서 대중의 인기를 받고 있다. 2007년 현재, 대한민국 시골의 작은 학교들은 거의 다 폐교되고 동심이 살아 숨쉬는 운동장마저 세월에 점점이 묻혀가고 있다. 이러한 때에 교사들의 책무와 학부모들의 역할이 그 무엇보다 절실하다.

도종환은 시인이자 교육자이다. 그는 진정한 인간적 삶의 실현을 위해 희생을 감수했다. 특히 교사로서의 책무를 다하고자 갖은 노력을 보여주고 있음을 여러 경로를 통해 접할 수 있다. 교육자임을 망각하고 부도덕한 일들이 이곳저곳에서 발생할 때마다 이들과 대비되는 도종환의 교육적 자세를 다시 살펴보게 된다. 1989년 전교조 활동으로 해직, 투옥된 후 교육운동에 헌신한 이력을 갖고 있는 그는 현재 인터넷을 통해 시를 배달하는 시인으로 활동하고 있다.

도종환 시인은 1980년대 당시 사회의 전 분야에서 행해지고 있던 비민주적 행태들에 맞서 교육자로서의 목소리를 당당히 냈다. 당대 지성의 집단으로는 비리가 끊이지 않았고 권위주의 또한 그 어느 조직체보다 심했던 바, 올바른 교육을 향한 교사들의 적극적인 모습은 쉽게 찾아볼 수 없는 형국이었다.

그의 올바른 교육적 자세는 이러한 교육적 분위기를 감지하고 읽어낼 수 있는 가슴을 가졌기에 가능했다. 다시 말해 자기가 몸담고 있는 소속의 보편적 행위들에 부화뇌동하지 않고 지성적 시각으로서 부정한 사안들에 대해 감시 비판하는 태도를 견지한 참된 교육자였던 것이다. 이러한 사회 의식적 교육관은 자칫 조직적 눈총에 의한 인간적 소외감이나 삶의 허무감에 빠질 우려가 큼에도 도종환은 그러한 조건으로부터의 초월을 보여준 셈이다. 그의 참된 스승의 모습은 1986년에 출간된 시집 『접시꽃 당신』을 통해 확인할 수 있다.

지금 당신 앞에 돌아와 무릎 꿇고 올리는
이 아이의 기도를 들어 주소서.
달도 없는 밤 가을 숲 속에서 몇 밤을 지새고
다섯번째 도둑질을 하다 들킨 왼손을
오른손의 칼로 내리긋고
피 흘리며 돌아온 이 아이의 손에
바르게 가르치지 못한 제 한 손을 포개어

당신께 올리는 우리의 기도를 들어 주소서.
이 아이가 자라며 원망해 온
남루함과 헐벗음 누추함보다
이 아이의 아비가 진흙에 손을 넣고
대대로 빚어온 붉고 고운 항아리들의 의미가
더욱 값진 것임을 깨닫게 하여 주시옵고
이 아이가 자라며 동경해 온
풍성함과 사치스러움 비어 있는 반짝거림보다
흙에서 건진 것들로 일용할 그릇을 삼는
저 정직한 옹기들의 넉넉함이
더욱 소중한 것임을 깨닫게 하여 주시옵소서.
불가마 옆에서 평생을 살아오는 이들과
그 이웃들의 가난이 어디서 비롯되었는지를
너무도 잘 알고 계시는 당신께
이 아이가 원망해 온 것들과 유혹에 빠져온
나날들을 빠짐없이 지켜보고 계셨을 당신께
또다시 죄의 보속을 비옵는 까닭은
그들을 빼앗김과 짓눌림 한스러움에서
더욱 벗어나지 못하도록 옥죄어 끈끈한 거미줄이
이 땅의 어느 구석에서 움솟는 것인지
그들에게 바르게 이야기하고 참되게 일깨워
제 손에 칼을 긋던 다른 한 손을 들어
결연히 그 어떤 것을 금그어 가야 하는지를
아직 다 깨우쳐 주지 못한 까닭입니다.
자신을 속이며 쉽게쉽게 사는 일보다
흙을 디디고 흙을 만지며 정당하게 노동하는 일이
보람찬 삶임을 뜨겁게 깨닫는 아이가 되도록
바른 삶의 지혜를 불어넣어 주시옵고
제게 맡기신 가난한 이 땅의 많은 아들 딸들도
어떻게 우리가 바르게 살아야 하며

무엇이 우리를 바르게 살지 못하도록 하는지
우리가 진정 미워해야 할 것들은 무엇인지를
진지하게 생각하는 아이로 이끌어 갈 수 있도록
제게 힘을 주시옵고 도와 주시옵소서.
아흔아홉 번 용서하시고 마지막 한 번을
더 용서하시는 당신 앞에
돌아온 아이와 함께 무릎 꿇고 올리는
우리의 기도를 들어 주소서.
피 흘리며 돌아온 이 아이의 한 손에
바르게 가르치지 못한 제 한 손을 포개어
당신께 올리는 우리의 기도를 들어 주소서.

　도종환이 교사로 있을 때 직접 겪은 일을 시적 형식으로 현현한 것으로 비유나 상징 같은 아무런 시적 장치가 구비되지 않았다는 점에 주목할 필요가 있다. 1980년대 한국문학이 아직 서구의 탈구조주의의 문화적 세례에 귀속되지 않았음에도 인용시는 그것에 귀속된 만큼이나 시적 자아의 진술로만 엮어져 있다. 그렇기 때문에 시를 대하는 독자들로 하여금 시인의 정신적인 공간으로의 진입 욕망이나 독자적인 상상력을 동원, 시적 자아와의 동일시를 충동질할 긴장감을 애써 가질 필요를 느끼지 못한다. 단지 자기의지를 확고히 드러내는 주체성이 강한 시적 자아의 정신 영역을 살펴볼 수 있다는 것. 그도 그럴 것이 교사의 신분을 가진 시인은 도둑질한 학생과의 만남을 통해 도둑질을 한 자의 입장에서 이해하고 그 잘못된 행위가 자신에게 있음을 반성하면서 하나님께 용서를 구하는 기도의 내용[3]을 그대로 시집으로 옮겨 놓은 것이기 때문이다.

3/ 도종환, 『마지막 한 번을 더 용서하는 마음』(사계절, 2000), 193-203쪽.

용이라는 학생이 담뱃가게에서 돈을 훔쳐 달아났다가 친구들이 데려왔는데 학생의 손목은 온통 칼자국 투성이와 핏물이 엉겨 붙어 있지 않은가. 교사로서의 도종환이 물어보니 학생의 말은 뜻밖이었다. "너희 손이 도둑질을 하거든 그 손을 잘라 버려라. 성한 몸을 다 가지고 지옥에 떨어지는 것보다는 손 하나를 잘라 버리고라도 천국에 들어가는 것이 낫느니라"고 성당 신부님의 말씀이 생각나서 그렇게 했노라고.

용이는 그동안 남의 돈을 훔치고 나서 고해성사를 하고 또 유혹에 이끌려 훔치고 다시 고해성사하기를 반복해 왔다는 것이다. 선생님이 보기에 용이의 그러한 잘못된 습성은 다름 아닌 가난이 가장 큰 이유였다. 용이는 평소 친구들이 가지고 있는 것을 자기도 가지고 싶었고, 친구들이 맛있는 것을 사먹을 때, 자기도 그것을 먹어보고 싶어서 그랬노라고 고백하더라는 것이다. 그래서 도종환은 피를 흘리는 학생의 손을 잡고 안타까움에 기도를 올린 것이다. 그것이 「돌아온 아이와 함께」라는 제목으로 시집에 상재됨으로써 한 편의 시로 보게 되는 것이다.

도종환은 1980년대 초 서슬 퍼런 신군부의 정부 장악으로 한 치 앞을 내다볼 수 없는 안개정국 속에서 근근이 교사의 임무를 수행해 나갔다. 열린 마음으로 학생들을 대한 참스승이었음을 그의 일상적 생활을 들춰보지 않더라도 「돌아온 아이와 함께」에서 충분히 감지할 수 있다. 그는 교사의 권위가 어디에서 시작되는지 알고 있으며 그러한 교사의 권리가 어떻게 쓰여져야 하는지 시의 전 행을 걸쳐서 절절이 보여주고 있다.

당시 우리나라 대부분의 학교는 자유스런 학습의 장이라고 말하기 어려운 분위기였으며, 학생들을 인격적 대상으로 대하지 않는 교사도 많았다. 학생들을 사랑으로 대하고 존엄한 존재로 보듬어 안는 선생님들에게는 천사로 불렸으며, 평생 잊지 못할 은사로 존경의 대상이었다. 그만큼 군사문화시대 대한민국의 학교와 학생은 통일체로서의 관계가 아닌, 분열체로서의 관계였다.

민주화가 어느 정도 이루어지고 개인의 생각과 개체적 사고행위를 개성으로 인정하고 있는 2007년 현재에도 여전히 삶의 양극화라는 이슈로 사회적 분위기는 싸늘하다. 군사문화가 맹위를 떨치던 시대의 빈곤문제는 굳이 설명하지 않아도 모두가 이해할 수 있을 터이지만, 이후 국민의 정부니 참여정부니 하며 정치적 민주화를 이루었다고 당당하게 외치는 사람들도 이 시점에서의 빈곤문제를 간단하게 받아넘기지 못하고 있는 실정이다.

해방 이후 한국전쟁을 거치면서 먹는 문제만큼 관심이 집중된 영역은 없다. 일례로 1970년대 말까지만도 충청북도나 강원도 산간벽지의 아이들은 명절이나 생일 때가 아니라면 쌀밥을 먹기란 힘들었다. 날마다 보리밥과 마른 옥수수를 갈아 만든 옥수수밥으로 끼니를 때워야 했다. 시커먼 보리밥이 창피스럽다 하여 학교에 도시락 싸가기를 꺼려했다. 흰쌀밥에 계란부침 같은 반찬을 싸가지고 온 학생은 한두 명에 불과해 부러움의 대상이었다. 신발도 검정고무신이 대부분이었으며, 운동화를 한 번 신고 싶어 어머니께 매일같이 떼를 써서 어렵게어렵게 사 주시면 아까워 신지 못하고 소풍이나 추석 같은 특별한 날만 신어 운동화 한 켤레를 그야말로 몇 년을 신을 수 있었다.

중학교에 진학해서도 형편이 제법 좋은 집안의 아이들이 꽤나 있었지만 대체로 가난에 허덕이는 것은 마찬가지였다. 그러다보니 집안이 넉넉해서 먹고 싶은 것 마음대로 사 먹고, 가지고 싶은 것 마음대로 사 쓰고 하는 친구들을 보면 부럽기도 한 것이다. 부유한 친구들을 눈여겨보고 시기와 질투심 끝에 간혹 남의 물건에 손을 대거나 돈을 슬쩍 하는 급우도 있곤 했다. 그러면 어떻게 아셨는지 종래시간에 담임 선생님은 모든 학생들을 책상 위에 무릎을 꿇리고 눈을 감게 하고는 도둑잡기가 시작되는 것이다. 돈을 훔친 사람은 살며시 손을 들었다 내리라는 둥, 고개를 살짝 숙이라는 둥 그럴듯한 선생님의 유혹에도 범인이 잡히는 일은 거의 없었다.

그러나 범인은 범인대로 자수하게 되면 영영 도둑으로 취급받을 것이 두려워 전전긍긍하고, 나머지 아이들은 나머지 아이들대로 혹 선생님이 자기를 지목하고 있지 않나 제각각 좌불안석이 되어 범인이 빨리 자수해 주기를 바라곤 했다. 그러한 아이들의 생각은 아랑곳하지 않고 선생님은 더욱 화를 내시며 결국 운동장으로 내몰아 놓고 혹독한 벌과 매타작을 감행하기 일쑤였다.

그러나 도종환은 달랐다. 용이의 이야기를 다 들은 후, 피 흘리는 손에 손을 포개어 잡으며 학생이 순간적으로 잘못된 생각을 가진 것은 담임선생님인 자신이 바르게 가르치지 못한 탓으로 자책하고 있는 것이다. 그리고 용서라는 화두를 되새기는데, 남을 용서하는 것은 자신도 용서받아야 할 많은 잘못을 저지르며 살아가고 있음에서다. 한 편의 시를 통해 도종환 시인은 함부로 남을 심판하고 단죄하고 속단하기를 좋아하는 죄악의 세월을 보내고 있지 않나 성찰하고 있음을 알 수 있다. 교육자로서의 책무를 다하고 있는지를 되돌아볼 줄 아는 참스승인 것이다.

한편으로 도종환이 참스승임을 인정한다하더라도 자신 스스로 교육적 모순을 적극적으로 개선하는 데 얼마만큼 실천을 보여주었는지, 아님 다른 이들의 교육적 개혁의 목소리에 단지 동조만 하였는지, 투쟁의 좌절 끝에 허무주의적 사고가 팽배해 있지 않은지, 윤리적·도덕적 그리고 참된 교육의 실천자로서 수시로 언론에 오르내리는 불합리한 교육제도를 얼마나 관심을 가지고 대처해 나가고 있는지, 그러한 문제제기에 눈감고 있지는 않는지, 학생들과의 인간적 감정을 교감하며 학생들 입장에 서서 이해하는 것이 무조건적 사랑은 아닌지

자문해볼 일이다.

3. 지성적 허무로부터의 시작

학생들을 향한 스승으로서의 참된 사랑은 도종환이 말하듯이 그들에게 한 발짝 다가가서 그들의 목소리에 귀를 기울이고 보듬어 안을 것은 보듬어 안고 좀더 나은 길이 있을 때는 그 길을 일러주는 일이다. 그러나 크나큰 잘못을 저질렀을 경우까지 무조건적으로 용서하고 보듬어 안을 수는 없을 것이다.

어린 학생들도 각자 타고난 특성을 지닌 존재들이므로 성격과 환경에 따른 개별적인 차이를 인정하면서 개개인의 개성적 행동과 사고에 대해 분별할 수 있는 능력을 요구받는다. 잘못을 저지른 학생에게 혼을 내도 충분히 받아들일 수 있을 것 같으면 따끔하게 혼을 낼 필요가 있는 것이다. 그러나 자그마한 체벌에도 큰 상처를 받을 수 있는 아이 같으면 다른 방법으로 잘못을 고쳐주는 지혜가 필요하다. 그래서 교사는 나름대로 교육의 원칙을 세우고 아이들 하나하나를 주의 깊게 살펴보면서 다양한 프로그램 아래 체계적으로 교육방법을 새롭게 개발해 나가는 것이 무조건적 아이들에 대한 인격적 대우 못지않게 중요하다.

더욱 경계해야 할 것은 노동의 대가로서 월급 받는 직장으로만 생각하고 학생들 개개인에 대한 이해와 배려 그리고 애정의 부족 등이다. 이와 함께 자신만의 체계화한 교육방법이 없는 교사라면 제 아무리 열정적인 가르침이 있을지라도 교육적 허무주의에 빠지기 십상이다. 도종환은 과거의 잘못된 교육현장을 목도하고 '각성적 교육관'에 입각한 참교육 실천에 매진하게 된다.

1987년 6·10항쟁 이후 사회 곳곳에 쌓여있던 군사문화의 잔재들이 민주화 바람으로 잠식되기 시작하자 교육현장에도 많은 변화가 일어난다. 그동안 정부 통제 하에 놓여있던 학교들은 지침에 의해 학생들 저마다 가진 특성을 무시한 채 획일적인 주입식 교육을 할 수밖에 없는 상황이었다. 그래서 그러한 불합리한 교육제도를 일거에 무너뜨리기 위한 다각적인 모색이 뒤따랐다.

학교의 주체가 될 교사와 학생을 통제의 대상으로 삼았던 학교재단과 정부에 대해 비판의 목소리를 키우게 된다. 교원의 권리와 민주주의 교육의 교두보를 확보하고자 교원노조건설 투쟁이 시작되었던 것이다. 혼자 묵묵히 스승으로서의 역할을 다하던 도종환 시인도 때를 놓칠세라 조직적 투쟁에 적극 참여, 참교육 실현을 향한 열망을 보여주게 된다. 그러나 정부의 사주를 받은 교육 분야의 고위직과 경찰의 무자비한 탄압으로 모처럼 결성한 교원노조가 무참히 깨지게 된다. 적극적으로 투쟁에 동참했던 교사들은 구속과 해고를 당하게 되는데 도종환도 예외는 아니었다.

1989년 그는 일련의 사건들 속에서 체험한 바를 시적으로 형상화한 『지금 비록 너희 곁을 떠나지만』 시집을 간행한다. 이 시집은 잔잔히 흐르는 시냇물처럼 시인의 고요하고 소박한 심성이 씨줄날줄로 엮어짐으로써 군사독재시대를 청산하고 새롭게 맞이한 대한민국이라는 나라에서 어떻게 삶을 꾸려나가야 할지 방황하고 있던 대중들의 심금을 울리게 된다.

그리고 1993년, 계속적인 해직교사 복직 투쟁을 병행하면서 색다른 경험들을 흥미진진하게 형상화한 시들을 묶어 『당신은 누구십니까』라는 시집을 발표한다. 여기서 내면적으로 강화된 시인의 자기 성찰적 면모가 보인다. 환언하면 시인은 반민주적이고 비합리적 교육으로 얼

룩져 있는 현실과 맞닥뜨리면서 간과하기 쉬운 도덕적 우월감 같은
교사상을 부각시키는 면은 찾아볼 수 없다.

　동료 교사들과 함께 교육현장의 잘못된 부분을 개선하는 데 노력을
다하면서, 올바른 세상이 어떠해야 하는지, 진정한 교육자의 길은 어
디인지 깨우치는 모습의 진지함이 시집을 통해 확인된다. 이러한 태
도는 바로 '각성의 교육관'에서 비롯되었다고 볼 수 있다. 그러나 그
의 차분한 시적 어조는 허무주의에 빠져 투쟁을 접고 현실과 타협하
는 것과는 사뭇 다르다. 오히려 한국의 형식적 민주주의가 도래된 후
많은 민주화 세력들이 겪고 있는 허무주의를 극복하는 태도다.

　　너는 들어갈 교실이 없고
　　나는 돌아갈 학교가 없구나
　　하급반 아이들이 공부하는 창 밖에서
　　너는 가방을 풀지 못한 채
　　오후의 햇살을 발로 차며 서성이거나
　　차가운 골마루에 올망졸망 쪼그리고 앉아
　　빗소리와 선생님 말소리가 뒤섞이는 받아쓰기를 하는구나
　　사람들마다 일터를 찾아 달려나간
　　적막한 오후의 거리를 지나다 너희 학교를 바라본다
　　얼마를 더 지나야 너희의 꿈과 이야기가
　　알록달록 아름다운 저마다의 교실을 갖게 될까
　　얼마나 더 지나야 아이들과 싱그러운 아침인사를 나누며
　　나도 자랑스럽게 학교문을 들어설 수 있게 될까.

　시집 『당신은 누구십니까』는 전체 4부로 나뉘어져 있는데, 이 작품
은 마지막 4부 중 「오후반」이라는 제목의 시다. 해직된 교사로서 격렬
한 울분과 분노로 일갈할 수 있을 터인데, 그러한 감정적 언사는 무화
된 채 차분한 어조로 학교에 대한 사랑의 감정만을 토로하고 있다. 이

하나의 시를 통해서도 충분히 시적 대상에게로 향하는 시인의 마음이 어떻다는 것을 쉽게 간파할 수 있으며 진정한 참교육 실천가로서의 모습이 어떠해야 하는가를 알 수 있게 해준다.

도종환의 참교육 깨우침은 적극적인 전교조 활동을 통해서라기보다 학생들과 함께 놀고 생각하는 가운데서 가능했다고 보아진다. 그렇기 때문에 그에게는 영웅주의적 투사들에게서 볼 수 있는 선전·선동의 요식행태 따위는 찾아볼 수 없다. 다만 그는 이 세상에서 무너져야 할 것과 무너지지 말아야 할 것을 분명히 구분하여 교육의 허무주의에 대한 경계를 게을리 하지 않는 교육자라 할 수 있다. 따라서 참교육의 실질적 효과를 거두기 위해 살아가면서 겪어야 할 온갖 괴로움과 아픔을 참아낸다. 시에서 알 수 있듯 그의 참교육 실천은 적대적 대상을 적의의 눈으로 바라보지 않는 데 있으며, 더욱이 적대적 대상을 사랑으로 감싸 안는 포용의 미를 도모하는 데 있다.

비록 자신은 학교로부터 쫓겨나 오갈 데 없는 외톨이 신세지만 여전히 학교와 학생들을 향하는 눈빛은 이해와 사랑으로 가득 차 있다. 해고의 억울함을 만천하에 알려 하루 빨리 복직을 요구해도 모자랄 판에 답답하지만 조용히 마음을 추스르며 오직 아이들 걱정만을 하고 있음이 작품에서 감지된다.

낙후된 교육환경에 수업을 받고 싶어도 들어갈 교실이 없어 오전반 아이들이 끝날 때만을 기다리는 하급반 아이들, 어서 복직이 되어 그 즐겁던 교직생활을 이어갔으면 하는 교사의 희망이 담긴 시「오후반」은 그래서 지성적 허무주의를 극복하는 도종환의 시적 지향성이 새겨져 있다.

불의를 참지 못하는 사람이라면 한번쯤은 거리에 나서서 선동적인 구호를 외치거나 일사불란한 결집체를 위해 동분서주 뛰어다닐 것도 하건만, 도종환은 언제나 그랬듯 불거진 문제해결을 도모하는 데 심사숙고한 표상이다. 여기서의 심사숙고는 적극적인 실천에 방해되는 자질이 아니라, 실천가들에게 쉽게 보여지는 아집이나 편견 그리고 고정관념에 의해 문제를 해결하는 과정에서 오류를 범할 우려가 적다는 의미이다.

도종환은 다른 선동가들과 같은 유토피아적 세계를 동경하지 않는다. 그것은 자칫 이념적 우월감과 도덕적 특권의식 속에서 일을 그르치기 십상인 것이다. 따라서 시인 도종환은 교육적 부조리에 대한 비판적 의식을 견지하고 있되 학생들과의 공통감각-학생들이 이해할 수 없는 교사들의 요구가 아닌-이 훼손되지 않는 범위 내에서 실천하는 행동가라 할 수 있다.

그리고 시 「오후반」은 세상에 대해 늘 불만이거나 조롱만 일삼는 이들에게 반성하게 하는 의미도 내재해 있다. 불완전한 사회구조로 인해 하루하루가 고달픈 일상을 살고 있지만 대다수는 그러한 사회상황을 꿰뚫어볼 생각은 하지 않고 불만, 불평만 늘어놓는 데 익숙해 있음이다.

인용시에서는 독재정권이 뿌려놓은 교육적 모순을 고발하는 데 그치지 않고 창조적인 인간상을 구현하려는 시적 자아의 내면을 엿볼 수 있다. 화자로부터 늘 자기의 가르침을 받는 학생들을 안타까운 눈으로 바라보고 있으며, 이들이 건강한 삶을 살아가는 데 어떻게 하면 보탬이 될까 궁구하고 있음을 제시받는다.

교사들 간 또는 교사와 시민단체와의 연대를 통해 교육 환경을 바꿔보려는 투쟁 과정에서 한계를 깨닫기도 하고 불의의 상황을 헤쳐 나갈 수 있는 내면의 성숙함이 도종환 시에서 발견된다. 그의 시는 교육현장에서 체험한 바를 있는 그대로 현현하기도 하지만, 더욱 의미를 부여하게 되는 것은 투쟁하는 과정에서 실패를 거듭함에 따라 겪는 자괴와 인간적 고뇌 등을 떨쳐버린 시적 성과에 있다. 말하자면 어떤 목표를 향해 전진하다 실패하면 대부분 절망과 허무주의에 빠져 나르시시즘 현상을 보이는데 도종환은 그러한 행위를 찾아볼 수 없다. 「오후반」은 그렇기에 불안정한 정치의 소용돌이 속에서 자기희생의 결단과 각오로써 진정한 교육자로서의 지표를 향해 당당한 발걸음을 옮기는 의미가 내포되어 있다고 말할 수 있는 것이다.

현실상황의 악조건으로 복합적인 심리적 작용에 의해 씌어진 것일지라도 「오후반」만큼은 인간적 숭고함이 배어 있다. 모더니즘적인 애매성이나 낭만주의적인 환상의 기지가 내재되어 있지 않았어도 소박한 시적 어구들로 인해 감흥을 받을 수 있는 것이다. 상투적 진술이 보이기는 하나 시적 겸허함으로 강한 삶의 진정성을 찾는 시적 자아의 내면이 엿보이고 있다.

해직교사로서의 경험을 통해 그가 보여주고자 한 것은 슬픔이나 분노가 아니다. 삶의 허무주의를 깨치고 일어나는 모습을 보여줌으로써 학생들과의 진정한 만남이 가능함을 시로 제시받고 있다. 그러므로 도종환은 자기회복을 지향하는 참교육 실천에 박차를 가한 교사였으며, 용서와 포용으로써 불온적인 대상과도 만남을 시도, 허무주의의 유혹에서 벗어날 수 있었다고 보게 된다.

도종환의 참교육 실천은 단지 교사로서의 책무에서뿐만 아니라, 지고지순한 섬김의 자세에서 비롯되었다고 볼 수 있다. 이를 기반으로 한 시적 작업 또한 자신만의 독특한 상상력을 문학적 장치를 동원, 독자들을 현혹하게 만드는 다른 시인들과는 달리 온몸으로 체험한 바를 그대로 진술하듯이 형상화해 놓는 방식이어서 시를 대하는 독자들로 하여금 실감나게 감흥할 수 있는 것이다.

권위주의적 행태의 형식적인 교육은, 피교육자에게 도움이 될 리 없다. 달리 말하면 교사로서의 학생들에 대한 사랑은 무조건적이어서도 안 되지만, 무의식적인 사랑이어야 한다. 도종환의 학생들에 대한 사랑, 즉 비록 학교로부터 쫓겨난 신세지만 학교 담장 안의 재잘거리는 제자들을 향한 사랑은 그 어떤 것보다 값지다고 하지 않을 수 없다. 멀리 떨어져 있는 학생들에게 지긋이 웃음을 들여보내는 것에서 진정한 교육자의 모습을 읽을 수 있는 것이다.

교육적 사랑을 끊임없이 베풀어야 할 교사가 부당하게 제약받을 때, 쉽게 허무주의에 빠질 우려가 있다. 그러나 도종환은 그럴 때마다 더욱더 사랑하는 마음을 키운 것이다. 그는 아이들에게로의 사랑을 삶의 행복으로 여기는 듯하다. 그렇기 때문에 소시민적 허무주의의 삶에서 벗어나 삶의 행복을 느낄 수 있는 것이다.

도종환 시인에게 현실타협은 있더라도 그것은 무조건적 사랑이나 이해가 아니라 학생들 스스로 차근차근 잘못을 깨우치게 하는 마력을 지니고 있다고 하겠다. 그는 참교육 실현을 위한 호들갑스런 선동적 행위나 극복의 대상들이 일순간에 무력화되기를 바라지도 않는다. 사회 모순적 현상들이 자연스럽게 도태되리라는 확신을 갖고 묵묵히 기다리면서 주변의 작은 것들부터 개선하려는 자세를 유지하고 있다.

상호신뢰 속에서의 교육적 갱신이 그의 교육적 철학이라면 철학이라 할 수 있다. 집단적 연대성에 기대 불합리한 것들이 바꿔지기를 갈망하지만 그것 또한 한쪽이 무참히 깨지기를 바라지 않는 선한 심성의 소유자다. 적대적으로 놓여 있을지라도 모든 사람이 살아남을 수 있는 범위 내에서 투쟁도 하는 것이라 하겠다. 그렇기 때문에 도종환은 참교육의 실천을 학교, 학생, 학부모와 함께 이행되어야 할 것으로 보고 있는 것이다.

그러나 아직도 교육의 주체가 완전히 학교와 학생 그리고 학부모로 이루어지지 못하는 실정이다. 때때로 일부 보수언론이나 정치위정자들에 의해 전교조가 북한을 이롭게 하는 집단으로 매도하는 등 학교, 교사, 학부모 간의 불신을 키우고 있는 측면도 있다.

학생들은 학교에서 자유롭게 변화가능성이 높은 지식을 습득하는 가르침을 받을 권리가 있다. 그러므로 학교는 역사적·사회적 사실뿐만 아니라, 사실의 교묘한 왜곡과 오랫동안 관습화되어온 불합리한 제도나 각기 다른 이념의 실현을 위한 도움의 장이 되어야 할 것이다. 그것은 교사들에게만 맡겨서는 불가능하고 다양한 세계관을 가진 학부모들과 함께 교육주체가 되어 적극적으로 나설 때 가능하다.

자녀들을 학교에 떠맡기다시피 하고 모든 책임을 교사들에게만 지운다는 것도 부모로서의 의무를 방기하는 것이다. 유년기·청소년기 모두를 학교에서 보내야 하는 아이들을 인격적으로 성장시키기 위해 학부모들도 무너져야 할 것과 무너지지 말아야 할 것을 명확히 구분하고 학교 돌아가는 일에 적극적인 관심을 두어야 할 것이다.

1. 생존의 뿌리

봉건시대의 귀족과 노예의 관계가 서구의 시민사회가 대두되고 산업화시대가 도래된 이후에는 자본가와 노동자의 관계로 바뀌었다. 근대 다국적 자본주의에 이르러서는 기업 경영의 효율성을 내세우면서 노동조건 인하를 추구하는 고용주와 기업축소에 따른 해고의 방어적 성격을 띤 노동조합 간 대결 양상이 치열해졌다. 그러한 가운데서 노동자들의 인간적 삶은 조금씩 나아져왔다.

자본주의 사회에서의 노동자와 기업주의 대립은 양쪽 다 불가피함을 인정하고 때로는 적대적으로 때로는 협력하는 가운데 상호 이해적 괴리를 좁혀왔던 것이다. 말하자면 많은 오류를 거치면서 노동시장의 발전을 보게 된 것이다. 자본주의적 생산의 확대로 사회발전의 향상을 도모하려는 자본가와 그 자본가로부터 일방적이 아닌, 인간적 존엄성에 바탕을 둔 동등한 위치에서 맺어진 노동가격에 의해 임금을 지불받고, 그에 따른 사회적 책무를 다하려는 노동자들 간의 대결이 결코 부정적으로만 작용하지 않았다는 얘기다.

실제로 몇몇 나라를 제외하고 자본주의 국가에서의 자본가는 온갖 수단과 방법을 가리지 않고 모든 편법을 동원, 부를 축적하는 모습을 보였다. 정경유착으로 기업가는 정치권력에 의해 거액의 은행대출 제공, 세금공제 등 경제적 혜택을 받으며 안락한 삶을 누리는 반면에 다수의 노동자들은 노동조건개악을 강요당하며 그에 따라 발생하는 산업재해도 묵묵히 감수하면서 어렵게 삶을 지탱시켜왔다. 탈이데올로기·탈근대·해체주의·다원주의 등으로 불리는 21세기 현재도 최소한의 인간적 생활조차 불가능한 장시간 노동에 시달리는 노동자들이 비약적으로 양산되는 형국이다.

그동안 노동자 계층은 생산기술의 발전에 따라 증대된 이윤의 정당한 대가를 요구하며 실질적인 인간적 삶을 보장받기 위해 자본가 계층과의 싸움뿐만 아니라 정치권력과의 투쟁을 해왔고 지금도 그 대결은 계속되고 있다. 이러한 계층 간의 대립지속은 긍정적인 결과를 도출시키는 측면이 없지 않았으나, 그에 못지않게 사회적 비용도 만만찮았다. 이는 자본주의의 시스템 자체에 문제가 있음을 말한다.

해결되지 않은 자본시장의 문제점으로는 특정 기업의 독과점을 들 수 있으며 또한 노동력의 거래를 둘러싼 기업주들과 노동자들 간의 불신이나 환멸 그리고 냉대가 팽배해 있다는 점일 것이다. 그에 따라 노동자 계층이 아무리 민주주의에 입각하여 조직을 꾸리고 노동자의 권리를 주장한다하더라도 자본가 계층은 정치권력과 기업적 언론을 이용, 교묘히 노동자들을 분열시키는 행태를 보이고 있는 것이다. 그리하여 서구의 산업혁명 이후 현대 정보화 시대까지의 노동시장은 정도의 차이는 있을지라도 여전히 대립적 관계를 청산하지 못하고 있다.

한국의 노동시장 역시 많은 문제점들이 노출되고 운영의 시행착오 속에서 발전되어 왔다. 자본가 계층과 노동자 계층이 상호 견제 속에서도 합리적 해결방안을 모색한 결과라 할 수 있다. 그래서 오늘날 한국의 산업현장은 치열한 싸움을 보였던 1980년대보다 그 대결양상이 많이 약화된 듯하다. 그러나 그것은 일시적인 현상일 뿐, 노동시장의 불완전한 형태가 계속되고 있기에 양자 간의 대결적 뇌관은 늘 위험 속에 방치되어 있다. 아직도 사업장 곳곳에서는 사용자의 노동자에 대한 억압과 착취 그리고 노동조합에 대한 감시와 통제가 이루어지고 있기 때문이다. 한동안 독재정치권력과 결탁한 사업주는 노동자들의 정당한 권리를 외면, 산업현장의 민주주의를 지연시키기도 했다. 그런 노동시장의 환경이 변화하기 시작한 것은 1987년 군사정부를 연장하려는 전두환 정권에 맞서 당당히 승리를 일궈낸 6·10 항쟁에 의해서였다.

한 사회가 인간적 삶의 욕망을 충족시키기 위해서는 각기 다른 생각을 가진 구성원들을 통합시켜낼 수 있는 이상적인 모델을 제시하여야 하는데 그 중 하나가 1980년대 초 한국사회에 미미하게 파급되다 만 사회주의사상이다. 자본주의사회로는 서민들의 피폐한 삶을 벗어나게 할 수 없다고 판단, 각성한 학생이나 노동자, 그리고 일부 지식인과 재야단체에 의해 사회주의의 이념을 추수하게 된다. 따라서 당대 사회주의에 심취한 이들을 체제 전복 집단으로 몰기보다는 단순히 삶의 불평등을 조장하는 자본주의의 속박에서 벗어나기 위한 방편에 불과했다고 보는 것이 타당하다. 다만 급격한 사회변혁을 요구하면서 변화보다는 현재적 상태에 안주하려는 대중들의 동의를 얻지 못한 채 지하에서 미미한 조직으로 활동한 것이 한계로 작용했다. 당시 사회주의자들이 인간해방을 목표[1]로 조직적 이기심과 상대의 이념적 증오를 넘어서는 인간의 고귀함을 담보해내는 데 목적이 있었다고 해도 급진적 전투적인 운동방식으로 인해 불신을 받을 수밖에 없었던 것으로 보인다. 그들이 자아의 주체성과 인간적 개별성을 창출 확립하는

1/ 백태웅, 「사노맹의 21세기 사회주의 구상」, 『월간 말』(1991. 10), 110쪽.

시대의 전환점을 맞아 사회의 제 문제들을 소수의 권력 지배자가 아닌 대중의 눈으로 다수인 노동자들의 의지로 해결하여야 한다는 논리를 가지고 국가체제에 맞선 것은 분명하다.

사회주의를 추수한 노동자들의 목소리는 근대 시민사회가 출현한 서구 선진국에서 시작되었다. 노동조건 향상을 염두에 둔 노동대중의 불만과 사회구조적 모순의 해결책을 모색하는 과정에서 사회주의적 시각으로 노동현장을 바라보게 된 것이다. 그에 따라 노동운동은 급속도로 번져나갔고 노동자들의 지위향상도 조금씩 나아지는 모습을 보였다.

한국 노동자들의 투쟁적 구호는 근로기준법을 준수하라! 일반직 기능직의 차별철폐, 임금·고용·근무조건 개선! 등이 일반적이었다. 그리고 그것의 실질적 획득을 위해 노동조합을 결성하고 사용자와의 단체교섭 실행을 끊임없이 요구하는 가운데 노동자 개인의 한계를 극복할 수 있었다. 그러나 자본가 집단과의 힘의 열등성과 노동자 간의 이해 부족으로 노동의 대중화, 즉 사용자와 노동자 간의 동등한 사회적 지위를 어느 정도 보장받기 시작한 것은 1990년대 와서야 가능했다.

노동조합은 조직적 오류와 한계 앞에 실패를 거듭하고 패배의 원인을 찾으면서 조금씩이나마 혁신을 도모할 수밖에 없다. 자본주의하에서의 노동자는 자본가의 종속적 관계에 놓여있음을 인정하고 꾸준히 그에 대한 해결의 실마리를 풀어나갈 때만이 사회적 불평등을 해소할 수 있는 길이 열릴 것이다. 오늘날 노동문제를 정치화하고 또 노동자들의 정치세력화를 꾀하는 것이 그 일례라 할 것이다.

한국에서의 노동쟁의의 발생은 1877년 함경도 갑산군 초산역 광부들의 투쟁이 최초였지만, 전국적 노동자 조직의 출현은 1920년 조선노동공제회였다. 이 조선노동공제회의 노동자들은 미성년노동자의 노동시간 단축과 노동조건의 향상, 지식계발과 문화수준의 향상, 직업소개와 상호부조 등의 목표로 창립대회를 가졌고, 해방 이후까지 줄곧 비인간적인 노동조건을 제거하는 데 심혈을 기울인다. 쿠데타로 대통령을 탈취한 박정희 군사정권 아래에서는 독재산업개발과 기업들의 노골적인 탄압 및 부당노동행위에 적극적 대항이 있었다. 그렇지만 노동조합을 꾸려 체계적인 조직을 갖춰 역사의 전면에 등장한 것은 1980년이었다. 이때 노동자들은 과감한 행동력을 바탕으로 승리에 승리를 거듭하는 성과를 거두었다.

이처럼 한국 현장노동자들의 투쟁은 삶의 질을 향상하기 위한 소박한 요구로부터 시작되었지만 점차 그것의 지속이 불가능함을 인식하고 정치적 투쟁성을 띠기에 이른다. 1970년 11월 하루 15시간을 혹사당하고 착취당하며 고작 커피값 정도의 월급을 받아야 했던 청계천 봉제공장의 전태일이 "노동자를 혹사하지 말라!, 내 죽음을 헛되이 하지 말라!"며 육탄고발로 노동자들뿐만 아니라 지식인들의 각성을 불러일으키는 사건이 발생했다.

1978년 2월 어용노조를 내세우려던 회사 측의 사주를 받은 남자들이 여성조합원들의 얼굴과 온몸에 똥물을 뒤집어씌웠던 인천 동일방직 사건, 1980년 4월 막장에서의 진폐증으로 죽어가는 삶을 보듬어 달라는 애원의 목소리를 수백여 명의 중무장한 경찰이 무참히 짓밟았던 사북탄광 사건, 1985년 6월 노동운동의 탄압 중지를 요구하던 노조원들에게 식량은 물론 전기와 급수까지 끊으며 구사대에 의해 강제 해산된 구로동맹파업, 1989년 5월 참스승과 참교육 실현을 위한 몸부림을 폭압적으로 봉쇄한 전국교직원노동조합결성대회, 1990년 진압병력을 동원 노동자들을 분열시키고 노동조합을 와해시키려는 회사 측에 맞서 혼신의 힘을 다해 노동자의 연대정신을 불태웠던 현대중공업골리앗투쟁, 1994년 6월 철도노조 민주화와 근로조건 개선의 요구를 경찰병력이 들이닥쳐 기관사들을 무자비하게 연행한 데 대해 항의

하며 파업을 벌였던 전국철도지하철협의회. 1996년 12월 김영삼 정권의 노동악법개악안을 국회에서 강행 처리한 데 분노해 전국 각 단위 사업장에서 일제히 파업을 벌인 노동법개정총파업투쟁, 이 모두가 인간다운 삶을 위한 처절한 몸부림이었고 사회의 한 구성원으로 살아가는 모든 이들에게 삶의 희망을 안겨주려는 싸움이었다.

그러나 사회주의 국가가 붕괴되고 난 1990년부터 급진적 노동운동가들조차 혁명 지향적 투쟁 대신 노동자들의 실질적 노동조건 개선과 임금인상 투쟁을 어떻게 전개시켜나가느냐를 고민하기 시작했다. 그렇지만 그것마저도 보수언론과 정치권력에 힘입은 자본가 집단은 불순한 자들의 선동에 노동현장이 친북화 되어가고 있다는 언론플레이로 노동조합 활동이 위축되기도 했다.

미국을 중심으로 한 거대 자본 국가들의 신자유주의 전략에 의해 한국의 노동자들은 21세기가 도래된 이후 더욱더 인간적 삶을 위협받는 사태를 맞게 되었다. 한국경제가 세계강대국들의 패권다툼 사이에서 세계무역의 주체가 되지 못하고 외국자본에 의존하여 수익률이 낮아지는 종속적 시장 형태에 놓여있기 때문이다. 동구권 사회주의 국가들의 몰락으로 하여금 미국을 비롯한 서구 자본주의 국가들이 우월하다는 증명이 되었고, 그에 따라 자본가는 이전과 다른 생산과 임금노동 관계에 대한 로드맵을 일방적으로 내놓는 일이 빈번해졌다. 한국의 경제는 1960년대부터 비약적으로 발전하기 시작했다. 그러나 정치권력에 의한 국가주도 공업화과정이 외국자본으로 이루어졌음은 물론, 정부의 엄청난 특혜를 받으며 비생산적 투자와 세금 탈루 등 투명하지 못한 소유주들의 기업 경영으로 인해 1998년 치욕스런 국가경제 체제 붕괴를 가져왔다.

노동자는 자본가에게 자기의 노동력을 판매함으로써 그 대가로서의 임금을 지급받는 노동조건이 구비되어야 한다. 이른바 임금과 노동시간 등을 포함한 모든 노동조건을 노사가 대등한 위치에서 노동계약을 체결해야 한다. 임금은 노동력의 가치를 기초로 한 노동시장의 수요와 공급의 관계에 의해서 결정되어야 함에도 불구하고 노동시장은 현저히 불합리한 임금구조 결정이 이루어져 왔다.[2]

사회주의 소련을 비롯한 동구권 국가들이 그동안의 폐단을 극복하지 못한 채 붕괴되자 자본주의를 가장 효과적으로 유지하던 미국은 더욱더 노동생산성 향상과 노동 강화에 거액의 자본을 투자하게 되었다. 신자유주의라는 이름으로 그러한 자본주의적 능률을 전 세계로 파급시켜나가기에 이르렀다.

한편으로는 자본주의가 발전함에 따라 노동자계급이 성장할 수 있었으며, 특히 제조업의 현장노동자가 군사정권의 산업화로 인해 경제의 중심세력으로 부상하게 되었다는 논리도 있을 수 있다. 그러나 이는 지난 시대의 중심세력이었던 이른바 권언 유착으로 삶의 안위를 도모한 기득권자들의 자기합리화에 불과하다. 말하자면 모든 일에는 결과도 중요하지만 그 결과를 어떻게 만들어내느냐의 과정도 무시할 수 없기 때문이다. 한국의 경제발전에 있어서 성장을 우선시했던 과거 군사정부의 공이 컸음은 인정하지 않을 수 없다. 그렇지만 그 과정에 있어서 비민주적인 기업경영이나 노동자들에 대한 폭압적인 행태들을 조장하고 묵인한 일까지 긍정적으로 볼 수 없는 것 아닌가.

지금 외국자본과 정치권력이 노사관계에 적극적으로 개입함에 따라 노동자들은 또 다른 논리로 대응하지 않으면 안 될 시기를 맞고 있다. 1980년대처럼 한국의 실질적 지배자인 미국으로부터의 민족해방과 재벌해체의 논리로만 해결할 문제는 아닌 것이다. 분배보다는 성장을 우선시하여 국가경쟁력을 높여야 한다는 자본가들의 목소리에 귀 기

2/ 노동조합사전간행위원회 편, 『노동시장의 상태와 제요구』(형성사, 1985), 1127쪽.

울이면서 1998년 IMF 같은 상황에 맞닥뜨리지 않기 위한 투명한 기업경영은 물론, 노동자들의 삶의 질 향상에 힘써야 한다. 정치권력이 자본주의적 경제성장 패턴을 계속 주도하고 있음에도 대외부채가 증가하는 데 대한 비판적 시각 확보와 사회 주체로서의 미래적 전망을 제시할 수 있는 정책적 대안이 마련되어야 할 것이다.

일찍이 그러한 노동시장의 제 조건들에 대해 문제를 제기하고 새로운 노동자의 상을 정립하면서 사회 곳곳에 뿌리박혀 있는 구조적 모순들을 드러내려는 데 주저함이 없던 노동자들이 있었다. 그들은 자본주의 발전과 반대로 침체되어가는 노동자들의 삶에 대해 고민하고 상대적 박탈감을 사회 한가운데로 이끌어냄으로써 한국사회에 큰 파장을 일으켰다.

충격적인 방식으로 노동조건을 사회화한 노동자들이 많았지만 정치적이며 문화적 방식으로써 이슈화했던 시인 박노해, 그는 1980년대 박정희 정권보다도 더 가혹하게 노동자들을 억압했던 전두환 군사정부 아래서 그 누구도 감행하지 못했던 노동의 문제를 문학으로써 적나라하게 펼쳐보였던 장본인이다. 계층 간 세대 간 소통이 불가능했던 시대, 그는 우리 사회의 구조적 모순에 대한 대항 담론으로서의 노동문학의 공간을 확장시켰으며, 노동자들로 하여금 자본주의의 허구성을 깨닫게 하고 마르크스주의에 입각한 사회주의 사상을 온몸으로 실천하였던 시인이다.

2. 노동의 시학

박노해(1957~)는 노동현장의 정서를 생생하게 시로써 표출시킨 시인이다. 한국의 1960~80년은 경제성장을 우선순위에 둠에 따라 노동자는 자본주의하에서 기계부속품으로 취급받는 수모를 겪어야 했다. 개인적 삶은 국가발전 논리에 의해 구속되었으며, 자본주의 이데올로기에 갇힌 노동자는 자신들의 정당한 권리나 유린되는 인권에도 아무런 문제의식을 가질 수 없었다. 특히 1980년에 이르러서는 박정희 정권의 유신체제를 이어받은 신군부세력에 의해 자본주의적 생산의 양적 확대를 꾀하는 과정에서 노동의 착취는 극에 달했다.

그러나 정치적 민주주의 요구에 힘입어 노동자들도 주체적으로 노동문제를 해결하려는 모습을 보이기 시작하였는데 탄압을 피하기 위해서 전략적으로 이루어졌다. 그때 박노해는 민주주의를 열망하는 각 계각층의 분위기 속에서 노동현장의 체험적 진실성을 담지한 시집 『노동의 새벽』을 출간, 인간 이하의 취급을 받으며 시대를 살고 있는 노동자들의 현실을 고발함으로써 커다란 충격을 던져준다.

> 선적 날짜가 다가오면
> 백리길 천리길도 쉬임없이 몰아치는
> 강행군이 시작된다
> 어차피 하지 말라 해도
> 올라간 방세를 메꾸려면
> 아파서 밀린 곗돈을 때우려면
> 주 78시간이건, 84시간은 먹어치워야 한다
>
> 전생에 일 못하고 잠 못잔 귀신이 씌웠나
> 꼬집어도 찔러도 혀를 깨물어도
> 고된 피로의 바다 졸음의 물결에
> 꼴까닥 꼴까닥
> 눈앞에는 프레스의 허연 칼날이 쓰을컹 툭탁
> 미싱 때려밟는 순정이는

눈감고도 죽죽 누비는 자동기계가 되어
망치질하는 어린 시다
깨어진 손을 감싸 울면서도
눈이 감긴다

작업장 스피커에선
마이클 잭슨의 괴성,
조용필의 흐느낌이 지침없이 흘러나오고
주임 과장이 악을 써대도
졸음은 밑도 끝도 없이 휘감아들어
차라리 차라리 우린
자동기계가 되었으면,
잠 안 자는 짐승이 되기를 원하며
피 흐르는 손가락을 묶는다

아침에도 대낮에도 밤중에도
단 한순간 맑은 날이 없이
미치게 미치게 졸려,
꿈결 속에 노동하며 아직 성하게
용케도 붙어 있는 내 두 손이 고맙구나
시커먼 무우짠지처럼
피로와 졸음에 절여진 스물일곱 청춘,
그래도 아침이면 코피 쏟으며 일어나
졸음보다 더 굵다란
저임금의 포승줄에 끌려
햇살도 찬란한 번영의 새 아침을
졸며 절며
지옥 같은 전쟁터
저주스러운 기계 앞에
꿇어앉는다

1983년 『시와 경제』지에 「시다의 꿈」 등을 발표하면서 시단에 등단한 박노해는 1984년 『노동의 새벽』에 투쟁하는 노동자들의 삶을 직설적으로, 해학과 풍자로 자본주의 현실사회를 비판적으로 창출해냈다. 인용한 시는 「졸음」이라는 작품인데 역시 『노동의 새벽』에 실려 있다. 강경책의 지배가 계속되고 있는 공간에서의 선동의식을 엿볼 수 있다. 사회의 비극적 현실상을 시인은 패배의식이 아닌, 수치스러운 노동현장의 상황을 당당하게 보여줌으로써 사회 곳곳에 은폐되어 있던 부정적 사안들이 낱낱이 밝혀지고 있다.

시의 구체적 현장성은 목적의식과 결부되어 시적 긴장감이 떨어지나, 당대 한국 시단에 풍미했던 모더니즘적 방식의 도시적 감수성이나 애매성의 시적 장치를 상쇄시키면서 대중들의 문학적 호응을 불러일으켰다. 사회현실의 부조리를 시적 소재로 선택하여 커다란 미학적 유파를 형성시켰던 이전의 참여문학 계열의 시들과는 또 다르게 독자들로 하여금 현상에 대한 연민을 북돋우는 박노해적 시법을 마련한 셈이다.

고뇌와 파란을 겪으며 가치 있는 삶을 획득하는 과정에서의 문학적 모색은 자기적 세계를 초월하고자 하는 데서 가능한 것이다. 박노해는 사회의 변혁을 꿈꾸는 데 있어 막연하게 거리로 나가 선동하는 형식만을 고집하지 않은 것이다. 모순과 부조리 상황하에 놓여 있는 주변을 인식함과 동시에 무지몽매한 노동자 자신을 들여다볼 수 있는 성찰적 자세로서의 시 창작에 임했다고 볼 수 있다. 불완전한 환경을 극복해나가는 데 있어서 단지 투쟁하는 선동가로서만이 아니라 용기와 위안을 불어넣어주는 예술적 상상력으로써 사회적 발언을 쏟아낸 것이라 평가할 수 있다.

계급주의적 이념으로 무장한 생경한 구호와 대책 없이 사회적 분노만을 분출시키는 데 그치지 않고 인간적 삶의 비전을 제시하면서 파탄 직전의 상황에 처해진 현실을 객관적으로 통찰할 수 있는 시적 방식을 개척한 시인이 박노해다. 그는 단순히 열악한 환경 속에서의 고통받는 노동자 현실을 세상 바깥으로 드러내는 데 있지 않고 노동자적 감성으로 인간다운 삶의 염원을 시로써 구구절절 풀어낸 것이다.

박노해의 시는 그에 따라 이념적 관념의 과잉에 얽매어 있지 않다. 이념적 관념의 과잉에서 어느 정도 벗어나 있다는 이야기는 애매모호한 시적 어구로써 독자들의 사고를 자신의 세계관에 의도적으로 꿰어맞추려는 태도를 지양하고 있다는 말과 같다. 마르크스가 노동의 과정이 인간 경험의 총체성을 구성하는 일이라고 한 것처럼 박노해는 시를 통해 핍박받고 있는 노동자들의 현장을 투박스럽게 내보이는 가운데 인간적 삶을 서서히 확보시켜나가는 열정을 보여주었다고 할 수 있다.

그럼에도 『노동의 새벽』에 상재된 모든 시가 문학적 완성을 꾀했다고 보기는 어렵다. 노동현장의 미래적 전망을 구체적으로 제시하지 못한 채, 선동적이며 감상적 자기위안의 목소리만 내뱉고 있는 작품들도 여럿 발견되기 때문이다. 그도 그럴 것이 박노해는 사회주의 맹주 소련의 붕괴와 동구권 몰락에도 불구하고 새로운 사회주의를 정립하려고 애썼으며, 남한사회주의운동의 근본적 자기혁신에 착수해야 한다는 목표를 1990년에 이르러서도 꺾지 않았던 것이다.

그러나 박노해 시인은 사회주의의 핵심인 계급투쟁을 복원시킬 요량으로 사회변혁의 시각을 넓게 확보하고 있었지만 대중적 노동자들로 하여금 진정한 노동자 해방을 꿈꿀 낙관적 전망을 갖게 하기에는 턱없이 부족했다. 1987년 이후 직선제 개헌과 함께 정치적 민주화가 실현되어 가는 과정에서 이미 조직 간의 반목과 이익다툼이 전면에 드러나고 있었던 것이다. 소수를 배제하고 다수의 힘으로써 일사분란하게 조직을 이끌었던 1980년대의 노동운동방식이 잘못되었음을 깨우치기까지에는 한참을 기다려야 했다. 각성된 노동자로서의 박노해 시 또한 그러한 의식적 내용들로 짜여져 있다고 결코 말할 수 없다. 1990년 초 이미 대다수의 노동자들은 대중의 탈이데올로기 분위기에 휩쓸려 노동조합을 불신하기에 이르렀고 노동자 연대의식도 급속도로 느슨해져 갔다.

3. 고뇌로서의 참된 시작

1990년에 접어들자 사회주의가 침체된 현실을 누구나 실감할 수 있는 분위기가 되었다. 형식적 민주주의가 실현되는 단계에서 그때까지 삶의 질서를 한 단계 끌어올리고자 분투했던 운동가들조차 자본주의가 드러내는 화폐의 위력 앞에 흥미위주의 오락물에 빠져드는 형국이었다. 참여문학 영역의 시인들도 하나 둘 역사인식·사회 의식적 감각의 퇴행을 보이는 듯한 서정적 형태의 작품을 생산하는 데 분주했다. 이러한 분위기 속에서 박노해가 삶의 가치전환을 시도하는 시적 상상력을 내보인 것에 대해 이의를 제기하는 자체가 오히려 이상했다고 할 수 있다.

'얼굴 없는 시인'으로 알려져 있었으며 노동자 의식을 기반으로 한 투철한 사회의식을 내장하고 있었던 박노해는 1989년 11월 결성된 남한사회주의노동자 동맹, 이른바 사노맹의 중앙위원 겸 편집책으로 활동하게 된다. 그러다가 1991년 3월 12일 법정구속이 되었다. 구속 중에 온갖 고문을 당하면서도 사회변혁에 대한 의지를 굽히지 않고 리얼리즘적 창작을 견지했음이 시집 『노동의 새벽』을 통해 알 수 있다.

1심에서 사형구형을 받은 며칠 후 면회를 간 석방대책위원에게 심

경을 구술한 「성호(聖號)를 긋다」, 결심공판 최후진술에서 낭송하려다
가 제지당한 「우리는 간다 조국의 품으로」, 검찰 출정 길에 어느 미결
수로부터 민들레 한 송이를 선사받고 그때의 기쁨을 1심 재판 모두진
술에서 표현했던 「민들레처럼」 등등은 실천적·도덕적 자기강화에 주
력한 시적 리얼리즘의 진수라 할 수 있다. 정신적·신체적 억압 속에
서 순응적 타협을 거부하는 형태를 띤 박노해의 작품들은 참여시와
연결시켜볼 때, 인간세상 내에서의 주체적인 삶의 명분이 어디에 있
는가를 알 수 있게 해준다.

자유가 박탈당한 채 세상을 또 다른 눈으로 바라보는 동안 시인 박
노해는 마음 깊숙한 곳에 세 가지 신물(信物)을 모시게 된다. 그것은
곧 사람이 어떠해야 하는지를 깨우쳐 준 '진평왕릉', 시가 어떤 울림
을 지녀야 하는지를 깨우쳐 준 '에밀레종', 참된 시작이 어떠해야 하
는지와 사상과 운동이 무엇으로 쌓아져야 하는지를 보게 해준 '감은
사탑'[3]이 그것이다. 사형을 받은 처지에서 박노해의 이러한 심리적
의지처는 그가 또 다른 세계를 바라볼 수 있게 하는 계기로 작용한다.

죽음에 가까워져가는 그의 심리적 변이는 먼저 세계변화 현상에 대
한 자기고백으로부터 시작된다. 소련의 붕괴를 목도하며 굽힐 수 없
다던 자신의 이념적 신념이 깨지면서 왜 무너졌는지, 왜 패배했는지,
참된 시작은 어떠해야 하는지를 뼈아프게 자기성찰하게 된다.

    1
그해 겨울은 창백했다
사람들은 위기의 어깨를 졸이고 혹은 죽음을 앓기도 하고
온몸 흔들며 아니라고도 하고 다시는 이제 다시는

3/ 박노해, 「삶의 대지에 뿌리박은 팽창된 힘」, 『참된 시작』(창작과비평사, 1993),
　　228-230쪽.

그 푸른 꿈은 돌아오지 않는다고도 했다
세계를 뒤흔들며 모스크바에서 몰아친 삭풍은
팔락이던 이파리도 새들도 노래소리도 순식간에 떠나보냈다
잿빛 하늘에선 까마귀떼가 체포조처럼 낙하하고
지친 육신에 가차없는 포승줄이 감기었다
그해 겨울,
나의 시작은 나의 패배였다

        2
후회는 없었다 가면 갈수록 부끄러움뿐
다 떨궈주고 모두 발가벗은 채 빛남도 수치도 아닌 몰골 그대로
칼바람 앞에 세워져 있었다
언 땅에 눈이 내렸다
숨 막히게 쌓이는 눈송이마저 남은 가지를 따닥따닥 분지르고
악다문 비명이 하얗게 골짜기를 울렸다
아무 말도 아무 말도 필요 없었다
절대적이던 남의 것은 무너져 내렸고
그것은 정해진 추락이었다
몸뚱이만 깃대로 서서 처절한 눈동자로 자신을 직시하며
낡은 건 떨치고 산 것을 보듬어 살리고 있었다
땅은 그대로 모순투성이 땅
뿌리는 강인한 목숨으로 변함없는 뿌리일 뿐
여전한 것은 춥고 서러운 사람들, 아
산다는 것은 살아 움직이며 빛살 틔우는 투쟁이었다

        3
이 겨울이 언제 끝날지는 아무도 말할 수 없었다
죽음 같은 자기비판을 앓고 난 수척한 얼굴들은
아무 데도 아무 데도 의지해서는 안 된다는 것을 잘 알고 있었다
마디를 굵히며 나이테를 늘리며 뿌리는 빨갛게 언손을 세워 들고

촉촉한 빛을 스스로 맹글며 키우고 있었다
오직 핏속으로 뼛속으로 차오르는 푸르름만이
그 겨울의 신념이었다
한점 욕망의 벌레가 내려와 허리 묶은 동아줄에 기어들고
마침내 겨울나무는 애착의 띠를 뜯어 쿨럭이며 불태웠다
살점 에이는 밤바람이 몰아쳤고 그 겨울 내내
뼈아픈 침묵이 내면의 종울림으로 맥놀이쳐갔다
모두들 말이 없었지만 이 긴 침묵이
새로운 탄생의 첫발임을 굳게 믿고 있었다
그해 겨울,
나의 패배는 참된 시작이었다.

죽음을 눈앞에 두고서도 차분히 상상력을 끌어내어 현실적 대응력을 발아하고 있는 시 「그해 겨울나무」다. 사회주의 계획이 신체적 구속을 당하면서 무산되자 정신적 공황까지 감수해야 할 처지가 되었다. 그러나 『노동의 새벽』에서처럼 계급주의적이고 대타적인 노동현장의 단면만을 내보이지 않는다. 인용시를 비롯한 『참된 시작』의 시집에 묶여진 작품들은 자아의 패배주의적 감정이 확연히 드러나지는 않지만 대체로 모순과 불합리한 사회적 현상이 타개되지 않는 현실상황을 받아들이는 분위기가 지배적이다.

시 「그해 겨울나무」에서 화자는 폭압적 인상을 지닌 대상들에게로 향한 울분보다는 지난날 무작정 외쳐댔던 거친 행위에 대한 자기성찰의 자세를 보여주고 있다. 젊은이로서의 혈기왕성한 몸짓으로 사회개혁의 당위성을 소리 높여 외치던 데서 한 발 뒤로 물러나 정제된 언어와 견고한 사유로써 지난날 거침없이 휘둘러댔던 행위 하나하나에 대해 진지한 반성을 하는 모습이다.

박노해의 사회주의 이념이 언제 실현될지 모르는 상황에서 전격 구

속되자 패배를 인정하는 시가 위의 작품이라 하겠다. 패배를 인정하는 이유에는 여러 개인적인 사정이 있겠지만, 박노해의 주변적 상황을 고려하면 우선 보여지는 것은 고문으로 인한 신념의 좌절에서 찾을 수 있다. 신념의 좌절은 외압에 의해서가 가장 크다 하겠다. 그러나 어떠한 외압에도 굴욕적이지 않던 박노해의 이념적 신념의 꺾임은 결과적으로 자신 내부에 있음을 토로하고 있는 데서 그의 자기성찰이 가능하게 되었다고 볼 수 있다. 모든 노동자들이 자신과 같이 거대 자본에 예속되어갈 처지에 이르렀음을 비통해하지만 이제 그 비통함을 감정적으로만 토해내고 마는 것이 아니라 자아성숙의 계기로 삼았다는 데서 그의 시적 가치는 더욱 크다.

　꿈꿔왔던 인간적인 삶을 포기한다는 것은 투쟁의 한계를 자임하는 것이다. 1990년대 한국의 노동자들은 1980년대까지의 비참했던 노동현장을 적나라하게 고발하는 투쟁을 이끌었지만 그에 대한 보상은 커녕 더욱 더 옭아매는 정치권력과 자본가들의 승리를 굳혀주는 상황이 되었다. 따라서 박노해는 그러한 파행적 사회현실에 굴하지 않고 새로운 사유를 바탕으로 다시 시작해야 한다는 당위성을 시적 언어로 역설하고 있는 것이다. 하향적이고 단선적인 노동현장의 해결책을 모색하면서 미해결의 문제들을 하나하나 뒤집으며 실천가들과의 만남과 논의를 통해 노동현실 조건을 개선하는 방향으로 나아가야 함을 겨울나무로 비유하고 있다고 하겠다. 겨울나무는 낙엽 하나 틔울 수 없는 악조건 속에서도 새봄에 새잎을 틔울 희망 하나로 추운 계절을 견딘다. 박노해 자신도 햇볕 하나 받을 수 없이 좁은 평수의 감옥 안에서 꽁꽁 묶여 있지만, 언젠가는 감옥의 문을 열고 초록 향기가 날리는 대지를 만날 날을 손꼽아 기다리고 있다. 신체적·정신적 고통의 감내는 강한 생명력이 몸속에서 꿈틀대고 있음을 감지하지 못하면 불가능하다. 시인 박노해는 사회 깊숙한 곳까지 들여다볼 수 있는 냉철한 눈을 가졌으며, 부당한 국가폭력에 맞서 당당히 온몸으로 저항한 실천가다. 절대 권력과의 싸움에서 패배하는 순간 좌절하거나 순응주의에 매몰된 채 원한을 품거나 이리저리 안위의 자리를 기웃거리는 어설픈 노동운동가들과는 달리 새로운 희망을 던져주는 심연의 목소리를 들려준 박노해, 고통스런 패배를 뼈저리게 느끼면서 자신의 정체성을 새로이 세우기 위한 다짐의 참된 시작을 「그해 겨울나무」에서처럼 다시 접할 수 있길 기대한다.

고재종 ■ 농심의 푸르름 뿌리 내리기

1. 문명의 뒤안길, 농촌

한국인들은 도시를 중심으로 한 산업화 시대가 도래된 이후에도 궁핍하지만 인간적인 정감이 흐르는 농촌에서의 삶을 최상의 가치로 생각했다. 서구문명을 수용하면서 농촌이 급속도로 도시화되자 그동안 숭상해 마지않던 농업을 경시하는 풍조가 생겨났어도 고유한 전통적 풍습을 지키고 이어나가는 유일한 공동체 집단이었다. 농촌에서 살아가는 것이 고단하지만 농사일을 천직으로 생각하던 사람들, 그들이 비록 도시인들에게 냉대와 무시를 받을지라도 나름대로의 삶의 철학을 지니고 있기에 행복한 나날을 꿈꿀 수 있는 것이다.

그러나 서구적 통속문화의 물결이 휩쓸려오자 그들은 아무런 대책 없이 마냥 도시로 밀려나가기 시작했는데 그 시기가 바로 19세기 말이다. 강대국들에 의한 침탈은 의도적이지는 않았지만 그렇게 농촌을 붕괴하는 작용을 했다. 대한민국의 정책은 1970년대까지만 해도 농촌을 생각하지 않고서는 성공할 수 없었다. 그만큼 농촌이 오랫동안 한국의 중심부 노릇을 했다.

어떤 원인에 의해서든 근대문명에 의해 한국에서도 도시가 형성되자 그에 따라 농사를 짓던 사람들이 도시로 밀려들면서 '고향'이라는 것이 모든 이들의 의식을 지배했다. 바로 고향의식은 기계문명과 더불어 생겨난 삶의 의식이다. 그것은 도시생활을 하는 사람들의 농촌에 대한 부채의식도 갖게끔 하였다. 일제식민지 시대를 거쳐 농촌이 정부의 산업화 정책에 따라 개발지역으로 지정되고 무분별하게 도시화를 촉진하는 바람에 농민들은 차츰 사회로부터 소외되어갔던 것이다. 그동안 인간적 삶을 지탱시켰던 공동체의식이 조상들로부터 물려받은 농토와 함께 무너져갔고 그에 따라 믿고 의지하던 마을 사람들 간 불신이 조성되면서 순수한 인간성마저 급속도로 파괴되어간 것이다.

과학문명발달로 인해 농촌이 사회의 뒤안길로 밀려나면서 동시에 우리의 전통적 풍습을 잃게 되었다. 농사철이 시작되면 일손이 모자라 마을사람들이 공동으로 집집이 돌아가면서 씨앗을 뿌리고 김을 매고 수확하던 모습을 보기가 어려워졌다. 가난하지만 설날이면 모두 새 옷으로 갈아입고 세배를 다녔던 아름다운 풍습도, 추석날 일손을 멈추고 마을청년들이 주최하는 체육대회며 풍악놀이도 요즘은 찾아보기 힘들다.

농촌마을에서 행해졌던 단옷날의 그네뛰기도 정부가 지정한 민속마을에서나 볼 수 있게 되었다. 이러한 전통놀이는 삶의 위안이었다. 그것은 일을 잠시 접고 심신을 달래며 이웃 간의 정을 나누는 공동체성을 띤 우리 민족만의 것이었다. 그런 가운데 부모들이 온갖 힘들여 가꾸어온 땅을 자식들은 돈으로 환산하고, 서로 많이 물려받겠다며 형제들끼리 싸우는 각박한 세상이 되었다. 이는 개인적 차원에서 바라보면 지극히 사소한 일로 치부할 수도 있겠지만, 이 같은 가정의 불씨가 곳곳에서 벌어짐에 따라 사회적 문제로 치닫고 있기에 정책적 대안이 절실히 요구된다.

우리나라가 중요시해왔던 농업을 오늘날 천하게 생각하고 배타시하게 된 근본적인 이유는 과학문명을 발전시킨 강대국들의 신자본주의 정책적 강요에 의한 측면이 강하다. 그 중 농산물을 개방하라는 압력이 가중되면서 불가피하게 모든 농산품들을 싼값에 수입해 들어오자 우리의 농산물은 상대적으로 비싸져 도시 소비자들로부터 외면 받는 천덕꾸러기가 된 셈이다.

박정희가 쿠데타로 정권을 탈취한 1960년 중반부터 근대화니 뭐니 하며 중공업산업에 박차를 가하면서 농촌에서 일하는 사람들을 이농하게 만들었다. 그럭저럭 지켜오고 있던 농촌공동체의 기반을 완전히 무너뜨리는 분위기가 조성된 것이다. 품앗이도 할 수 없을 정도로 농촌인구가 급속히 줄어드는 형국을 만들어버린 것이다. 조상 대대로 물려받은 농사일을 던져버리고 농촌을 이탈하는 것이 최상의 가치라 생각했던 시대가 된 것이다. 명절 때 이웃들 간, 친척들 간과는 물론 식구들끼리도 음식을 나누어 먹으며 즐거운 시간을 갖지 못하게 된 것도 그런 연유에서다. 자살하는 농민이 생겨나고 정치적 투쟁까지 서슴지 않는 성난 농민들을 언론을 통해 심심찮게 접할 수 있는 요즘이다.

국가적 차원에서 이루어지는 국가 간의 무역 불균형으로 인해 약소국가의 농민들은 이처럼 많은 어려움을 겪고 있다. 그러나 우호적 관계를 도모하기 위해 자국에서 생산되는 농산물이 손해를 볼지라도 국익을 위해서 불가피하게 강대국들의 말을 들어주지 않을 수 없다고 치자. 그러면 그 농산물을 직접 생산하는 농민들의 경제적 이익을 국가가 보상해주어야 마땅하지만 실질적으로 충분한 보상이 이루어지지 않기 때문에 농민들의 삶은 핍진할 따름이다.

농민들은 정부와 대립각을 세워 격렬하게 불만을 표출시켜보지만 투쟁적 한계로 인해 그들은 어쩔 수 없이 도시의 노동자와 연대 저항할 수밖에 없는 형국이 되어버렸다. 그렇지만 정부는 정부 나름대로

1990년대 초의 우루과이라운드협정, 2007년의 한·미 자유무역협정으로 최소한의 이익을 창출하는 데 힘썼다고 강변한다.

선진국 대열에 들어서기 위한 산업발전의 모색에 있어서 기계중심의 무역을 주도하는 대기업의 역할에 대하여는 크게 기대하는 데 반해 농산물을 생산하는 농업은 국가발전에 기여하는 면이 없다는 경제관료들의 인식도 농민들을 울리는 원인이다. 더욱이 정부는 하루하루의 고된 생활 속에서 삶을 보장하라는 농민들의 끈질긴 요구에도 불구하고 외국으로부터 농산물을 사들이는 데 주저함이 없다. 합법적인 농민운동조차 불법으로 매도하면서 강압적인 방식으로 농민의 요구를 묵살하고 있는 것이다.

이미 그러한 정부와 농민의 대립각은 1980년대 시작되었다. 각성된 농민들은 농촌의 핍진한 상태를 그대로 방치하고 있는 데 대해, 그것도 오로지 농민분해 및 분화를 촉발시키고 있는 정부에 맞서 투쟁을 전개했던 것이다. 국가에 대해서는 농민들이 하루에도 수없이 죽어가는데도 아무런 대책을 세우지 않고 있는 것에, 농협에 대해서는 농업생산량의 증가와 농민의 경제적·사회적 지위향상에 무엇을 했는가를 따져 물으며 저항에 나선 것이다.

농민들은 국가의 하수인을 자처하는 농협을 상대로 반농민적 행위를 저질러왔음을 질타하고 1983년 11월 16일 어떠한 방해와 어려움이 있더라도 조합장 직선제를 통한 농협민주화를 쟁취하기 위한 결의를 다진다. 그리고 농협민주화가 이루어질 때까지 굳건하게 싸워나갈 것임을 천명한다.

1984년 2월 29일, 농민들은 정치·사회적인 소외와 경제적인 빈곤 속에서 인간으로서의 정당한 삶을 누리지 못하고 있음을 대내외에 알리게 된다. 예수 그리스도의 복음의 빛 아래서 주체적 농민문화를 창조하자고 목소리를 높이게 된 것이다. 이것이 농민의 권익실현과 지위향상에 앞장설 것을 주장한 '기독농민선언'이다. 이어 1985년 9월 26일에는 농촌생활의 극심한 파괴와 민족경제의 철저한 파탄이 다른 데 있는 것이 아니라 바로 민중학살로 정권을 잡은 전두환 군사독재 정권에 있음을 선포한다. 그들은 농촌의 궁핍이 폭력통치의 결과에서 온 것이며 농민을 죽이고 나라를 망치는 외국농축산물수입을 즉각 중단하라고 외쳤다. 그리고 농민의 소값 피해를 전액 보상하라는 소위 '소값피해보상요구' 공동성명을 발표한다. 그 후 농민의 생존권을 위해서 농민대중 조직으로서의 전국농민협회를 1987년 2월 26일 창립하기에 이른다.

대한민국은 1945년 일본 제국주의로부터 해방되었어도 그것은 완전한 해방이 아니라 단지 일본의 압제에서 벗어났을 뿐, 미국을 주축으로 한 서양 강대국들의 자본수탈대상으로서의 경제적 식민체제로 이어진 것이다. 그에 따라 민족의 생존을 떠받치는 농경은 미국의 저곡가정책으로 파탄되어갔다. 그럼에도 미국의 수입개방 압력에 굴욕적으로 대응하고 독점재벌의 이익만을 위해 정부는 농축산물 개방에 힘을 쏟았다. 그리하여 전 생산농가가 위기에 직면했음을 만천하에 알리는 농민운동단체들의 '한·미무역협상'에 관한 성명을 1988년 5월 6일에 발표하게 된다.

그러한 가운데 농민들은 주체적 생존권을 당당하게 요구하는 성숙된 역량을 갖게 되었으며 특히 농산물 가격의 폭락과 농가부채 등이 산업경제발전이라는 명목하에 이루어진 불합리한 정치행태에서 비롯되었음을 깨닫게 되었다. 고재종은 농촌에서 묵묵히 삶의 문제를 천착하고 그것을 문학예술로써 표출시키며 순수한 농심을 키워온 시인이다.

2. 농심의 시학

고재종(1959~)은 푸르른 산천을 벗 삼아 시심을 키우는 농민이다. 지천에 널린 풀꽃들과 어울리며 사시사철 순수성을 잃지 않는 농민으로 평생 살아가기란 쉽지 않다. 호젓한 논둑길과 밭이랑을 거닐면서 일렁거리는 곡식들을 일구고 살아가는 모습을 누구나 동경할 수 있으나, 실질적으로 농촌의 삶은 그렇지 못하다는 것을 아는 사람은 드물다.

어릴 적부터 함께 동네 곳곳을 휘젓고 뛰어놀며 간간이 부모님들의 일손을 거들면서 자란 친구들, 어느새 도회로 다 빠져나가고 혼자 남아 묵묵히 농토를 가꾸며 멀어져가는 동심을 꿋꿋이 지켜내고 있는 사람이야말로 순박할 따름이다. 농촌이 도시의 확장과 상업자본화의 물결에 휩쓸려 황폐화되는 가운데 농민의 존재론적인 탐구자세를 보여준 고재종. 농촌의 강한 생명력을 끄집어 올리면서 시심을 키워온 그는 1984년 실천문학사의 신작시집 『시여 무기여』에 「동구밖집 열두 식구」 등을 발표하면서 문단에 나왔다.

농촌은 도회인들이 생각하는 것처럼 자연을 벗 삼아 시선놀음이나 하는 그런 곳이 아니다. 하루도 빠짐없이 이른 새벽부터 밤늦도록 들판에 나가 일을 하여도 돌아오는 건 빚뿐이다.

하늘이 외면한 집인가 찌그러진 오두막집
전답 한 떼기 없이 동네 축에도 못 들고
멀리 바람에 쏠리는 대숲만 구시렁대길
좋은 시절 호시절 좋은 시절 호시절

집모퉁이 양지 쪽엔 찬바람 피해 앉아
예순 일곱 금동영감 손 불어가며 대쪼갠다
대쪽같이 굳은 손 갈라진 틈 사이로

빠알간 속살이 혓바닥인 양 내밀고

금동댁은 부엌에서 저녁연기 피우며
나무 없다 부엉 쌀 떨어진다 부엉
부엉부엉 부은 입이 급기야는 엠병신병
여자팔자 두름박팔자 시집 잘못 평생고생

설쇠면 아흔 네 살 뒷골방 죽노인은
차가운 방바닥이 서러운 원숭이 되어
뭔 죄가 그리 많기로 이리 오래 사는고
설이나 넘기면 어서 죽어야 헐 턴디

바람바람 칼끝바람 오두막집 들쑤시고
바람바람 엄동바람 금동영감 손얼리고
바람바람 미친바람 생솔연기 흩날리고
바람바람 골방바람 문풍지를 울리는데

「동구밖집 열두 식구」의 첫 번째 '바람' 이라는 부제를 달고 있는 이 시에서 농민의 삶이 얼마나 고달프고 비애어린가를 잘 보여주고 있다. 시인은 진실에 값하는 농민의 삶을 시적 운율로 촘촘히 엮어 들려주고 있는데, 사실성에서 크게 어긋나 있지 않다. 일상세계로부터 소외되고 주변으로 밀려난 우리 농촌의 분위기를 현현하고 있다. 위태위태한 농민의 삶을 불안정한 현실세계로의 비판적 입장을 취한다고도 볼 수 있다.

1970년대 도시산업화의 물결에 힘입어 1980년대에는 농촌의 병리적 현상이 극에 달했던 때이다. 그래서 이전보다는 더욱 의식화된 지식인들이나 민중들이 그러한 불구의 농촌에 대해 지대한 관심을 갖게 된다. 독점자본을 유지케 하는 정치권력과 불가분의 관계로 파악하고 이해한 것이 그것이다. 농촌과 도시의 빈부격차가 점점 벌어진 이유에는 이농현상에 있었지만, 더욱 근본적인 것은 군사독재정권의 비합리적 통치에 있었다. 그에 따라 농민들은 자의 반 타의 반으로 저임금의 도시노동자로 내몰리는 형국이 되었던 것이다.

시에 드러난 바와 같이 근대의 농촌은 국가로부터 버림받은 곳이 되었다. 농촌 살리기 정책의 일환으로 이루어지는 부채탕감 등은 정치적 이벤트성에 불과했다. 농촌은 그야말로 빈자들의 터전이 된 것이다. 문제점은 이러한 빈농의 증대현상만이 아니다. 고재종이 시인으로서의 첫발을 내디딜 쯤에는 도시화에 따른 산업시설 공간의 확보를 위해 정부는 반강제적으로 농토를 수탈하는 것도 서슴지 않았다. 자본주의에 의한 문명의 발달은 그렇게 농촌을 삶의 뒤안길로 내몰았으며, 그 문명의 빛은 강렬하여 우리민족 간의 끈끈한 정까지 떼어놓는, 말하자면 농촌의 공동체적 정서마저 앗아가 버렸다.

그러나 농촌 출신이라면 어릴 적 추억쯤은 다 간직하고 있다. 들과 산에서 자라는 풀과 나무들은 농사꾼의 이야기 동무이자 삶의 동반자였다. 농촌의 젊은이들이 도회지로 빠져나간 상태에서 남은 사람들의 외로움을 달래주는 친구였다. 저 멀리 저녁밥 짓는 연기를 바라보며 소를 끌고 내려오는 아버지, 그 아버지의 등줄기 땀을 씻어주는 개울물 소리는 귀여운 아이의 노래 같았다. 노을을 등지고 터벅터벅 집으로 향하는 아버지의 시선은 그러나 밭과 논으로 향할 수밖에 없다. 가뭄과 장마에 거듭 시달리며 그래도 쭈뼛쭈뼛 고개를 치켜든 농작물들을 대견스러워하며.

봄이면 겨우내 얼었던 땅이 녹아내리면서 한해 농사를 걱정하게 만들지만, 졸졸졸 흐르는 도랑물과 나이테를 늘이는 나무들의 시끄러운 소리를 들으며 농부들은 농사채비를 서둘렀다. 앞산 뒷산 파릇파릇 솟는 잎들과 함께 겨우내 움츠렸던 어깨를 펴면서.

여름이면 정신과 육체를 말라 비틀어버릴 것 같은 뜨거운 태양에 몸 둘 곳을 몰라 했지만, 늘 그러한 자연에 순응하며 견디어냈다. 간혹 긴 장마 끝에 쓸려 내려간 밭을 물끄러미 바라보는 동안, 절망이었던 심사는 어느새 흙탕물에 쓸려 내려가고 다시 복구의 의지를 다지는 농부들, 그리고 점심 때 툇마루에 올라앉아 새파란 고추와 큼직한 마늘 한쪽을 곁들여 밥을 상추에 싸 먹는 기쁨이 있었다.

가을이면 밭이랑으로 여름내 오고가며 다져진 발자국들과 빨갛게 익은 고추와 노랗게 영근 조 이삭들을 만져보며 부자가 된 것처럼 즐거워했다. 논 한 마지기 없는 집의 아이들은 이웃집 벼 타작하는 날 햅쌀밥과 누룽지를 얻어먹는 것이 유일한 낙이었다.

겨울이면 식구들이 옹기종기 모여앉아 고구마와 무를 깎아먹으며 밤새 이야기꽃을 피웠다. 가끔씩 우리네 어머니는 일찌감치 저녁밥을 가족들에게 챙겨주고 이웃집으로 놀러가면, 우리네 아버지는 쪼그려 앉아 자식들의 화투놀이와 윷놀이 하는 것을 지켜보곤 했다. 어떤 집은 외지로 나간 자식들 걱정에 밤을 지새우고, 또 어떤 집은 밤새 새끼를 꼬아 멍석을 만들었다. 말린 옥수수로 튀긴 강정을 집어먹으며.

요즘은 정갈한 햇살이 툇마루에 올라설 때까지 마을이 조용하다. 예전 같으면 동네가 시끌벅적하게 햇살을 찾아 구판장 앞에 모여들 시간임에도. 지게를 지고 줄지어 나무를 하러 가는 모습도 볼 수 없다. 해가 뉘엿뉘엿 넘어갈 오후쯤이면 음악을 크게 튼 농협차를 몇 안 남은 동네 아낙들이 둘러싼 채 저녁거리 반찬을 사는 모습이 정겹다. 천원짜리 몇 장 꼬깃꼬깃 말아 쥔 모습까지.

지금이야 생태계보호를 위해 어른들도 잡아먹지 않지만 이십여 년 전만 해도 겨울이면 냇가의 개구리며 가재 민물고기 등으로 동네잔치를 하곤 했다. 방학을 맞이하여 딱히 다른 놀이가 없던 시골 아이들은 개구리 잡아먹는 게 하나의 풍습이었다. 시대가 변하면서 그러한 소박한 삶의 모습은 더는 찾아볼 수 없게 되었다. 한때는 새마을운동이라는 명목 아래 취락구조 개선, 주택개량 등으로 농촌 사람들의 활력을 유도하였지만, 좋은 평가 못지않게 부정적인 평가도 뒤따랐다. 내용보다 형식을 중요시한 박정희 군사정부의 강압적 정책이었기 때문이다.

농민에 대한 생계대책은 도시자본의 토지침탈로 이어졌으며 농가 빚으로 인하여 농산물 생산의욕만 저하되는 결과를 가져오기도 했다. 우리나라는 근대화 이전까지 농업이 상업이나 공업보다 우선시하였으며 그래서 농민도 상인이나 장인보다 계층적 우위에 두었었다. 그러나 일본의 식민지로 전락한 20세기 들어서 서구문명이식에 의해 농민은 생존의 위협을 받게 되었다. 해방이 되고나서 더욱더 농사꾼은 천대받는 직업이 되었다. 그에 따라 사람들은 공장으로 몰려들게 되었으며 기계화에 따른 분업화로 인해 삶도 개인주의화로 접어들었다.

거대 자본에 의한 도시화로 먹는 것도 인스턴트식품이 대부분이지만, 여전히 업신여길 수 없는 농산물, 그 농산물을 생산하는 농민들의 아우성에도 불구하고 적절한 보상이 주어지지 않고 있다. 그래서 그러한 삶을 못 버티고 자살하는 농민이 늘어나고 민족적 자존을 가지고 수입개방저지운동을 펼쳤던 것이 시 「동구밖집 열두 식구」가 씌어진 1980년대 초다.

우리 민족의 생존을 유지케 하는 농민이 국가적 보호와 존경을 받아야 함에도 불구하고 농축산물의 계속된 가격 하락과 외국농축산물의 수입개방에 따른 무시와 냉대를 받게 된 것이다. 농촌에서는 육성회비조차 마련하기 힘들어 자녀들의 의무교육도 제대로 시킬 수 없었다. 초등학교만 졸업시킨 채 15세 남짓한 어린 자녀들을 도시의 부유한 집에 들여보내 가정부 노릇을 하게 하거나 다방 등 유흥업소에서 일하게 했던 것이다. 그러나 이들 자녀들은 그러한 부모님들에게 일절 원망하지 않고 온갖 수치와 모욕을 받으면서까지 번 돈을 한 푼 한

푼 모으면서 미래의 삶을 설계해 나갔던 것이다. 위의 시가 바로 이러한 당대 우리나라의 모습을 적나라하게 펼쳐 보여주고 있다.

1980년대는 농민들 스스로가 삶의 해결을 모색하는 시기였다. 비민주적인 농촌관리 정책에 대한 저항의 깃발을 치켜들어 농민대중의 저항적 조직화를 추동하기 시작한 것이다. 고재종의 시 또한 그러한 농민의 경험적 삶을 토대로, 죽음으로 내몰리고 있는 상황을 인식하고 인간 이하의 비참한 현실을 고발하는 차원의 작품 중 하나다.

이른 새벽부터 들에 나가 열심히 일을 해도 논과 밭 한 떼기도 살 수 없을 정도로 나아지지 않는 집안 형편에 화자는 하늘이 외면하고 있다고 자조하고 있다. 그리고 양지 바른 곳에서 대를 쪼개는 노인의 굳은 손으로부터 피가 흘러내리는 것을 안타까운 심정으로 바라보고 섰다.

식구들 모두가 나름대로 열심히 살고 있지만 밥 때가 되면 쌀이 없다는 아낙들의 소리가 끊임없이 시인의 귓가를 때린다. 이러한 상황에서 목숨이 질기다 하면서 좌절과 절망하고 있다. 그리고 그 속에서 허무주의에 빠지지 않을 수 없음을 노인의 입을 빌려 시인이 문제제기하고 있는 것이다.

그렇다. 1960년부터 1980년대까지 우리나라 농촌은 새마을운동이다 뭐다 하며 농촌을 살리자는 정책이 수없이 쏟아져 나왔지만 정작 농민들의 삶은 그대로였다. 이것은 정부의 농업정책이 실효성 없는 정치적 발호였음을 증명한다. 정부가 농촌의 현실을 잘 파악하고 농민들의 삶의 질적 향상을 도외시하지 않았음은 물론이다. 다만 도시인들이 나날이 좋은 환경에 살아갈 수 있도록 많은 투자가 이루어지는 것과는 대조적으로 남아 있는 농민들의 편리한 삶의 기반을 마련하는 데 소극적이었음은 사실이다.

농민의 피폐한 삶을 갖게 한 데에는 정부의 직접적인 지시에 의한 이유도 있다. 퇴비증산이니 농지개량이니 하며 바쁜 농민들을 부역에 동원 농사일을 제대로 할 수 없는 경우가 허다했다. 정부의 하위 조직인 면에서 마을의 이장이나 반장을 통해 마을사람들을 통제하는 가운데 농민들을 사실상 강제노동 현장에 투입하는 꼴이었다. 당시만 하더라도 농사를 짓는 사람들은 대다수가 무학자들로 세상의 그릇된 면을 제대로 인식하지 못했으며 그러한 농민들을 대상으로 자신들의 잇속만 챙기려는 공무원들 또한 많았기에 순박한 농민들은 정부의 현란한 속임수에 그냥 넘어갈 도리 밖에 없었던 것이다.

고재종은 이러한 농민들의 삶을 직접 경험하고 현실사회의 내적인 문제를 비판적으로 그려놓고 있다. 그는 해가 갈수록 살림이 좋아지기는커녕 더욱 찢기어 가는 상황과 맞닥뜨려져 있는 농촌을 당황해한다. 시인은 그러나 불굴의 화산인 양 농민들이 다시 일어서서 못자리를 설치하고 논밭을 일구는 삶의 열정을 보고 싶어 한다. 역대 정치위정들에 의해 농촌은 그러한 구조 속에서 헤맬 수밖에 없음을 깨닫고 그것을 바로 잡기 위해서는 농민들 스스로 일어나야함을 시적으로 발언하고 있는 것이다.

그리하여 시인은 중앙정부가 농촌의 발전대책이니 종합대책 같은 지시를 지방에 내려 보내면서 뒤에서는 농수산물을 싼값에 외국에서 들여오거나 농민의 요구와는 반대되는 정책만을 펴서 농촌을 '양로원', '빚더미 창고', '유령촌'으로 만들어버렸다[1]고 목소리를 높이고 있는 것이다. 2007년 지금의 상황도 별반 다르지 않다. 이는 농촌에 대한 정부의 정책이 세계 자본주의의 논리에 종속되어 이루어지고 있음을 제시받는다. 시인 고재종은 이에 농촌의 핍진한 상황을 정확히 읽어내고 짚어내며 능동적으로 우리 농촌에 대한 애정을 비판적인 시각으로써 보여주고 있다.

1/ 고재종, 『사람의 길은 하늘에 닿는다』(문학동네, 1996), 33-34쪽.

3. 푸르른 울음소리로서의 거듭나기

고재종은 1980년대 농민의 사회적 위상을 민중적 정서에 바탕을 둔 민중론의 논리구조 속에서 파악하고 참담한 농촌현실에 대한 준열한 심판의 일환으로 시적 형상화를 꾀한 시인이다. 그의 대부분의 시적 풍경은 농민으로서의 체험적 구체성을 띠고 있으며 인간회복의 길을 모색하는 시정신의 치열성이 담지되어 있다.

그러나 시인은 농민들에 대한 계몽조의 이상향을 제시하는 목소리를 내거나 상황적 암울함에 대한 애증의 눈초리로 바라보지 않는다. 순박한 농민들의 생존문제를 비탄한 어조로 내뱉되 막연하게 선동적인 언어구사로 형상화하지는 않는다.

온전한 삶의 터전이 상실되어버린 가운데 시인 고재종은 전통적으로 유지해오던 관습들이 일순간에 뿌리 뽑혀 나가는 아픔을 감내하면서 1987년에 첫 시집 『바람 부는 솔숲에 사랑은 머물고』를 상재한다. 이어 1989년 전통적인 서정성을 갖춘 『새벽들』을 펴내고, 또 3년 뒤인 1992년에는 『사람의 등불』을 간행, 내면에 겹쳐 있는 일상인으로서의 자기 확인과 농촌의 척박한 풍경을 담담하게 형상화해낸다.

1990년 민주화의 바람을 탄 치열한 이념적 투쟁이 스러져가면서 시의 영역에서도 참여문학성을 탈피한 독자적 예술의 성격을 띠는 서정주의 작품들이 문단의 대세를 이루게 된다. 그러는 가운데 한국사회는 물질적 풍요로움에 빠져 들어가 정신적 빈곤함이 극에 달하게 되고 고재종 시인이 몸담고 있는 농촌은 피폐해질 대로 피폐해져 소박하고 평범한 삶조차 유지할 수 없는 지경까지 이르렀다.

그러나 고재종은 도시풍경에 눈을 돌리지 않고 자기의 농토를 가꾸면서 끊임없이 자기 변모의 과정을 모색해 나간다. 정확히 말한다면 이전의 작품들에서 감지할 수 있었던 각박한 농촌의 삶에 대한 노여움이 1994년 네 번째 시집 『날랜 사랑』에서는 무화된 채 일상의 삶을 충족시키기 위한 시적 정서의 확대를 보여준다. 농촌의 현실감각을 살려내면서 좀더 깊은 서정적 정서로 대상을 그려내는 형국이다.

『날랜 사랑』의 전체적인 분위기는 핍진한 농촌의 삶을 긍정적으로 바라보는 것은 아니지만 시적 대상들에 대한 섬세한 관찰이 주를 이루고 있다고 하겠다. 따라서 이 시집에서는 전에 볼 수 없었던 생명의 역동성과 우주 질서에 따른, 있는 그대로의 자연적 정감을 느낄 수 있다.

현실체험을 바탕에 깐 고재종의 시들은 그래서 이제 더 이상 고발조의 시적 형상화가 아니다. 미세한 자연물 하나하나에 관심을 집중시키며 자연의 소중함을 상징적으로 묘사하는 시적 정서의 균형이 살아나 있다. 자기의식의 내면에 키워온 자연의 생명에 대한 내면적 긴장감이 단연 돋보인다.

자연의 푸르른 울음소리를 들으며 시인은 그러나 정서의 단순성을 극복하고 있다. 그 자연의 푸르른 울음소리는 바로 우주공간에 갇혀 있는 모든 개체들의 움직임으로 설명할 수 있을 것이다. 이전의 이웃들에 대한 고통을 함께 아파하며 마음 깊숙이 우러나오는 잔잔한 농민적 감정으로써 세상 밖으로 표출시켰듯이 인간들에 의해 훼손되어져 상처받은 자연의 울음소리를 들으며 그것들에게로 가까이 다가가 서정적으로 의미공간을 형성하고 있다. 그러나 이들, 즉 우주공간 내의 자연의 개체들은 꿋꿋하게 제 생명을 지켜내는 푸르른 울음소리다.[2] 그렇기 때문에 시인은 가치관의 변화를 실감하면서 자연에게로의 문학적 관심을 열성적으로 표출하는 데 이른다. 자연의 개체들이 제각기 외로움을 달래며 자신을 조금씩 키워 올리듯이, 함께 현실적 고통을 이겨내면서 살아왔던 사람들이 자신의 곁을 떠난 상태에서의

2/ 고재종, 『날랜 사랑』(창비, 1995), 146–147쪽.

외로움을 달래면서 자기 존재의 의미를 키워내고 있는 것이다.

외로움은 자라서 산이 되지 못하고
탱자울에 방자한 참새떼 소리
이제 그만 시끄럽다 한다
마을에 남은 사람들 몇몇
죄다 비닐하우스에 가버리면
하느님도 간간 바람으로 스쳐와선
후진 곳에 쓰레기 버리듯
은행나무 잎새를 우수수 쏟아버리게 한다
외로움은 빛나서 별이 되지 못하고
청대숲의 청대잎들
저희들끼리 몸을 버티게 하고
까짓것 알몸으로 알몸으로 온통 덤벼도
어느 손목뎅이 하나 건드리지 않는 홍시들
이제 그만 붉은 눈물 떨구게 한다
외로움은 질기고 질겨서
그래도 남은 무엇이 있다는 듯
삼밭의 폭배추를 포탄이 되게 하고
여차하면 날아버릴 듯 응등그리게 하고
더는 반짝반짝 닦아내지 않는
장독대의 옹기들을 온통 검푸르게
간이 들게 하고, 간이 들어
반갑다, 어디서 개 한 마리 짖는 소리에
마을 가득한 햇살만 출렁! 하게 한다
아아 외로움은 흘러서 강이 되지 못하고
봉두난발 갈대꽃만 미쳐 흔들고
강둑의 미루나무 끝으로나 달아나서는
이제는 외로움 저도 외로워
우듬지 한 떨림으로 청천하늘 치받는다

「외로움은 자라서 산이 되지 못하고」라는 시이다. 시인은 자기의식의 내면에 일상적 경험의 현실을 쟁여 넣고 훼손된 자연과의 정서적 합일을 꾀하고 있다. 최대한 자연의 속성을 살려내면서 자아의 새로운 변화를 시도하고 있다고 하겠다.

순수 열정으로 자아의 존재와 가치를 새롭게 다지기 위한 방편으로 자연관에 의한 민중적 의식을 간접적으로 드러나게 하고 있지만 이전의 각성된 인식에 의한 냉엄한 현실 비판적 언어구사가 아닌, 전에 없는 자유주의적인 사회의식과 개인의 감성에 의한 내성적 성찰이 짙게 나타나 있다.

작품에서 시인은 자기 확인을 집약적으로 보여주고 있는데, 자신의 외로움이 산이 되지 못하고, 별이 되지 못하고, 강이 되지 못했음을 사무치게 아파하고 있다. 이는 자아각성에 의해 추구해온 사회적 문제가 해결되지 못한 채 방치되어 있음을 간접적으로 제시해주는 동시에 정화된 정서로써 반성하는 시적 미학을 성취하고 있다고 하겠다. 환언하면 각성된 농민의식으로써 불합리한 구조와의 대결양상이 거세되고 난 후 사회적 낙오자로 취급받고 있는 자아의 현실적 외로움을 토로하면서도 그것이 아무런 도움이 되지 못함을 깨닫고 있다. 그나마 화자는 조금이나마 자신이 현실적 외로움이 우주만물의 자양분이 되어 자연회복의 길을 꿈꾸고 있는 것이다. 농민인 시인이 자신이 몸담고 있는 농촌의 활기찬 모습으로 거듭나기를 기원하는 시적 변이로도 볼 수 있다.

고재종은 그동안 농민의 비극적인 생활이 구조적 모순에 의해 배태된 것으로 보았으며 그러한 황폐화된 개인의 삶을 적극적으로 고발하는 형태의 시를 발표하였다. 그리하여 농민의 정신적 몰락을 회복하기 위해서 스스로 비판적 시각을 견지하려는 노력을 보였다. 말하자면 1980년대까지의 고재종은 농민들의 상대적 박탈감을 외적인 요인

에서 찾고, 도시인들로부터 멸시를 받으며 살아온 삶에 대한 대응의
차원에서 강렬한 해명의식의 언어를 구사하는 시적 형식을 도모하였
다. 이와는 달리 1990년대의 고재종은 농민들의 애환을 비판적 시각
없이 있는 그대로의, 즉 인간운명적인 양상의 존재적 의의를 작품화
하는 경향으로 드러난다.

농촌의 선진화를 추구하고자 하는 데 있어 좋은 조건의 외적 상황을
기다리는 태도가 아니라 우리의 삶을 지탱시켜주는 농사일을 천직으
로 생각하면서 농민들 스스로 정신적 황폐를 걷어내는 모습의 시적
형상화를 볼 수 있게 된다. 시인 고재종이 농촌에 대한 애정은 끝이
없어 전통적인 윤리의식과 가치관의 붕괴 속에서도 근원적인 농촌 환
경의 해결을 위해 먼저 자연에 관심을 기울이게 되는 것이다. 때 묻지
않은 농촌사람들의 순수함과 시간적 흐름에 따라 순수하게 변모하는
자연물들에서 인간의 세계를 이해하게 되고 그에 따라 자신이 직접
가꾸는 농산물 하나하나에까지 온갖 애정을 쏟아 붓는다. 이는 시인
으로서의 당연한 귀결이다. 시인은 인간에게 뿐만 아니라 지구상의
모든 사물들에게까지 생명체를 부여하며 그 각각의 개체들의 존재적
의미를 규명하는 감각을 가져야 하기 때문이다.

고재종의 농촌에 대한 애착은 대지를 꽃피우고 삶의 의미를 충만케
하는 자연과의 교감으로 나아가게 된다. 자연과의 교감은 이 지구상
의 모든 존재들에 대한 사랑을 실현하고 있음을 뜻한다. 농촌이 싫어
자기의 고향을 등진 사람들이 도회지에서 각박하게 살아가는 동안 가
난하지만 그래도 자기의 삶을 스스로 키워내면서 자유로운 존재적 가
치를 한껏 들어 올리는 농민을 시로써 보여주고 있는 것이다.

그의 시로부터 한 마을에서 꾸역꾸역 살아가고 있는 어른들과 또래
의 농부들과 함께 울긋불긋한 자연산천을 즐기며 현실에 기초한 상상
적 비전을 지니고 있는 시인의 모습을 생각해 볼 수 있다. 이는 전 시

대의 불합리한 사회구조를 통렬히 비판하는 데 머물렀던 자신의 진지한 성찰적 자세에서 비롯하였다고 할 수 있겠다.

샛노랗게 물들여진 들과 산을 끼고 살아가는 시인은 새로운 삶의 방향을 타진하고 있다. 작품 속에서 농민들이 지니고 있었던 부정적인 시각들조차 긍정적으로 수습하는 시적 태도를 보이고 있는 것이다. 더불어 도시인들에 대한 비판적 관심도 상대적 입장에 놓여 있는 것으로 받아들이며 신뢰하고 그들과의 관계정립을 다시 시작하려는 심정으로 시를 쓰고 있다고 하겠다.

사람이 사람을 사랑하고 그리워하는 것은 진정한 인간적인 면모다. 고재종 시인의 작품을 통해 다정다감한 농민적 감수성을 공유하고 차원 높은 인간적 삶을 추구하는 데 본받을 만한 것이다. 이러한 사회적 환경을 굳건히 지켜내기 위해서는 모든 농민들이 서로서로 도와가며 옆집의 아픔을 우리 집의 아픔으로 생각할 줄 아는 전통적 관습이 되살아나야 할 것이다. 밭고랑이든 논두렁이든 농사철이면 여기저기 담소를 나누는 평화로운 풍경은 생각만 해도 가슴이 찡해 온다.

투명한 햇살을 받아가며 농사일에 매진하는 나이 지긋한 농부들, 이제 어디를 가든 그렇게 평화롭게 보이지 않는다. 한평생 허리 꺾어 농사를 지어왔지만 남은 건 주름살과 한숨 뿐이다. 그러나 아직 불평 한 마디 없이 사는 순박한 농민들을 많이 볼 수 있다. 그들은 지금까지 그래왔듯이 수지타산이 안 맞아도 정부를 탓하거나 날씨를 탓하지 않는다.

그러나 언제부터인가 농촌에 살다 떠났던 외지사람들이 하나 둘 찾아 들어와 경치 좋은 곳을 골라 산 땅에 보란 듯이 멋지게 집을 지어놓는 광경을 농촌 어디든지 볼 수 있다. 그들은 도시가 좋다고 떠났던 사람들이다. 그런데 돈 몇 푼깨나 벌었다고 목에 힘 꽤나 주고 마을 어른들께 흥정을 하여 많아야 일주일에 한 번 내려와 쉴 집을 휘황찬란한 대궐 같은 집을 지어놓아 시골 사람들의 기를 죽이고 마는 것이다.

일을 다 끝내놓고 별 다른 놀이가 없는 겨울이면 생태계보호니 뭐니 하여 단속을 하는 바람에 이제 개구리 잡는 풍경을 보기가 힘들게 되었다. 그것도 다 농촌이 고향인 도시 사람들 때문이리라. 어릴 적 삶의 그리움에 고향으로 자가용을 몰고 와서는 자동차배터리로 냇가 여기저기 들쑤시며 자연의 생명체들을 몰사시키는 몰상식한 행태를 서슴없이 행했던 탓이다.

고재종은 그러한 인위적인 원인으로 자연의 생태계가 파괴 되어가는 것에 관심을 가지면서 본격적인 생명환경문제에로의 시적 작업을 시도하게 된다. 그런 측면에서 1997년 발표된 『앞강도 야위는 이 그리움』이라는 시집이 주목을 끈다.

1. 가부장적 질서의 해석과 독해

오랫동안 인류는 남성 중심의 역사였다. 동·서양을 막론하고 성으로서의 보편적 질서는 남성의 우월적 권능을 보장하는 한에서 여성들의 외면적 아름다움을 인정한 것 외에는 남성들 중심에 두고 사고하였으며 남성을 생각하지 않고는 사회적 제도의 틀을 마련하지 못했다. 남성의 억압적인 규정으로부터 여성은 부자연스러운 지위에 놓였으며, 피억압자 존재로서의 여성은 남성 지배이데올로기에 의한 소위 남성 집단 속에서의 잉여부분에 불과했다. 사회의 규정들 밖에 위치 지워진 여성들은 인간적 삶을 위한 인간 공동체의 실현에 적극적인 역할을 도모하였음에도 불구하고 그에 대한 역사적 서술은 배제되었거나 남성들의 행위에 덧붙여진 주변적으로 규정지어지고 묘사되었다.

남성적 타자로서의 여성은 사회적 위계질서를 만들어내는 중계자로서의 역할을 수행하기도 했지만, 그것은 남성에 대한 의존성에서 빚어진 무주체적 행위로 받아들여졌다. 신분제 사회에서의 남성은 가문과 자신을 지키기 위해 권력과 명예를 좇았으며 출세를 위해서는 전쟁도 불사할 정도로 자기의 존재를 극대화했다. 그러나 여성은 끊임없이 남성 중심적 사회에서의 그러한 전투적 삶을 억제시키고 그러한 비합리적 행위들을 다스리는 데 시간을 할애했다. 그런 가운데 남성들처럼 집단 내에서의 경쟁과 무엇인가를 이루려고 하는 무목적적 성취에 몰두하기보다는 타인과의 제유, 미적 감수성, 사려 깊은 행동 등 여성적 특질을 최대한 살려내어 성의 불평등을 해소시켜온 것도 사실이다.

그럼에도 남성들은 단순히 육체적 힘의 잣대로 그러한 여성의 전통적 특질을 무시하고 성의 우월성을 계속 주장해온 것이다. 그에 따라 고유한 여성적 특질의 전통성은 남성적 사회발전을 위한 희생양으로서 기능화 되었을 뿐, 희생적 기능을 넘어서 여성으로서의 사회 주체적 의미를 부여받는 데 오랜 시간을 기다려야 했다. 물론 한국에서의 여성적 특질의 긍정적 수용은 아직도 매우 미약하다. 여성을 남성의 종속적 개념으로 인지하였던 우리 선조들의 오랜 관습을 비판적 안목 없이 무의식적으로 받아들인 탓이다. 그러한 사회적 분위기 속에서 어렵게 문제의식을 가진 일군의 사회 개혁적 여성들이 가부장적 질서의 구조에 동요를 일으키는 여성해방운동을 주창하기에 이르렀다.

여성해방운동, 즉 페미니즘은 기본적으로 여성들이 남성들에 의해 부여된 성적 차별을 거부하는 생각으로부터 출발한다. 남성에 의해 부과된 여성적 성은 자연적인 존재로서의 유순한 의식이 내재된 성질로 규정된 반면, 스스로 자신들에 부과한 남성적 성은 타자와의 대결 속에서 자기 극복으로서의 초월적 지위를 가지는 존재[1]로 의미화 했다. 그렇기 때문에 여성들의 일부는 그러한 가부장적 기본 전제들을 보다 완강하게 거부하게 된 것이다.

가부장적 질서의 구조에 동요를 일으키는 페미니즘적 비판으로 성

1/ 레나 린트호프, 이란표 역, 『페미니즘 문학 이론』(인간사랑, 1998), 31쪽.

적인 차이를 드러내는 새로운 해석들이 다양하게 전개되고 있으며, 여성의 주체성을 통찰하는 데 도움을 주는 성의 이론에 대한 집중적인 독해가 이루어지는 시기다. 지적 능력에 있어서 여성이 남성보다 뛰어나고, 여성의 자각에 의해 인류의 진화도 가능했다는 한 일간지의 책 리뷰에 공감이 간다. 발정기가 아닌데도 섹스를 할 수 있으며, 임신과 출산을 목적으로 하지 않고 성교를 할 수 있는 유일한 포유류가 여성이라는 것. 모든 동물이 갖고 있는 본능적이고 충동적인 행동에서 최초로 벗어난 것은 바로 인류의 여성이라는 것. 배란기에 맞춘 성교를 할 줄 알게 되었으며, 9개월 뒤의 출산을 파악하는 지적 능력을 동물 최초로 확보하게 된 것이 여성이라는 것. 이에 따라 여성은 달의 변화 주기와 배란기 주기를 활용해 시간과 미래라는 개념을 도출시켰으며, 여기에서 인류의 지성과 통찰력이 생기게 되었다는 논리를 그대로 인정할 수 없더라도 전통적 여성 고유의 특성에 걸맞은 논구이자 남성과의 관계 속에서 성의 동일성을 획득하게 하는 담론의 연결 통로가 된다.

　여성은 남성이 지니고 있지 않은 무한한 능력과 신비적 육체성을 가지고 있음에도 남성은 그러한 여성의 특장들을 평가절하하는 데 머물지 않고 그것들을 남성 자신을 위해서 끊임없이 도용하려는 습성이 있다.[2] 그러므로 여성의 상징이라 할 수 있는 섬세함과 온유함, 모성적 부드러움과 신비적 아름다움, 그리고 방어적 성향을 애써 거세하려하지 말고 보다 더 치열하게 드러내어 거칠고 무뚝뚝하며 소유욕과 공격적 성향의 남성들과의 차이를 더욱 더 부각시킬 필요가 있는 것이다. 비록 가부장적 고정관념에 사로잡혀 있는 남성들이 자신들의 기득권을 유지하기 위해 여성 폄하를 멈추지 않을지라도 인내로써 여

2/ 새리 엘 서러, 박미경 역, 『어머니의 신화』(까치, 1995), 76쪽.

성 자신의 고유한 특장의 위대성을 알리는 데 게을리 하지 말아야 할 것이다.

자연 현상에 의해 인류의 창조를 도모하였으며 자연적 사회의 구성을 이루는 데 중심적 위치를 점유해온 존재로서, 남성적으로 내포된 인위적 자연 창조 행위들에 의혹을 품고 저항하는 분위기로 전환해야 전근대적인 가부장제가 상쇄될 것이다. 여성들 스스로가 가부장제에 영향을 받아 무의식적으로 남성 고유의 특장이 여성 자신의 특장보다 우월함을 인정하고 그것들로부터 벗어나지 못하는, 그래서 온갖 종류의 모순들을 참아내는 우매함을 보여주지 말아야 할 것이다. 그러기 위해서는 무엇보다 자신이 보유한 여성적 성을 사랑하고 오랫동안 자기 위에 군림해온 남성의 고질적인 가부장적 태도를 시정하는 데 힘을 써야 할 것이다.

페미니즘 관점에서의 자본주의는 가부장제를 강화시키면서 발전해왔다고 말할 수 있다. 말하자면 자본주의는 그 체제를 유지하기 위하여 효과적으로 가부장제 이데올로기를 활용했다. 집 밖의 일은 남성에게 맡기고 여성은 아이 기르기 등 가정 일에만 충실하면 최고의 여자로 대우받았으며, 경제적 활동을 하는 남편에게 묵묵히 헌신해야만 정숙하고 아름다운 여인으로 칭송받아 온 것이다. 어쩔 수 없이 남성과 함께 똑같이 일하면서도 그에 대한 대가는 낮게 책정되었으며 끊임없이 무시와 냉대에 시달렸다. 노동력을 싼값에 구매하여야 하는 자본가는 가부장적 의식에 의해 남성과 여성의 생물학적 성 차이를 사회적 능력의 상하관계로 비틀면서 그것을 남성들 간의 차별을 두는 데까지 이르렀던 것이다.

여성의 인격체에 대한 편협한 시각은 오랫동안 전 세계적으로 자행되어왔는데, 오늘날 많이 불식되었다고 하지만 아프가니스탄에서는 아직도 여성이 교육받는 것을 막고 있으며 중국과 인도에서는 여자아이가 태어나는 것조차 막고 있다는 것에 비애를 느낀다. 그러므로 근대적 자본주의의 이데올로기는 여성 억압을 낳는 데 크나큰 역할을 했다.

자본주의를 기꺼이 받아들여 자아의 능력을 충분히 발휘하면서 부를 축적하는 재미로 살아갈지라도 인간의 집단적인 구성체를 완전히 무시하고 삶을 이어나갈 수는 없다. 자본주의 아래에서 구성원들은 서로간의 차이를 인정하고 그 차이를 메우는 가운데서 경제적 성과도 이루어질 수 있다. 자본주의 속에서의 새로운 인간적 삶의 해법은 화용론(話用論)에서 말하는 적절조건을 받아들일 필요가 있다. 즉 상대가 나를 불신한다 해도 늘 나의 진심을 표현하고 상대방의 말을 진실로 받아들이며 상대의 물음에 정성껏 대답할 준비가 되어있어야 소통이 이루어져 남성과 여성 간, 또는 남성들 간의 위계적인 차이까지도 불식될 수 있으리라 본다.

최근의 페미니즘 연구 성과에 힘입어 우리 현대 시문학을 페미니즘 관점으로 접근해 보면 또 다른 흥미를 갖게 된다. 초기 근대 시인들에 의해서 산출된 작품, 이를테면 주요한의 「불놀이」에서 "달아놓은 등불 밑에서 목청껏 길게 빼는 어린 기생의 노래, 뜻밖에 정욕을 이끄는 불구경도 인제는 겹고"의 부분이 새롭게 읽혀진다. 어린 기생은 진정한 사랑을 목말라하는 듯한 여성으로, 화자인 남성은 애욕의 권태스런 모습으로 현현해 놓은 것이다. 불평등한 성적 에너지의 시적 구현이라 할 수 있다. 또 김소월의 「진달래꽃」, "나 보기가 역겨워/가실 때에는/죽어도 아니 눈물 흘리오리다." 부분이 명구지만, 나약한 여성적 정조로 형상화되어 있으며 남성에 대한 희생적이고 수동적인 여성상으로 일갈하고 있다. 시인의 가부장적 상상력이 배태되어 나온 결과라 할 수 있다.

반면 임화의 「우리 오빠와 화로」는 화자가 여성으로 청자인 오빠의 누이동생이지만, "오빠 오늘 밤 새어 이만 장을 붙이면 사흘 뒤엔 새 솜옷이 오빠의 떨리는 몸에 싸워질 것입니다.//이렇게 세상의 누이동생과 아우는 건강히 오늘 날마다를 싸움에서 보냅니다."에서 보듯이, 화자인 여성은 "그동안의 우리 시가 내세웠던 수동적이며 나약한 여성상과 다른"[3] 씩씩하고 당찬 인내력을 보여주고 있다. 오빠의 사회적 문제의식에 공유하는 차원을 넘어서 사상적인 투쟁에 동참하고자 하는 단호한 의지를 표출시키고 있는 것이다. 그러나 「우리 오빠와 화로」는 1929년에 발표된 것으로 일본 식민지 상황에서의 슬픔과 절망이 깃든 민족의식적 여성상을 띠는 관계로 이 시의 화자를 페미니즘의 행위로 보기에는 무리가 있을 수밖에 없다.

한국에서 페미니즘적 시 쓰기는 1990년 이후 본격화되었다고 하겠는데, 극히 소수에 불과하다. 그것도 단순히 육욕적인 남성 혐오나 여성 자신의 불행한 행적에 대한 공개적 수준에 그쳐 있다. 남성보다는 자기기만이나 과격성이 약한 특질을 지닌 존재로서 그 특질을 시로써 극대화시키면서 사회적으로 내재된 성적 차별의 해체를 도모할 수 있다면 페미니즘의 미학이 성립될 수 있을 것이다. 남성 주도의 지배적 성 이데올로기가 아니라 성의 평등성에 기인한 성의 미학을 남성 시인이나 여성 시인들 모두가 현현해볼 필요가 있는 것이다.

한국의 현대시인 중에서 자기 폐쇄적이며 지배적이거나 열등한 성 담론으로서가 아닌, 성의 차이를 통한 성 차별을 거세하는 차원에서의 치열한 시 쓰기 작업은 신현림이 유일하다고 하겠다. 신현림 시인은 그동안 생물학적 차이를 사회적 차별로 부각시켰왔던 가부장사회에 대해 뜨겁게 맞서고 있는 중이다.

3/ 정효구, 「대화적 성격과 낭만적 세계관」, 박철희/김시태 편, 『현대시의 이해』(탑출판사, 1995), 82쪽.

2. 성의 시학

신현림(1961~)은 싱글맘으로서의 자유롭고 도발적 언어들로 여성적 삶을 솔직 담백하게 표출시키되 진정한 인간적 사람살이의 통찰을 보여주고 있다. 그녀는 로댕의 말을 인용 "감동하고, 사랑하고, 희구하고 전율하며" 살아가고 있는 시인이자 자기 파괴를 의미하는 페미니즘적 삶의 모습을 다양한 장르를 넘나들며 서사화하는 문인이다.

한국의 여성은 여러 시대를 거쳐 엄격하게 가부장제도에 속박되어 왔다. 합리와 이성을 꾀하는 근대적인 제도 교육을 받고 성장한 현대의 지식인들조차 여성의 자아실현은 가정 내에서 가능하며 정숙하고 사려 깊은 이미지가 여성 고유의 상으로 여기고 있는 터다. 아직도 신중함과 배려 그리고 이해력을 여성에게만 요구하는 남성이 있다는 것에 불만이 없을 수 없을 것이다. 그래서 유교적 관습으로 여성에게 관용과 도덕성을 요구하더라도 남성이 먼저 그에 대한 천착을 도모해야 하는 것이다. 그러나 한국에서의 남성은 성적 권력을 유지함으로써 성의 불균형이 건재하고 있다는 것이 여성들의 주장이다. 이러한 일상사를 웅숭깊게 들여다보며 문제의식을 끄집어 올리고 있는 한 귀퉁이에 신현림 시인이 서 있는 것이다.

경기 의왕에서 출생하여 학부에서 문학 전공을 한 신현림은 대학원에서는 사진 전공을 하였다. 1990년 『현대시학』에 「초록말을 타고 문득」 외 9편을 발표하면서 등단했다. 1994년 처녀시집 『지루한 세상에 불타는 구두를 던져라』를 발간했다. 이후 시집 『세기말 블루스』, 『해질녘에 아픈 사람』과 사진 에세이 『아我! 인생찬란, 유구무언』, 『희망 블루스』를 냈으며, 영상 에세이 『나의 아름다운 창』과 『희망의 누드』, 『슬픔도 오리지널이 있다』를 상재했다. 그리고 사진 에세이 『빵은 유쾌하다』, 『굿모닝레터』, 『천개의 바람이 되어』와 미술 에세이 『신현림의 너무 매혹적인 현대미술』, 박물관기행 산문집 『신간창고로 가는 길』을 내놓았다. 또 자전적 에세이 『싱글맘스토리』, 치유시 모음집 『외로워하지마. 슬픔이 터져 빛이 될거야』와 동시집 『초코파이 자전거』를 선보였다. 『블루데이 북』, 『러브댓독』 등의 역서도 출간, 올바른 여성적 삶의 방향을 타진하는 데 경주하고 있다.

신현림은 가부장적 질서 속에서 일어나는 지배적 담론들에 대한 적극적인 비판을 가하고, 성의 동일성을 추구하는 과정에서 여성의 욕망을 적나라하게 펼쳐든다. 자신의 일상적 경험을 통해 여성 주체적 지위를 확보하고자 하는 열정은 이렇게 시작된다.

아, 시바알 샐러리맨만 쉬고 싶은 게 아니라구

내 고통의 무쏘도 쉬어야겠다구 여자로서 당당히 홀로 서기엔 참
더러운 땅이라구 이혼녀와 노처녀는 더 스트레스 받는 땅 직장 승진
도 대우도 버거운 땅
어떻게 연애나 하려는 놈들 손만 버들가지처럼 건들거리지 그것도
한창때의 얘기지
같이 살 놈 아니면 연애는 소모전이라구 남자는 유곽에 가서 몸이
라도 풀 수 있지 우리는 그림자처럼 달라붙는 정욕을 터뜨릴 방법이
없지 이를 악물고 참아야 하는 피로감이나 음악을 그물침대로 삼고
누워 젖가슴이나 쓸어내리는 설움이나 과식이나 수다로 풀며 소나무
처럼 까칠해지는 얼굴이나
좌우지간 여자직장을 사표내자구 시발

이보게 여성동지, 고통과 고통을 왕복하는 데 여자 남자가 어딨나
남성동무도 밖에선 눈치보고 갈대처럼 굽신거리다가 집에선 클랙
슨 빵빵 누르듯 호통이나 치니 다 불쌍한 동물이지 아, 불쌍한 씨발

굳이 여자가 아니더라도 인간으로서의 근원적 욕망을 풀어낼 수 없는 이 땅의 현실에 분노하고 있다. 「너희는 시발을 아느냐」라는 제목으로 『세기말 블루스』에 실려 있는 이 작품은 여성 고유의 것들을 유린당하며 살아가고 있는 것에 대해 슬퍼하며 그러한 혐오적 제도에 대한 도전의 시동을 걸고 있는 것이다. 남성의 기세에 눌려 기를 펴고 살지 못하는 동시대 여성들을 향한 질타의 목소리로 정체성 확립에 몰두하고 있다고 하겠다. 그래서 시인은 고유의 여성성을 상실한 시대를 마감하자는 의미로, 성적 차별과 독자성을 잃어버린 여성의 종말을 고하자는 의미로서의 관습화된 여자직장을 사표내자고 욕설을 퍼붓고 있다. 이는 개인주의가 만연한 자본주의사회에서의 불평등한 남녀 관계를 폭로하는 발언이자 이러한 사회적 이데올로기의 이면을 간파하지 못하는 무지한 여성들을 향한 외침으로도 들린다.

다소곳한 자세로 성적 에너지를 억제하며 묵묵히 찌든 일상을 녹여내야 했던 과거 한국 여성들의 행태를 시적으로 지적하고 있는 시인 신현림은 이처럼 초기작부터 페미니스트로서의 여성적 주체성과 여성적인 것 드러내기에 열중했다고 볼 수 있다. 여성 경험의 일상들을 페미니즘적인 관점으로 자기비판 및 쇄신을 도모하고 있는 것이다. 말하자면 신현림은 시인으로서의 공인이 되기 전부터 이미 여성의 특수한 국면들을 문제 삼고 사회적 관계 속에서 성의 부정적인 측면들을 거세하는 데 남다른 노력을 보여준 것이다. 「너희는 시발을 아느냐」가 탄생한 시점으로부터 10년이 지나서 발표된 에세이를 통해서도 그녀의 페미니즘적 사유를 목도할 수 있다.

사회가 빠른 속도로 변하고 있다. 그 속에서 여성의 의식은 급속히 제자리를 찾아가는데 많은 남자는 그렇지 못하다. 구시대의 수평선 위에서 하얀 불을 밝히고 앉아 자기 맘대로 호령만 하는 남자들도 많으니 답답하다. 뭐든 남자 위주로 돌아가는 삶에 여성들은 신물을 낸다. 이젠 여성 스스로 나 자신이 돼야 한다. 행복하게 살겠다고 맘을 다져야 그나마 행복의 반은 쟁취할 수 있다. 악착같이 이혼 안 해주는 인간들이 있는가 하면, 헤어지는 게 힘들어서 계속 살다가 평생을 망쳐버리는 여자들이 얼마나 많은지, 여기서 망쳤다는 말이 지나칠지 모르나, 그만큼 아직도 남성 중심사회에 대해 문제의식조차 느끼지 못하는 여성들이 있다는 얘기다. 문제가 뭔지 느끼더라도 큰소리 없이 체념하며 그늘 속의 축축한 흙처럼 살아가는 여성들도 마찬가지가 아닐까.[4]

요즘처럼 남녀 평등의식이 높은 수준일 때도 드물다. 그러나 여전히 많은 가정이 남성의 폭압적인 권위 아래에 놓여 있다. 전통적인 남성상은 그 어느 때보다 강하게 무너지고 있지만, 영원히 사라지기는 힘들지 모른다. 사회를 변화시키고 싶고 평등하고 평화로운 세상을 위해서는 머리가 아파도 이런 사회 구조적인 뿌리를 알아야만 한다.[5]

가부장제적인 가치들의 비역사성을 드러내 주는 글이다. 남성 중심적인 규범들이 많은 도전을 받아왔음에도 불구하고 여성에 대한 공격적 성향이나 지배에 기초한 성(Sexuality) 행위 등이 이루어지고 있음이다. 이러한 남성들의 가부장적 의식은 아직도 강고하게 버티고 있는 것이다.

한편 남성에 대한 수동적이고 의지적이며 고립된 여성적 성의 파괴를 실행해야할 책무가 시급함을 언급하고 있는데, 이는 정신적 학대와 육체적 강간 등을 자행하는 남성에 대해 응징하자는 메시지다. 관능적 여성상을 미적 대상으로서가 아닌 탐욕의 대상으로 간주하는 남

4/ 신현림, 『신현림의 싱글맘 스토리』(Human & Books, 2005), 42쪽.
5/ Ibid., 136쪽.

성들의 잘못된 인식이 여성에 대한 폭력과 약탈적 성행위 등이 발생되고 있는 것이다. 시인은 이에 대해 여성들 스스로 자신의 성을 보호하고 여성적 존재로서의 인간적 가치를 최대한 보장받기 위하여 여성적 성의 주체성을 키우자는 것으로 역설하고 있다.

여러 시대를 거치는 동안 배척되어왔던 여성들의 지식·지혜의 면모들을 유감없이 남성들 가슴에 비춰주면서 가부장제적인 질서의 구성들을 추방시켜내는 신현림, 진정 그녀는 여성적 전통을 정의 내리기 위해 고군분투하고 있으며, 여성이 갖고 있는 모순적 삶을 거세하기 위한 목소리를 담담하게 엮어내고 있음이 시를 통해서나 에세이를 통해서나 함께 드러나고 있다. 실천적 행위로서의 페미니즘 목소리가 자칫 남성에 대한 지배성의 의미로 읽힐 수 있을지라도 성의 노예성에서 탈피하고자 하는 욕망이 자리하고 있는 관계로 성의 중립적인 역할을 기대하는 데 모자람이 없다.

특히 「너희는 시발을 아느냐」는 한국의 유교적 여성상에 대한 시인의 비판적 시각이 잘 드러나 있다. 관대하고 연약한 이미지로서의 모성적인 이면에 희생적이고 헌신적인 이미지들이 깔려 있음에 주목, 그것들이 단순히 남성 중심사회의 산물임을 당당히 외치고 있는 것이다. 여성도 남성처럼 인간의 가장 근본적인 성적 욕망이 내재돼 있으며 그에 의해 사회적·정치적 금기(taboo)를 넘어서는 여성의 근원적인 가치를 내세우기 위한 것이라 하겠다.

획일적 자본주의 시대에 여성성 상실의 회복은 지배구조로부터 최소한의 자유와 평등적 삶을 이루는 토대가 된다. 남성은 끊임없이 여성을 성적 쾌락을 제공하는 대상으로 취급하여왔다고 해도 그리 틀린 말은 아니다. 고대나 중세의 왕족이나 귀족들로부터 그리고 현대에 와서 정치적 권력자들로부터 또는 부를 획득한 남성들로부터 여성은 쾌락적 대상이었던 것이다. 또한 역사적으로 남성은 권력과 부를 획득함에 따라 여성을 교묘히 이용하기도 했는데, 이는 여성적 성이 이기주의적 정복의 대상일 뿐만 아니라 환각적 감각을 재생산하는 원시적 노예상태로 놓여 있음을 보여주는 것이다.

따라서 신현림은 이런 성의 쓰임에 참을 수 없는 화가 치밀어 오르고 남성들의 잘못된 인식으로 아름다움을 잃어가는 여성적 성에 대해 더 이상 방치할 수 없음을 토로하고 있는 것이다. 여기서 시인은 고상하고 우아한 어휘를 동원 애매모호한 시적 어구들로 독자들을 이끌었던 모더니즘의 형식과는 달리 두 둔 크게 뜨고 가슴에서 일어나는 감정을 그대로 배설하고 있다. 조물주가 남성들의 세계에서만 허락한 것처럼 여성들의 세계에서는 쉽게 볼 수 없는 노골적인 성 이야기를 욕설로써 자연스럽게 꺼내놓고 있다.

신현림은 페미니스트로서의 자세를 거리낌 없이 견지하고 있음을 그의 시집이나 여타의 저서에서 발견할 수 있다. 그의 글 중간중간에 올려져 있는 사진은 보통 가정집의 아주머니들과 다르지 않다. 세련되지 않은 옷차림에 아기를 업고 있는 모습이며, 화장기 없는 얼굴에 수더분한 웃음과 심지어는 나체사진까지 평상시 삶의 상태를 그대로 보여주고 있다. 그동안의 여성적 이미지들, 눈썹은 초승달 같아야 하고 목과 다리는 길어야 하며 얼굴은 작아야 하는 등 외형적인 각선미와는 딴판의 이미지를 드러내 주고 있는 것이다. 말하자면 신현림은 고전적 여자의 아름다움을 유지하기 위해서라기보다는 오히려 아름다움의 특질을 다른 각도에서 간취하고 있다.

3. 헝그리 정신으로서의 새로운 행복 쌓기

신현림의 페미니즘적 시 쓰기는 오랜 세월을 거쳐 복종을 미덕으로 삼아왔던 한국 사회의 여성들을 향한 전복적 사고의 유인작업이며 여성적 성의 불명예를 씻어내리는 힘으로 작동하고 있다. 남자와 여자의 상하관계가 있을 수 없음에도 동등한 성적 권리를 부정하는 남성들의 행태에 대해 신현림은 가혹하리만큼 냉엄하게 꾸짖고 있다. 이혼을 감행하는 등 피할 수 없는 파국적 운명에 맞닥뜨려져서도 자신의 내적 삶을 추스르며 이상적인 여성적 성을 만들어나가고 있는 것이다.

그러나 신현림이 추구하는 여성으로서의 자유스런 공간 확보는 여성적 성의 우위에 두려는 남성들의 성적 권리를 동등한 위치로 되돌려 놓고자 함이지, 남성적 성의 고유함까지 폄하하고 깎아내리려는 의도는 아닌 것이다. 보편적으로 여성보다는 남성이 본능적인 성적 에너지를 충만케 하여 성적 충동을 일으키는 쾌락적 원리의 힘이 강하다. 남성은 사랑과는 무관하게 여성의 성을 탐닉하고 욕정을 불태우기 때문에 늘 여성적 성은 위험 속에 놓여 있다. 이러한 원인에는 유교적 관습에 의해 여성적 성을 신비화하고 여성적 성도 늘 욕정으로 차 있을 것이라는 착각에 의해서다. 따라서 육체적으로 약한 여성적 성은 속수무책으로 당할 수밖에 없는 것이다.

신현림의 이러한 여성적 성에 대한 페미니스트적 사고는 성의 본질을 올바르게 위치시켜 놓는 데 있다고 하겠다. 남성과의 성적 균형을 명확히 세우기 위한 하나의 방법으로 시를 선택했다고도 볼 수 있다. 시적 창조는 딱딱해지기 쉬운 언술을 유연하게 하고 사유의 깊이와 내용을 심화시킬 수 있으며 진술의 진부성을 참신한 언어적 표현으로 끌고나감으로써 감동적 울림을 줄 수 있다. 시인 신현림은 그래서 성

담론을 기꺼이 시에 의탁하여 자신의 삶의 철학을 변주하고 있는 것이다. 참인간적 삶의 확립을 위해 자신에게 문제시되어 있는 사안을 있는 그대로 토로하고 문학으로써 전파하는 행위야말로 다른 어느 방법보다 신선하다 하지 않을 수 없다.

후기 자본주의 시대 또는 탈모더니즘 시대라 일컫는 21세기 오늘 그 어느 때보다 여성들의 사회적 요구가 거세게 일고 있다. 세계의 많은 여성들이 자신들의 고유 영역에서 벗어나 그동안 접근하기 어려웠던 남성 세계에로의 행동반경을 넓히고 있는 것이다. 아이를 양육하고 남편의 뒷바라지에 쏟았던 열정을 시대를 거론하고 진정한 인간적 삶을 더듬는다. 폐쇄적인 가정의 울타리에서 벗어나 자율적으로 사고하고 변화무쌍하게 행동할 수 있는 만인의 세계로 뛰쳐나오고 있는 중이다.

남성들의 왜곡된 사고에 의해 진리로 여겨졌던 여성의 신비화에 동의하고 관능적 고상함을 여성의 고유한 특질로 받아들여 오히려 자신들의 성적 주체성을 고착시키는 데 일조한 것에 대해 반성하고 성찰하는 차원에서의 시 쓰기를 신현림이 시작하였다고 할 수 있다. 이제 신현림은 꼭 페미니스트가 아니더라도 시인으로서 여성적 성의 주체성을 말하고 남성들에 의해 부당하게 억압받아왔던 여성적 삶의 본질을 파헤쳐 표면으로 끄집어 올리는 데 주력하고 있는 것이다. 말하자면 신현림이 사회적 반발을 무릅쓰고서 한국문학, 한국의 시를 한 단계 발전시킬 수 있는 창조적인 페미니즘 작업을 거세게 밀어붙이고 있다.

시인 신현림, 그녀는 생물학적인 성 차이를 사회적 성 차별로 왜곡시켜온 남성들의 행태에 주목하고 그에 대한 자신의 입장을 표명하는 가운데 페미니즘적 행동의 과정을 글로써 고스란히 보여주고 있다. 가부장제에 얽어져 있던 현실적 자아를 풀어내어 가능한 한 여성적 권능을 평가받기를 종용하고 있다고 할 수 있다.

내 삶의 방식의 최선은 시 쓰기였다. 시를 쓰며 생활을 정리하고 시간을 멈춰 세워 세상을 들여다보고 나를 바라보고, 인생을 더 좋은 방면으로 바꿔가며 많은 어려움을 이겨낼 수 있었다. 헝그리 정신으로 시간을 쪼개며 탐구하는 삶, 더없이 큰 보람을 느낀다. 조금씩 바뀌어가는 자신을 응시하며, 글 쓰는 기계가 아닌가 싶을 정도로 닥치는 대로 글을 쓰고는 살림과 일에 지쳐 쓰러지듯 잠들었다.

고단하고 다양한 체험을 시와 산문으로 승화시킬 꿈을 키우며 더 열심히 살아야겠다는 생각뿐이다. 어차피 엄마로 산다는 건 힘든 일, 받아들이면 그리 힘들 것도 없다. 아이를 통해 배우는 놀라운 사랑의 능력, 이것이 내 몸에, 내 감각에 아주 따뜻한 물처럼 스며드니 감사할 뿐이다.[6]

여성의 창조적 삶을 마련하기 위한 신현림 시인의 고투, 그것은 자신과의 싸움에서부터 시작된다. 여성적 존재성을 세계의 그 어떤 것들과의 가치와 동일시함으로써 그동안 여성들조차 나약성으로 체현된 성적 관념을 부정하고 여성적인 요소를 더욱 강화시키기 위한 시 쓰기에 몰두하고 있는 것이다. 자칫 다른 여성해방운동가들처럼 남성적 성과 통일성을 주장하는 듯한 발언으로 들릴 수 있지만, 신현림 시인에게 있어 여성적 성에 대한 주체성 확립은 여성으로서 감당해야 할 일을 이면에 숨기지 않고 표면에서 떳떳하게 보여주자는 점에서 남성들과의 평등성만을 고집하는 일부 정치적 페미스트들과는 다르다.

위의 언급도 그런 측면에서 보면 신현림 시인의 여성적 주체성에 대한 예지는 감각적이고 감상적 수준을 뛰어넘어 이성적 인격 속에서 다듬어내어 점차 사회에 공헌할 수 있는 순수성이 함의되어 있다. 그

6/ Ibid., 96쪽.

렇기 때문에 억압되었던 여성적 자아를 시 쓰기에서 찾고 고달프고 힘겹지만 헝그리 정신으로 버티어내려는 모습을 보여주고 있는 것이다. 시인으로서 복잡다단한 세계를 사유하고 그 가운데서 새로운 행복을 만들어내기 위한 능동적 삶의 방식을 창조하고 있다. 신현림 시인은 그래서 남성의 도움 없이 혼자 아이를 키우며 삶을 세워나가는 일이 보람 있는 것이다.

그녀의 헝그리 정신은 남성 중심사회를 뒷받침하고 있는 모순된 자본주의 구조를 인식한 결과다. 가부장제적 행태를 추동시키는 남성들의 광적·이기적인 모습들을 목도하고 당당히 싱글맘으로서 그것들을 사회화하여 시를 쓰고 자기 고유의 창조성에 바탕을 둔 새로운 행복 쌓기를 하고 있는 것이다.

밥 속에 헝그리 정신 비벼 넣고
몸속에 헝그리 정신 채워 넣고
손에 헝그리 볼펜 감싸 쥐고
황홀하도록 고요한 도서실에 앉아
내가 할 수 있는 것이란
일하는 것밖에 없다
나는 일중독자 갈망하는 공부 중독자

가난의 마지막 지옥이 얼마나 무서운지 알아
공들이지 않은 실패가 얼마나 깊은 무덤인지 알아

불황이다 부정부패다, 부익부 빈익빈이다
이 세계를 견디게 하는 헝그리 정신
이승을 살며 저승을 지나기 위해
달콤해진 헝그리 정신
만삭의 아이와 함께 배고픈 날개를 달고

아으 다롱다리
헝그리 정신

　1996년 『세기말 블루스』를 발간한 지 8년 만에 내놓은 시집 『해질
녘에 아픈 사람』 속의 시 「헝그리 정신」이다. 2004년의 신현림이가
개진하고 있는 사유들이 어떤 방식으로 엮어지고 있는지 이 한 편의
작품으로 충분히 감지된다. 온갖 모순덩어리들이 굴러다니는 세상을
접한 후, 자신의 안위를 도모하기 위하여 이곳저곳 기웃거리거나 발
버둥치는 것이 아니라, 힘겨운 나날 속에서 의식적·무의식적으로 체
득한 헝그리 정신으로서의 행복한 삶을 만들어나가는 화자의 면모가
드러나 있다. 한국에서만큼은 싱글맘으로서의 인간적 삶을 추구하기
란 참으로 힘겨운 것임에도 스스로 위로하며 사회적 현실 내에서 자
연스러운 여성적 면모를 보여주고자 노력하고 있다.
　무에서 유를 창조하는 모습의 신현림 시인에게서 또 하나 찾아지는
것은 리얼리즘적 미학이다. 2000년대 이후에는 보기 힘들었던 사실
주의적 현실반영을 그것도 시에 과감히 도입한 것이다. 모더니즘적
숭고한 체와 우아한 체 대신에 시적 상상의 첫 단계에서 분출된 감성
을 그대로 옮겨놓음으로써 그녀의 시는 1980년대 민중시와 맞닿아
있다. 그러나 이는 과거의 리얼리즘 방식을 다시 시도하고 있는 게 아
니라, 자아 속에 내장된 여성적 본능을 사실로 입증해 보이려는 사회
학적 상상에서 기인한 바가 크다. 남성과 여성 간의 위계적 차이를 객
관화하기 위하여, 그리고 허기진 인간적 삶을 실현하기 위해 그동안
숨겨뒀던 부정적인 일들을 발랄한 글의 형체로 펼쳐 보여주고 있다.
　가부장제의 그늘에서 고통과 슬픔이 뒤따를 수밖에 없는 싱글맘으
로서의 일에 대한 열정은 신현림에게 있어 성의 차별을 해체하는 과
정이며 남다른 모성애로써 아이를 사랑하고 끝없는 애정을 부여하는

행위 하나하나는 바로 여성이 남성보다 나약하지 않음을 증명하기 위한 것으로 판단된다. 말하자면 성의 차별을 무화시키고 대신 차이를 최대한 부각시킴으로써 여성적 성에 대한 그동안의 왜곡된 인식들을 바로잡기 위해 부단히 노력하고 있다.

신현림 시인은 그렇기 때문에 시 쓰기에만 머물러 있지 않고 가부장적인 사안들에 적극적으로 개입, 페미니스트의 역할을 당당히 해내고 있다고 평가할 수 있다. 낙태와 대책 없는 임신에 대한 비판, 이혼에 대한 긍정적인 사고, 즐거운 섹스 이야기, 호주제 폐지 법안에 대한 적극적인 관심 등이 그렇다. 이를 근거로 신현림은 여성해방운동의 진정성을 담보해내고 있는 시인으로 보게 된다.

성적 차별에 의한 시대의 위기를 극복하기 위해 몇몇의 여성들이 보여주었던 페미니즘을 신현림이 문예학적으로 시도하게 됨으로써 사회상에 눈감고 있던 이들에게 많은 공감을 자아낸다.

II부

하루하루 자기반성적 성찰로 자신이 한 일에 대해 옳고 그름을 따지면서
이전에 누군가 밟고 지나간 자취를 조심스럽게 더듬을 때만이 이기주의로 파
편화된 인간의 숲은 다시 올곧게 세워질 수 있다

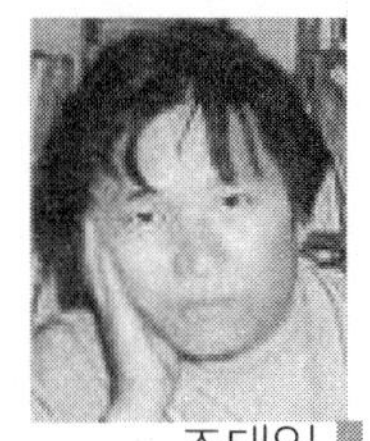

제1장 서 론

제1절 연구 동기 및 기존 논의 검토

이 글은 조태일의 시에 나타난 이미지 고찰을 목적으로 한다. 이미지는 상상력의 도움을 받아 구체적인 사물의 움직임으로 나타나는 시의 구성 원리이다. 조태일은 공동생활의식에서 싹튼 생의 활력을 시로써 형상화해낸 시인이다. 자신이 살아가는 동안의 경험을 사회의 보편적 가치로 발전시키기 위해 현실적 삶을 문학형태로써 제시했던 것이다.

조태일은 눈물 흘리며 아파하는 자연물들까지 보듬어 안을 줄 알았기에 그의 시를 통해 올바른 인간적 가치가 무엇인지 제공받게 된다. 진실에 바탕을 둔 인간적 삶이 그의 시적 공간에 내장되어 있음이다. 그의 시에 나타난 이미지는 크게 국토애로 압축된다. 국토는 우리의 삶을 지탱시키는 정점이며, 민족의 전통성을 견인해내는 역사적 실체이다. 따라서 국토애는 조태일 시인이 사회적 이상을 실현하는 작용태가 된다.

조태일이 작품 활동을 시작한 1964년부터 형식적 민주주의를 밟고 있던 1999년 58세의 나이로 타계하기까지 한반도는 사회변혁의 열망과 함께 국토분단에 의한 이념충돌이 컸던 시기다. 국토의 분단으로 야기된 문제는 통치체제를 지속적으로 유지하기 위해 국가이데올로기를 국민들에게 강제했다는 점이다. 그에 따라 국가 구성원 개개인의 사고의 편협성과 현실세계를 바라보는 시각적 편향성이 심화될 수밖에 없었던 것이다. 군사정부에 이어 민간정부에 이른 오늘날까지 정치적 기반으로 이용했던 반공사상이 불신 받은 지 오래 되었음에도 여전히 위력을 발휘하고 있다는 자체가 그것을 말해준다.

조태일은 이러한 국가이념의 획일성과 역사발전을 저해하는 대결적 사회구조에 대한 현상을 진단하고 그 비판으로서의 저항적 시성(詩性)을 보여주었다. 그러므로 조태일 시의 세계를 탐색하는 작업은 한국인라면 누구나 안고 있는 삶의 현실적 문제를 풀어내기 위한 사회학적 논의의 제안이며 국가와 국가 사이의 경계가 느슨해지는 세계화를 맞아 시시각각 변하는 삶의 환경에 대처할 수 있는 문학적 상상력을 고양하는 일과 부합된다.

그는 의식적인 현실참여 못지않게, 문학으로써 낭만주의적 내면세계를 진지하게 드러내는 본보기를 펼쳐보였다. 그러나 그것이 때로는 분노의 표출로, 때로는 논리적 사고의 진술로 인하여 관념성을 노출하는 경우도 있었다. 그러한 가운데 고향을 삶의 터전으로 한 인간의 순수성을 현현함과 동시에 춥고 어두운 냉혹한 세계에서 살아남기 위한 생존의 원리를 시적 장치로 상정함으로써 논란의 소지도 얼마간 남겨놓았다.

1964년 경향신문 신춘문예에 시 「아침 선박」으로 등단한 이후, 그는 1965년 첫 시집 『아침 선박』(선명문화사, 1965), 제2시집 『식칼론』(시인사, 1970), 제3시집 『국토』(창작과비평사, 1975), 제4시집 『가거도』(창작과비평사, 1983), 제5시집 『자유가 시인더러』(창작과비평사, 1987), 제6시집 『산속에서 꽃속에서』(창작과비평사, 1991), 제7시집 『풀꽃은 꺾이지 않는다』(창작과비평사, 1995), 제8시집 『혼자 타오르고 있었네』(창작과비평사, 1999) 등 여덟 권의 시집과 평론집 『고여 있는 시와 움직이는 시』(전예원, 1981), 시론집 『시창작을 위한 시론』(나남, 1994) 등의 저서를 간행하였다. 또한 시선집 『다시 산하에게』(미래사)를 1991년에 상재하고, 1978년에는 『국토』[1]가 일본에서 번역 출간되면서 문단의 주목을 받았다.

　이처럼 결코 적다고 할 수 없는 시적 작업에도 불구하고 그의 작품에 대한 논의는 문예지의 단편적 월평 수준에 머물러 있다. 따라서 분단된 국토에서의 정치권력을 유지하기 위한 반공이데올로기로부터 민주주의의 구심축인 자유와 평등을 소중히 여겼던 조태일의 시 세계를 지속적이고 심층적인 고찰이 요구된다는 전제 아래 본 연구가 시작되었음을 적시한다.

　그의 시 세계는 국토애로서의 인간적 삶을 지향한 데 있다. 그에게 있어 통일은 인간적 삶을 보장하는 자장이다. 즉 조태일은 통일의 지대를 향한 국토애로서의 인간적 삶을 꿈꾼 시인이다. 그렇기 때문에 그의 시 세계는 언제나 분화될 수 있는 자아와 타자 간의 결합을 유기적으로 엮어내는 기능을 갖는다. 시 곳곳에서 자연의 생명력을 중시하는 태도가 엿보이는 것도 조태일 시인의 세계가 인간적 삶의 역동적 발전 방향에 바탕을 두고 있는 까닭이다. 그의 낭만주의적 기질[2]

1/ 이 시집은 출간되자마자 대통령 긴급조치 9호 선포로 배포 및 판매금지 되었다. 이 것은 당대의 사회관계가 억압적이고, 공동의 가치를 국가권력이 부정하고 있었음을 여실히 보여준다.

2/ 여기에 대해서는 김우창, 「참여시와 현실적 낭만주의」, 『시인의 보석』(민음사, 1993), 513쪽에 잘 설명되어 있는데 1960-70년대 참여시라고 하는 작품들은 하나의 이념적 입장에 입각한 것이 아니라, 낭만주의적 접근의 한 방법임을 강조하고 있다.

도 인간적 삶의 조화를 지향하는 지점에 놓여 있다.

조태일의 시에서 국토는 인간적 삶의 과거와 미래를 현재로 소통시키는 관계 속에서 바라보게 된다. 시인이 창조한 국토의 이미지 가운데는 애상적 정서를 내면강화로 전이하는 '눈물'과, 인간의 근원적 진리를 내포하고 있는 '모성'의 의미화가 내장되어 있다. 이는 시적 자아를 지배하고 있는 유년시절이 많은 시적 배경으로 현현되어 있다는 얘기가 된다. 연대적 가치가 해체되는 시대에 유년시절의 공동체적 체험의 시적 형상화는 분단이라는 부정적 공간을 반성적으로 사유하게 하는 기능을 갖는다.

조태일은 주체적 자기 인식의 심화를 위해 향토로 시선을 돌리거나, 분단 현실에서의 세속적 삶과 싸우는 모습을 보여줌으로써 그의 시는 현실체험에 바탕을 둔 리얼리즘적 기표들과 서정적 내면정서가 강화된 낭만주의적 기표들이 함께 작동하고 있다. 이러한 시각 위에서 조태일의 작품에 대한 논의의 출발을 보인 사람이 김수영[3]이다.

김현승은 조태일의 작품에 대해 꾸밈없는 언어로서의 선 굵은 시[4]로, 이형기는 때로는 거칠지만 싱싱한 리얼리티[5]로 각각 긍정적 평가를 내린 바 있다. 이들은 똑같이 조태일의 시가 선이 굵다는 것으로 해석하고 있는데, 이는 '의미와 언어'를 과학적으로 분석한 제임슨의 이론[6]에 적용시켜볼 수 있는 가능성을 제시받는다. 그러나 이러한 분

3/ 김수영, 『문학』(1966, 창간호).

4/ 김현승, 『동아일보』(1969. 6. 19).

5/ 이형기, 『동앙일보』(1970. 11. 16).

6/ Fredric Jameson, The Prison-House of Language(A Critical Account of structuralism and Formalism), New Jersey: Princeton University Press, 1972, 1-6쪽. 저자는 이 책에서 프랑스 구조주의와 러시아 형식주의에 대한 비판적 통찰을 하기에 앞서, 소쉬르의 공시성과 통시성을 중심으로 한 언어체계를 변증법적 맥락에서 고찰하고 있다.

석적 틀은 작품 속에서 언어의 사용 방식에 따라 달라지는 감동의 효과를 설명해야 하는 어려움을 지닌다. 그리고 김현승과 이형기는 각각 조태일 시가 "장중하다"와 "거칠다"라는 상반된 견해를 내놓고 있어 조태일 시의 총체적 이해를 하기 위해서는 그들의 이론적 통찰이 필요하다.

염무웅은 조태일에 대해 날카로운 눈으로 당대의 사회적 의미를 꿰뚫은 시인[7]으로, 박재삼은 사회적 아픔과 인간적 후회 애증(愛憎)의 갈등 등을 주제로 형상화한 국토의 시인[8]으로 자리매김했다. 또 정한모는 작품 속에 시인의 사회의식이 강하게 드리워져 있다[9]는 것으로 의미를 추출했다. 정한모나 염무웅 모두 외재적 비평에 의한 평가 작업이지만, 조태일의 작품에 대해 이념적 편향성을 드러내려하지 않았다는 점에서 이론적 의의가 있다. 다만 일간지의 대중적 속성으로 인해 깊이 있는 논의에까지 이르지 못한 것이 아쉽다.

이후에도 앞의 논의들을 보완하는 시평의 작업들이 이루어졌는데, 주목할 만한 글로는 최동호, 고정희, 김화영, 유성호, 정종진, 최하림의 것을 들 수 있다. 우선 최동호는 한 시대나 민족을 대변하는 문화의 원동력을 '정신'이라 여기고, 조태일의 시적 지속성이 고향의 토양 속에서 뿌리내린 삶의 슬기에 있음[10]을 밝혀낸다. 최동호의 이 같은 견해는 조태일의 작품을 좀더 넓은 시각으로 조명할 수 있는 가능성을 시사하고 있다.

고정희는 조태일을 "시대의 소리꾼"[11]으로, 김화영은 "눈물의 시

7/ 염무웅, 『동아일보』(1970. 4. 27).
8/ 박재삼, 『동아일보』(1971. 9. 20).
9/ 정한모, 『동아일보』(1972. 1. 26).
10/ 최동호, 「불확정 시대의 문학」, 『최동호 평론집』(문학과지성사, 1987).
11/ 고정희, 「인간회복의 민중시의 전개」, 『기독교사상』(1983. 8).

인"12/으로 각각 명명하고 있다. 그러나 이들은 작품의 표면적 언어들에 대해서만 분석하고 있으며, 전체를 이루는 데 필요한 부분적 논의가 특정 작품에 치우쳐 있는 것이 단점이다.

유성호는 조태일에 대해 현실의 제반 상황을 투철하게 인식한 시인으로 파악한 뒤, 그의 작품에 대해서는 이성적 성찰과 서정 형식과의 변증법적 움직임이 있다13/는 것으로 정리한다. 사회 현실로부터의 객관적 입장에서 시인의 시 세계를 적절하게 분석해내고 있는 관계로 섬세한 비평적 인식이 요구되는 문학 연구자들에게 큰 도움이 될 것으로 판단된다.

한편 조태일의 시를 사회적 당위성14/으로 옹호하는 정종진의 단순한 논리와는 달리, 역사의식에 의해서 꿈틀거리는 생명력15/을 조태일에게서 찾아내고 있는 최하림의 접근 방식은 논리적 사고가 필요한 문학연구와 맞닿아 있다.16/ 그러나 이들의 서평수준의 비평작업들을 그대로 받아들일 경우 조태일 시의 문학적 성과를 편협한 이해로 그칠 공산이 크다.

조태일의 시 세계를 어떤 방식으로든지 보다 구체적·심층적으로 씌어진 것으로는 이동순, 민현기, 이승훈, 김영무, 김이구, 박덕규 등의 글이다. 이동순은 조태일 시집에 전반적으로 나타나고 있는 눈물이 변용을 거쳐 적절한 장면으로 극화되고 있다17/는 논리다. 이는 앞의

12/ 김화영, 「식칼과 눈물의 시학」, 『서울평론』(1975. 6).
13/ 유성호, 『한국 현대시의 형상과 논리』(국학자료원, 1997).
14/ 정종진, 『한국 현대시, 그 감동의 역사』(태학사, 1999).
15/ 최하림, 「꿈틀거림의 세계」, 『심상』(1983. 7).
16/ 제럴드 그라프에 따르면 시는 이성과 논리를 피해서 결론지으려하지 말아야 한다. 왜냐하면 시는 상상력에 의해 서술되는 장르이기 때문이다. 제럴드 그라프, 김복희 역, 『시의 진술과 비평적 도그마』(현대미학사, 1999), 153쪽.
17/ 이동순, 「조태일론」, 『국어국문학연구』(영남대 국어국문학과 제24집, 1996).

김화영이 제시한 개인적 눈물을 국토를 껴안는 방법으로까지 함의함으로써 조태일 시에 대한 시학적 공유를 시도하고 있다. 그리고 이 논의는 조태일의 개인적 눈물을 민족적 관점에서 이해하게 하는 힘이다.

민현기는 조태일의 시적 관심을 크게 세 가지 방향[18]에서 파악하고 있다. ①역사에 대한 관심, ②민중에 대한 관심, ③통일에 대한 관심이 그것이며, 국토애를 민중적 시각으로 바라보고 있다는 점에서 그의 진단에 의문을 가지고 살펴볼 필요가 있다.

이승훈은 조태일의 민중의식을 개인과 역사의 동일성, 개인과 집단의 동일성의 관계[19]로 보고 있다는 점에서 민현기의 논의를 뒷받침하고 있다. 그러나 당대의 현실 상황만을 고려한 나머지, 시정신을 감싸고도는 다양한 삶의 형태와 시대의 이면 파악까지는 이르지 못하고 있다. 김영무도 조태일을 두고 역사적 현장성을 추구하는 시인[20]으로 파악함으로써 민현기, 이승훈의 논조 위에 서 있다.

김이구가 현실과의 대결 구도로부터 점차 자연 친화 쪽으로 변화되어 가고 있다[21]는 것으로 조태일의 시세계를 분석하고 있는 반면, 박덕규는 정치적 현실에 대한 그의 비판적 의식이 지속되고 있는 것으로 파악하고 있다. 그러면서 그는 조태일 시가 국토의 자연에 스며들어 있는 '수평적 세계'와 국토를 이념화하는 '수직적 세계'로 구분하면서, 그의 시가 관념적 경향이 강하다[22]고 지적한다.

조태일 시 세계에 대한 지금까지의 연구는 그의 초기작을 중심으로 원론적 수준에 머물러 있음을 알 수 있다. 그러므로 그의 시 창작의

18/ 민현기, 「조태일론」, 김용직 외, 『한국현대시 연구』(민음사, 1989).
19/ 이승훈, 「조태일의 시론」, 『한국현대시론사』(고려원, 1993).
20/ 김영무, 『시의 언어와 삶의 언어』(창작과비평사, 1990).
21/ 김이구, 「조태일론」, 『시와사람』(1996. 가을).
22/ 박덕규, 「국토에서 나서 국토로 치솟고 국토로 스며들고」, 『시와반시』(1999. 겨울).

정체성을 파악하기 위해서나 그의 인간적 삶을 이해하기 위해서는 일부가 아닌, 모든 작품을 연구 대상으로 삼아야 한다.

제2절 연구 방법

이 글은 조태일이 추구하는 국토애로서의 인간적 삶의 가치가 어디에 닿는지를 파악하고 그것을 올바르게 인식하기 위한 이미지 분석 작업이다. 기존의 논의들을 검토한 결과 조태일의 시 세계에 대한 고찰이 월평 수준을 넘지 못하거나 창작의 성과를 전체가 아닌 부분적 접근에 그쳐 있음을 알았다. 따라서 본 연구는 총체적인 시 세계를 파악하기 위해 선험적으로 주워진 시인의 전기적 평가와 그동안의 비평적 논의를 참고 주제를 선정한 후, 창작품 하나하나를 세부적으로 탐구해 들어가는 연역적 방식에 의해 논의해 나가게 된다.

조태일은 연작시 「국토」로 한 권의 시집을 엮어내어 우리 민족의 현 상황을 비판적으로 인식하고 국토애로서 분단된 조국의 통일을 갈망하는 시적 성취를 일궈냈다. '국토'의 부제를 달고 한국의 역사적 · 사회적 현실을 주정적으로 드러낸 것에 머물지 않았기 때문에 발표된 시인의 모든 창작집을 통해 미적 경향을 살펴볼 가치가 있는 것이다.

조태일의 시에는 시적 자아의 내면세계와 외부환경에 대한 치밀한 관찰이 한 축이 되어 의도한 대로 대상의 원형적 이미지가 자연스럽게 표출되고 있다.[23] 그러나 그의 세계는 인간의 희로애락을 통한 유토피아를 지향하는 데만 있지 않다. 민감한 사회적 의식으로써 고통

---

[23] 융은 원형이란 갖가지의 요소들이 여러 문화에 걸쳐 내려오면서 동일한 형태로 반복되어 축적된 이미지라고 말한다. E. 라이트, 권택역 역, 『정신분석비평』(문예출판사, 1989), 97쪽 참조.

스러운 현실에 대한 창조적 반응과 그에 따른 자기 세계의 주체적 재구성을 파생시키는 가운데 낭만주의적 표상들도 함께 묘사되고 있는 것이다. 그의 사회 의식적 창작이 자아의 유년생활을 기반으로 이루어졌기 때문이다.

시인은 막막한 현실의 타개책을 도모하기 위한 실천가로서의 면모를 보이는 가운데 시적 감수성을 자극하는 눈물을 투사시키고 향토와 상동성의 관계를 갖는 모성의 세계를 보여준다. 그러므로 조태일의 시를 연작시 「국토」에 국한하여 국토애의 이미지를 상정할 수 없다. 조태일 시에는 초기작부터 후기작까지 동일한 국토의 이미지가 착상되어 있는 까닭이다. 따라서 국토의 미적 가치를 드러내는 것은 시인의 삶을 올곧이 끌어내어 바라보는 것과 상통한다. 시대정신에 의한 시인의 국토애가 친밀하게 시집 전체의 배경으로 자리하고 있는 것이다.

1970~80년대의 냉전체제를 거쳐 1990년대에 접어들어 모든 사회적 영역에서의 삶의 환경전환이 이루어짐에 따라 조태일의 시적 상상력도 변환을 하게 된다. 그리고 그가 타계하고 새로운 세기로 접어든 오늘날의 현실은 하루가 다르게 변화에 변화를 거듭하고 있다. 아무런 견제 장치도 없이 앞으로만 질주하고 있는 듯한 자본주의는 우리의 삶을 어떻게 바꾸어놓을지 아무도 모른다. 남북으로 갈라져 있는 한반도의 운명 또한 어떻게 변모될지는 현 상황으로 봐서는 오리무중이다.

18세기의 자본주의적 산업이 서구에서 시작되어 전 세계를 좌지우지할 만큼 거대한 힘으로 커져버렸다. 그것이 1940년대부터의 사회주의 소련과 자본주의 미국 간의 냉전시대를 도래케 한 큰 이유이기도 하다. 그에 따라 우리 민족의 갈림도 국토의 동강도 그에 의해 비롯되었다고 할 수 있으며, 오늘을 살고 있는 우리 전체의 염원인 통일도 민족적 의지와는 관계없이 자본주의의 흐름 속에서 그 방향이 점쳐질 것임은 분명하다. 다행스러운 것은 강대국들의 냉전 이데올로기에 의해 훼손된 국토를 극복하기 위해 주체적 통일 담론들이 꾸준히 배태되어 나오면서 남북녘 간 화해의 분위기가 무르익고 있다는 점이다.

조태일 시인이 살아생전 문학적 작업을 통해 보여주었던 암울함과 희망적 기대와는 다른 새로운 2000년대 시대적 징후가 나타나고 있는 지점에서 그의 시 세계를 탐구하는 일은 매우 뜻 깊은 일이 아닐 수 없다. 이제 작품 하나하나의 구체적인 규명 작업은 2장에서 시도하게 된다. 먼저 〈향토의 세계〉, 〈눈물의 세계〉, 〈모성의 세계〉로 크게 나눈 다음, 이들의 핵심적인 이미지를 추출하기 위해 다음과 같이 항목화하여 진행해 나간다.

첫째, 〈향토의 세계〉에서는 고향을 토대로 한 시인의 시적 공간이 어떠한 이미지 역할을 하는지 살펴볼 것이다. 이를 위해 (1)향토의 질료적 요소, (2)향토의 수용의식과 생명력의 역동성, (3)현실대응 방식으로서의 공간으로 나누어 분석한다. (1)에서는 국토를 구성하는 자연발생적 요소들과 시적 자아와의 관계를 알아볼 것이다. (2)에서는 조태일 자신이 향토를 통해 보여주고자 하는 의식적 실체를 드러낼 것이다. 이 과정에서 시인의 향토의식으로부터 발현된 생명력의 역동성을 엿볼 수 있을 것이다. (3)에서는 정신적 지주인 향토의식이 시대적 상황과 맞부딪치는 과정에서 드러나는 시적 자아의 주체성에 주목해 보고자 한다.

둘째, 〈눈물의 세계〉에서는 불안정한 시대질서에 적극적으로 대응해나가는 과정에서의 시인의 심리적 현상을 표출해볼 것이다. 그것은 (1)눈물의 형태적 이미지, (2)내면의식의 강화, (3)이념적 · 정서적 층위의 조화 순서로 열어놓게 될 것이다. (1)에서는 눈물의 기능을 알아본다. (2)에서는 (1)에서의 눈물로 나타난 감정의 교류가 어떻게 작용하고 있는지 살필 것이다. (3)에서는 시인의 사회적 인식과 더불어 개인적 눈물의 양상을 확인하게 된다.

셋째, 〈모성의 세계〉에서는 상상력을 통한 모성적 심리가 어떠한 과정을 통해 미학적 기반을 이루게 되는지 구체화할 것이다. 그를 위해 (1)모성의 외향적 심상, (2)모성의 내향적 심상, (3)정신적 순결성으로 나누어 전개한다. (1)과 (2)에서는 모성적 국토를 대상으로 시적 화자의 지향점을 탐색해 들어갈 것이다. (3)에서는 시적 자아와 세계와의 관계를 매개하는 순결성이 어떠한 상상력으로써 밀도 있게 그려지는지 설명할 것이다.

이와 함께 한 시인의 작품을 총체적으로 이해하기 위해서는 씌어진 언어를 둘러싸고 있는 구체적인 문체·운율 등의 시적 장치들을 탐독해야 할 것이다. 그러나 본 글의 주제가 한 시인의 사회 의식적 방향을 명확히 짚어내는 데 있으므로 언어적 형태의 실상은 부득이 다루지 못했음을 밝힌다.

제1절 향토의 세계

조태일은 1941년 전라남도 곡성에서 태어났다. 그가 말한 대로 그의 시는 바로 그곳에서 시작되고 그곳에서 끝이 난다.[24]

그에게 있어 고향은 자신의 삶을 지속시킬 수 있는 공간이자 공동체적 유대감을 발현할 수 있는 인식적 지표다. 그러기에 그가 시에서 빈번하게 길어 올리는 고향은 향토의 자질을 공고히 하는 데 쓰여지고 있다. 시인 조태일의 향토는 역설적으로 국토가 도시화됨에 따라 파괴된 유년의 흔적이며 삶의 과거와 현재를 잇게 하는 표상이다.

조태일에게 있어 향토는 아련한 그리움의 대상이므로 향토를 시적 제재의 표본으로 삼아 국토의 기반이 상실되어 가는 위기를 극복하려는 지사적 의지를 돋운다. 시에서 향토는 시적 자아의 삶을 지배하는 성격을 띠고 있다. 더욱이 향토의식은 불운한 어린 시절을 불러일으키는 요인으로서 역동적 삶을 길어내는 대립항이다.

조태일의 향토는 역사의 순환성을 갖춘 구체적 삶의 현장이자, 근원적인 생명의 뿌리가 꿈틀거리는 공간이다. 초기작부터 줄곧 나타나는 향토의식은 바로 시인의 역사인식과 사회의식이 담보된 것이라 하겠다. 또한 향토의식은 자기고향에 대한 관심 표명 이전의 자연세계를 긍정적으로 끌어안는 인식표이다. 그러하기에 조태일 시인은 고향에

24/ 조태일은 시선집(『다시 산하에게』)에서 "나의 시는 내가 태어난 전남 곡성군 죽곡면 원달리의 동리산 품안에 안겨 있는 태안사에서 출발한다. 그곳에서 겪었던 체험들은 원초적 생명력을 형성하여 내 시의 골격을 이루고 있다. 멧돼지, 사슴, 노루, 늑대, 여우 등과 동무삼아 지냈던 유년생활과 여순사건으로 온 집안이 쑥밭이 되어버렸던 국민하교 2학년 때의 기억들을 소중히 간직하면서 내 시의 끝도 그 고향에서 멈추리라." 했듯이 그의 시적 상상력은 유년의 고향과 맞닿아 있다.

존재하는 모든 것들을 시적 제재로 취급하고 있는 것이다. 산·풀·
나무·물·돌 등은 물론 자신의 조상과 현재의 가족 그리고 여러 대
고향을 지키며 살아가고 있는 이웃들이 모두 그의 작품 속에서 작동
하고 있다.

조태일의 향토의식은 고향에 대한 애착에서 비롯하였지만, 그가 시
세계를 통해 보여주고자 하는 것은 인간적 삶의 모습이다. 시적 자아
의 삶을 떠받치고 있는 향토는 굴곡 많은 삶의 모습들로 들어찬 국토
로 확대되어가면서 정서적 동질의 공간성을 갖는다. 말하자면 향토가
지니는 의미는 국토의 그것과 일맥상통하는 것으로서 조태일의 향토
적 공간에는 시대정신이 함유되어 있다고 하겠다. 특히 시인은 국토
에 대한 시야를 잃지 않기 위해 끊임없이 향토에로의 시선을 거두지
않음으로써 비교적 다양한 시적 상상력을 보여주고 있는 것이다. 조
태일 작품에서 향토는 삶의 역사성을 제고하는 역사적 공간의 이미지
로 현현되어 있다.

누구에게나 고향은 푸른빛과 황토색으로 물들여진 광활한 자연의
소리를 들을 수 있는 역동적 생의 터전이다. 이러한 대지 위에서 싹틀
수밖에 없는 순수한 삶으로서의 역사인식, 그것이 조태일의 시적 토
대이다. 향토로부터 발현된 국토의 관심이 생의 활력을 도모하는 사
회의식의 확충에 있으며 불온했던 과거의 일들을 끄집어 올려 엄중하
게 비판하는 차원의 역사인식이 작품 곳곳에 배어 있다. 그는 "조국의
자연에 대하여 자연스레 다시 눈뜨면서 조국에 대한 큰 사랑을 깨닫
기 시작하는"[25] 진원지로서의 향토를 그려낸 것이다. 결국 그의 시적
기반을 이루는 국토는 향토에서 시작되며 그 향토의 기본구조를 이루
는 것이 자연이기 때문에 조태일이 불합리한 사회에 맞서 싸우는 시

25/ 윤정구, 「뿌리 굵은 남도 뚝심의 아름다움」, 『문학과창작』(1996. 11), 353쪽.

인일지라도 현실적 삶의 뿌리는 자연이다.

　　⑴향토의 질료적 요소

　조태일의 시에 나타나는 향토는 두 질료[26]를 가진다. 그것의 하나는 충만한 생명을 소유한 자연과 어우러지는 땅(흙)이고, 다른 하나는 대지를 끊임없이 떠돌면서 자연의 뿌리를 위태롭게 만드는 바람(공기)이다. 전자는 인간의 삶에서 없어서는 안 될 물·불 등과 매개하는 자연으로, 곧 흙으로서의 대지는 풀과 나무를 키우며 안식과 새로운 힘을 부여할 수 있게 해주는 정신적 휴식처가 된다. 후자는 조태일의 시에서 도시 문명으로부터 소외되고 실패한 사람들이 모여 사는 상실의 고향이다. 여기서는 죽음이 깊숙이 드리워진 이미지로 드러난다. 이렇게 조태일의 시에서 두 형태의 질료적 요소는 서로 적대적인 관계에 놓여 있다.

　　　　아침 바다는 예지에 번뜩이는 눈을 뜨고
　　　　끈기의 저쪽을 달리면서

　　　　시대에 지치지 않고 처절했던 동반의 때에
　　　　쓰러진 시간들을 하나씩 깨워 일으키고
　　　　저 넘쳐나는 지평의 햇살을 보면
　　　　청명한 날에 잠 깨는 출항.

　　　　세수를 일찍 끝낸 여인들은

26/ 아리스토텔레스가 형상과 함께 사물의 존재원리로 삼은 질료를 이 글에서는 자의적인 개념으로 사용한다. 이에 대한 구체적 설명은 최유찬·오성호, 『문학과 사회』(실천문학사, 1994), 163-164쪽 참조.

탄생을 되풀이한 오랜 진통에
땀 배인 내의를 벗어 바다에 던지고
파이프에 남자들은 두고 온 연대를 열심히 피워 문다.
—「아침 선박」 부분

1964년 경향신문 신춘문예로 당선된 작품으로 조태일의 기질이 뚜
렷하게 부각되어 있지는 않다. '예지', '동반'과 같은 관념적인 언어
로써 개인적 감정을 토로하고 있기 때문이다. 또한 '끈기의 저쪽',
'쓰러진 시간들' 등의 추상적 어구들로 하여금 독특한 시의 분위기를
이끌어내고 있지만 "파이프에 남자들은 두고 온 연대를 열심히 피워
문다"에 버금가는 강렬한 시적 이미지를 반감시키고 있다.

인용시는 그러나 긍정적으로 보게 만든다. 세상에 대한 화자의 격렬
한 반응을 나타내 보이는 까닭이다. 일상적 생활의 단조로움을 극복
하는 시대적·사회적 의식의 양태가 현현되어 있다. 시의 주제나 내
용 면에서도 일정한 사회적 보편성을 획득하고 있다. 그러나 시인이
선험적 이념을 강제 전달하려고 애쓰거나 또 자기세계관을 억지로 자
연에 꿰어 맞추려는 시적 형태는 아니다. 말하자면 오랫동안 자연에
체득된 자아 의식적 태도로서의 사회 현상의 깊이를 끌어올리는 것이
라 할 수 있다. 그렇기 때문에 시인은 "끈기의 저쪽을 달리"는 '아침
바다'를 볼 수 있으며, "쓰러진 시간들을 하나씩 깨워 일으키"는 '지
평의 햇살'을 바라보게 되는 것이다. 이 '끌어올림의 힘'은 누구에게
나 주어지지 않는다. 세상 사람들이 쉽게 접근하지 못할 대상과 맞닥
뜨리면서 자기에게 주어진 체념과 절망을 극복하고자 하는 데서 끌어
올림은 가능하다. 그런 가운데 「아침 선박」에서 뚜렷하게 나타나지 않
은 흙과 공기의 요소가 다음 시부터는 대립적인 관계로 서서히 드러
나기 시작한다.

강자도 아니면서
먼지가 바위를 깔아뭉개니.

카시미롱 이불까지도
내 굶주린 배를 무겁게 올라타네.

안 비킬래? 안 비킬래!

—「강간」 전문

　　시적 화자는 대립된 '강자'가 누구인지 구체적이게 이야기하여 주지는 않지만, 자아의 농축된 정서 속엔 대결의 상대가 있음을 암시받고 있다. 여기서 공기의 형상인 먼지와 흙의 형상인 바위가 서로 대립된 대상이다. 먼지는 눈에 보이지 않는 입자들로, 쌓이고 쌓인 결정체들이다. 그러한 먼지는 항용 날아다니며 그보다 부피가 큰 물체에 올라앉는 속성을 가진다. 반면 바위는 무겁고 크지만, 묵묵히 자기 위치를 벗어나지 않는 자연물이다. 그러니까 먼지는 보이지 않게 몰려다니면서 상대의 삶을 훼손한다는 점에서 바람과 동일하고, 바위는 자연 그대로의 존재가치를 지켜내고 있다는 점에서 땅과 같다.

　　인용시에서 "먼지가 바위를 깔아뭉개"는 것과, '카시미롱 이불'이 "굶주린 배를 무겁게 올라타"는 것은 역설의 현상으로, 어떤 부정하게 결집된 세력들이 선량한 국민들을 위협하고 있는 것으로 볼 수 있다. 이것을 시인은 강간(强姦)과 같은 인간들 사이의 비윤리적·반도덕적 행태로 형상화한 것이다. 시인이 자기 시대 모순적 사회구조를 꿰뚫어 보고 있음을 알 수 있다.

　　시인 조태일은 위압적인 지배 권력과 치열하게 부딪치면서 그러한 시간의 순환 고리를 끊으려 애썼다. 그 의지적 실천뿐만 아니라, 인간의 삶과 연결되는 자연과의 거리를 근접시키려는 창조적 실천으로 이어졌다.

건방지고 대창처럼 꼿꼿하던
푸른 수염도 말끔히 잘리우고
어리석게도 꺼멓게 익어 버린 보리밥아
무엇이 그렇게도 언짢고 아니꼬와서
나를 닮은 얼굴을 하고
끼리끼리 붙어서
불만의 살갗을 그렇게도 예쁘게 비비냐
무릎을 꿇고 허리도 꺾어
하염없이 너희들을 보고 있으면
너는 너무도 엄숙해서
농담은 코끝에서 간지러움으로 피고
가슴 속엔 더운 북풍이 인다.
너희들이 쾅쾅 칠 땅은 없고
바람 끝에나 매달리면 어울릴 땀을
다 뒤집어쓰고 나더러는
고추장이나 돼라 하고 나더러는
아무 데서나 펄럭일 깃발이나 돼라 하고
탱자나무 울타리 위에
갈기갈기 찢겨 널리던 바람처럼
활발하게 살아라 하느냐
멍청한 보리밥아
똑똑한 보리밥아

—「보리밥」 전문

　　자기 내면을 신비화하는 허구적인 상상력이나 개인의 사소한 문제를 사회의 문제와 결부시켜 자아의 욕구를 충족시키는 추상적 관념이 배제된 채 체험적 격정의 세계가 보인다. 체험적 세계관에 입각한 시

조태일　125

적 참기능의 바탕이 이루어져 있는 것이다. 이는 시인이 유년의 생활 감정으로써 향토를 새롭게 천착하고 있는 가운데 그 향토를 구성하고 있는 흑과 바람에 대한 존재의 가치를 크게 의미부여하는 것이라 할 수 있다. 여기서 시적 대상인 ‘보리밥’은 정직하고 진실하게 살아가고 있는 우직한 고향 사람들의 상징이다. 표면적인 시로부터 우수와 비애가 곁들인 꺼칠꺼칠하고 거무죽죽한 고향 사람들의 단면을 읽을 수 있는 것이다.

1960년대 후반은 조국의 근대화를 이유로 국토의 개발이 빠른 속도로 진행되어 갔으며, 그로 인한 국민들은 갖가지 삶의 형태에서 변화를 겪게 된다. 그것이 기형적인 산업발전으로 이어지면서 삶의 불균형이 나타나기 시작했고, 결국에는 민생의 기본적인 의식주도 제대로 해결 못하는 시대를 맞이했던 것이다. 그러한 현실에서 나타난 것 중의 하나가 배고픔을 참고 견디어야 하는, 일종의 ‘보릿고개’라는 농촌의 춘궁기였다.

그렇다면 시의 부정적 요소는 확실하다. 화자는 보리밥에게 “쾅쾅 칠 땅”이 없다고 하고 생명의 열기로 충만했던 보리는 이제 “꺼멓게 익어 버린 보리밥”으로 되어 더는 삶을 유지할 수 없게 된 것이다. 바람과 대척점에 서 있던 보리가 밥이 되어 더는 자연의 생을 유지할 수 없게 되었기 때문에 바람은 시인으로부터 부정적인 대상이다. 그 바람은 잠잠한 상태로 놓여 있을지라도 언제 어디서 갑자기 불어 닥쳐와 “탱자나무 울타리 위에/갈기갈기 찢겨 널”려 있을지 모르는 위협적 대상이기도 하다. 따라서 이 시에서의 바람은 인간 세계의 형태적 요소 중 하나가 된다.

「보리밥」에서의 바람은 그러나 자유분방한 실체로도 보게 한다. 바람은 우주공간 속의 그 어떤 대상으로부터 간섭받지 않는 질료라 할 수 있기 때문이다. 바람은 시인에 의해 자연의 순환적 질서를 거부하는 부정적인 이미지로 표상된 것이다. 그렇기에 바람은 탱자나무에 걸리면 걸리는 대로, 나뭇가지에 찢기면 찢기는 대로 완강한 자세를 보여주고 있다.

그와 같은 바람과 맞서 있는 보리밥은 어떠한가. 시인은 자신의 내면에 자리하고 있는 유년의 평면적인 이야기를 직접적으로 토로하지 않는 대신에, 보리밥의 묘사를 통해 향토에 대한 애착의 정서를 상징화하여 보여주고 있다. "건방지고 대창처럼 꼿꼿하던 푸른 수염"의 표면은 한여름 농촌의 밭을 가득 채우고 있는 보리로 보이지만, 이면은 희망을 꿈꾸며 무럭무럭 자라나고 있는 십대 소년들의 이미지가 상상된다. 그러나 "어리석게도 꺼멓게 익어버린 보리밥"으로부터 그 보리는 연민의 대상이 되어버린 것이 문제다. 그것은 외적 대상을 내면적인 것으로 전이하는 시인의 상상력으로 이해할 수 있다. 시적 자아의 내면을 추스르는 보리의 형태적 전이를 보여주고 있는 것이다. "무엇이 그렇게도 언짢고 아니"꼬운 화자 자신을 "닮은 얼굴을 하고" 있다는 데서 전이의 기능이 확증된다. 또 그동안 남모르게 애정을 키워온 향토의 분신인 보리에 대해 용기와 희망을 주지 못할망정, "아무 데서나 펄럭일 깃발이나 돼"라든지, "바람처럼 활발하게 살아라 하"는 것은 모두 보리를 외적 대상으로만이 아닌 시적 자아의 내면을 구체적인 사물, 즉 객관적 상관물로서의 기능으로 씌어져 있다고 하겠다.

그렇다 치더라도 이 작품은 1차적으로 주체인 화자 자신과 객체인 보리밥과의 갈등구조를 이룬다. 여기서 시인이 차원을 달리해서 바라보는 대상은 바람이다. 따라서 심층적인 의미인 2차적 갈등의 관계는 화자와 바람임을 시의 후반부를 통해서 확인된다. 주체인 화자는 보리밥을 이전의 자연적 단계인 보리로부터 연계시키고 있으며, 그 보리는 다시 어떤 도전으로부터도 꿋꿋하게 제 모습을 보여주고자 하는 향토와 불가분의 관계에 있다. 이러한 시적 형상화는 자칫 시의 생동감을 반감시키는 것으로, 즉 누구에게나 향토는 있기에 향토에 대한 관습적 인식[27]으로 대할 개연성이 있다. 그래서 독자들로 하여금 신선한 느낌을 가지게끔 새로움으로의 상상력 모색이 필요하다. 그런 측면에서 시 「보리밥」에서는 인간의 경외감과 무력감이 동시에 담겨져 있다고 볼 수 있다. 그러므로 시인은 자기 안으로 끌어들인 외부의 사물-보리밥-에 생명을 부여함으로써 보다 깊은 철학적 사유가 담지되어 있다.

조태일이 이처럼 표현수단인 언어로써, 두 가지 질료로 시를 형상화하고 있는 것은 살아 생동하는 자연과 자기를 동일시하고 있다는 증거다. 말하자면 시인은 자연의 대상물에 기대어 삶의 역동성을 풀어내는 것이다. 더욱이 향토의 질료인 흑과 바람이 시적 장식이 아님을 확인시켜 주기라도 하듯이, 사회 관습적 인식의 틀을 한반도 전체로 확장시켜 나간다.

> 달리다가
> 급한 대로 내 산천의 살갗 위를 달리다가
> 가락 가락 기쁨 뒤얽힌 피리 불며
> 법대로 달리다가 법에 걸려
> 법처럼 내 노동은 넘어진다.
>
> 아무도 가르치지 않은 아우성과 함께
> 올바른 시대가 흘리는 땀과 함께
> 내 피는 한 번 쓰러지고 열 번 노하고
> 열 번 깨달아 한 번의 필요한 피를 흘린다.

27/ 오규원은 관습적 인식을 "자신의 시에 관한 얕은 이해를 의심해보지 않고, 열정만 가지고 무작정 시를 쓰는 태도"로 풀이하고 있다. 오규원, 『현대시작법』(문학과지성사, 1990), 21-22쪽.

그것은 저 벌판의
씨앗과 함께 잠자는 박수갈채를
내 온몸으로 미는 배반을 충동하다가
열 올리며 공격하는 병사처럼
쉽게 넘어지고 쉽게 대지에 스며든다.

넘어지면서 하나의 풍경을 토하고
스며들면서 하나의 땅을 울린다.
주인의 배를 무식한 두 뿔로 찔러서
창자와 불알까지를 동등하게 짓씹어 삼키다가

부락민의 삽과 쇠스랑과 낫의 공격을 받아
벌판에 쓰러지던 그 어린 날의 풍경을 토하면서
나는 내 땅을 토하면서 영원으로 스며든다.

스며들면서 두 눈알을 누구나 보이게 부릅뜨고
나이아가라 폭포의 거품을 뿜는데
사랑은 안 보이고
마지막 내가 쓸 싯귀는 한 개도 안보이고
내 눈이 밝히는 어디에나
멋진 배반은 없는가

달리다가
급한 대로 내 산천의 울음 위를 달리다가
내 피는 또 뒤집히고 법만 뒤집히고
황제는 살만 찌고
내가 아는 모든 사람은 죽는가
살면서 사는 척하고 죽어 버리는가
필요한 피여, 까마득한 피여.

—「필요한 피」 전문

조태일 129

정신적인 공간의 확장을 통해 새로운 세계를 보여주고자 하는 것은 시적 화자의 확고한 시대정신이다. 시인은 자신이 체험한 시대의 원형을 찾아내어 그것을 사실성에 맞추어 시로써 형상화시키는 작업을 하고 있다.

첫 연 2행의 '산천'은 하나의 자연에서 시인의 의도에 따라 한반도 전체의 의미로 확대되고 있다. 넷째 연에 와서 향토에서도 볼 수 있는 산과 물이 흐르는 산천은 "넘어지면서 하나의 풍경을 토하"기도 하고, "스며들면서 하나의 땅을 울"리는 크나큰 국토로 변모되고 있는 것이다.

국토에 대한 남다른 관심을 가지고 있는 시인의 자세와 기개는 현실과의 끊임없는 교섭에 의해서 가능한 것이며, 시적 대상에 대한 시인의 날카로운 투시에 의한 것이다. 따라서 조태일의 국토의식은 향토의식에서 형성된 창조적 재현이며, 고향에서 보고 자란 경험에 의해 하나의 땅에 불과한 것을 인간과의 관계로 새로이 정립할 수 있는 비전을 보여준다.

한편으로는 이 시의 심리적 기제는 의식의 싸움이고, 그 의식은 권력의 횡포를 일삼고 있는 "주인의 배를 무식한 두 뿔로 찌"르고 싶어하며, "두 눈알을 누구나 보이게 부릅"떠서 시대의 부정적 대상들과 당당하게 맞서 싸우고 싶어 한다.

조태일에게 있어서 대지의 자연은 자연 그 자체로 인식되지 않으며, 고정된 의미를 자기인식으로 바꾸어내고 있다. 그렇기 때문에 향토의식은 시인의 내면에서 곧바로 당대 현실의 민족적 문제로 변이되어 나타난다. 그러므로 조태일의 향토는 민족의 삶이 뿌리내린 한반도 전체, 즉 국토를 상징한다. 시인 자신의 사상과 객관세계 사이에서 향토가 형상화되고 있으며, 거기에서 발생된 관습적 인식이 국토로 나타나고 있다.

「필요한 피」가 씌어져 발표된 1969년 전후의 시기는 리얼리즘이라는 이론이 "문학적 실천 속에서 싹터 나"[28]온 이후, 시작품도 현실과의 연관성 위에서 표명하기 시작했다.[29] 그러므로 조태일의 시적 상상력도 사회현실과의 관계 속에서 해명될 수 있는 것이다.

시에서 '피'는 현실에 대한 부정과 저항정신이다. 그 피는 단순하게 아픔의 상처를 드러내는 데 그치지 않는다. 억압적인 통치 질서 앞에 끓어오르는 감정을 삼키며 "한 번 쓰러지고 열 번 노"할 정도로 화자는 상당히 격정의 분노에 쌓여 있다. 비애의 감정이 거듭 반복되면서 마침내 그는 "열 번 깨달아 한 번의 필요한 피를 흘"릴 줄 안다. 자신이 처한 현실적 위기를 극복해 나가기 위하여 필요한 피를 토하고 있는 것이다.

자연 풍광인 '산천'은 향토의 질료적 차원에서 의미를 부여할 때, 1차적 언어로는 아무 의미를 부여받지 못하는 흙으로 놓여 있을 뿐이다. 그러나 시인에 의해 선택된 '산천'은 2차적 언어로 전화되어 국토로 확장되는 기능을 보인다. 시인이 자연스런 자연의 질서를 보여주고자 하는 것이 아니라 인간세계의 모순과 비합리적 사회구조로 얽히고 얽힌 산천의 영역을 펼쳐 보이는 시적 효과를 노리고 있다. 이러한 산천을 바로 잡기 위하여 필요한 피가 절대적으로 유용한 시대임을 자각하고 있지만, 그런 현실 앞에 오히려 자신의 피가 "뒤집히고 법만 뒤집히"고 만다는 것을 깨닫고 있다.

그렇다면, 무엇 때문에 시인의 피와 법만 뒤집히고, "황제는 살"이 찌는 것인가. 그것은 우리 눈으로 볼 수 없는 사물과 사물, 사물과 인간, 인간과 인간의 경계를 무너뜨리려는 '바람'이다. 이 시의 표면에

28/ 임규찬, 「20세기 한국과 리얼리즘론의 공과」, 『문학평론』(1999. 겨울), 53쪽.
29/ 오성호, 『다시 문제는 리얼리즘이다』(실천문학사, 1992), 279쪽.

표출되지는 않았지만, 시적 자아의 내면으로부터 바람이 드러나 움직이게 되는 과정을 단계적으로 나타내면 다음과 같다.

1단계(1연 · 2연): 자연과의 교감으로 사회를 인식해 나아가는 바람.
2단계(3연 · 4연): 사회 속으로 침투해 들어와 대결을 일삼는 바람.
3단계(5연 · 6연): 인간과 인간 사이의 조화를 깨는 바람.
4단계(7연): 불합리한 인간 사회에 대해 반성적 행위를 저버린 바람.

작품 속의 현실이 개인적 체험의 과정에서 얼마나 미적으로 승화되고 있는가에 역점을 둔 도식이다. 여기서 시적 화자의 둘레를 맴돌고 있는 바람은 위선과 허위의식에 사로잡힌 인간의 객관적 상관물이다. 그렇기 때문에 바람은 잘 나타나지 않다가도 때로는 다양한 변모를 보이면서 위협적으로 우리들 앞에 다가오곤 한다. 인간도 자연의 일부분이다. 그러므로 인간은 또 다른 자연, 즉 더 강한 자연인 바람으로부터 항상 위협받을 수밖에 없는 존재다. 따라서 자연인 인간과 바람은 서로 공존공생 할 수 있는 개연성이 충분히 있음에도 불구하고(1단계), 바람은 그러한 관계 끊기(2단계)를 쉽게 선택하고 있다. 여기에서 시적 자아는 그러한 대립된 현실을 받아들이면서 자신의 역할을 찾아내는 데 정신을 쏟아붓고 있는 것이다.[30]

「필요한 피」에서 조태일은 역사주의적 전망이 불투명하다는 목소리를 내고 있으며 체념적 정서로부터 현실 인식의 방향전환을 겨냥하고 있다. 자신의 세계를 사회관계 속에서 파악함으로써 자연스럽게 부정적 사회상을 비판하는 자세를 견지하고 있는 것이다. 이러한 시정신

30/ 세계를 의미의 집합체로 읽어내려 할 때, "인식 주체의 정서[情]와 대상의 형상[景] 사이에 이루어지는 조화로운 세계는 고금을 통해 기본적으로 시가 지향하는 이상적인 세계이다." 허왕욱, 「시 교육에서 자아와 세계의 관계에 대하여」, 『문학교육학』(1999. 여름), 181쪽.

이 비가시적인 모순의 세계를 발견할 수 있는 것으로 판단된다. 그 모순은 강자가 약자들을 착취하고 억압하는 사회구조에 있음(3단계)을 본다. 시행을 통해 발견되는 그러한 시인의 반응 속에는 인간적 삶의 의지를 구현하려는 측면이 강하다. 이 시의 화자는 그러한 문제에 대하여 극복하려는 자세를 취하지 않는 것처럼 보인다(4단계). 그러나 시인이 폭력적인 바람을 제거하려는 의지가 나타나 있지 않더라도 그것이 내면 깊숙이 깔려 있다고 볼 수 있다. 시적 화자가 슬픔의 깊이를 더해 가면서 비판적 목소리를 잃지 않고 있기 때문이다. 다만 감정 절제를 억제하지 못하고 거친 언어를 사용함으로써 시적 감동이 반감되는 단점을 노정시키고 있다.

조태일의 시적 정서는 우리 사회의 질곡과 관계가 깊다. 어린 시절에 대한 체험을 다음과 같이 술회하는 데서 그것을 알 수 있다.

> 나는 일제의 식민시대에 태어나서 유년 시절에 처참한 여순사건을 겪고 6·25를 겪었다. 이승만 정권의 독재시대를 살면서 4·19혁명에 참여했고 뒤따라 5·16을 겪었다. 뒤이어 6·3에 참여했고 유신시대와 긴급조치 시대를 겪으면서 아슬아슬하게 삶을 이어갔다. 10·26을 겪고 12·12를 겪고 5·18광주 민중항쟁을 겪고 6월 항쟁에 참여했다.[31]

조태일 자신이 국가수난의 한복판에서 비껴나 있지 않고 당당하게 그것들과 맞서 싸웠음을 증언하고 있다. 시대의 고비마다 자신을 투사시킴으로써 자연히 역사인식이나 사회의식이 배태되었다고 볼 수 있다. 사회를 향한 투철한 공동체의식과 시적 상상력의 형성이 그러한 정치적 사건을 매개하는 데 큰 영향[32]을 주었다고 하겠다. 그러므

31/ 조태일, 『시인은 밤에도 눈을 감지 못한다』(나남, 1996), 58쪽.

로 그의 시에는 시대적 고통이 감지되며, 그의 시어들은 항상 긴장을
유발시키는 형태다.

역사적 사건으로부터 유년 시절의 그림자를 직시하고 향토의 질료적
요소로써 대립구도를 나타내는 시편들로는 「옹기점 풍경-국토 · 8」),
「공원」「순천으로 띄우는 편지」「편지-국토 · 62」「풀꽃들과 바람들」
(1995) 등이 있다.

> 1) 한반도의 모든 바람은 물론/세계의 모든 바람들도 함께 섞여/멋
> 모르는 마음들은 마음 놓고/밤낮없이 여기 와서 논다.(「옹기점
> 풍경」 첫째 연)
> 2) 덜미 잡히지 않은 휴지조각이 찬 바람에 쓸리며/겨우 파닥거리
> 긴 해도/거기 버려진 사연들도 얼어붙었다.(「공원」 셋째 연)
> 3) 아아, 엿가락처럼 뚝뚝 끊어질 줄 알았던 바람은/오늘도 헐벗은
> 잔가지를 흔들다가/물 위를 가면서 고요함을 찰랑이다/거기 순
> 천까지 휘몰아쳐 달리는구나.(「순천으로 띄우는 편지」 둘째 연)
> 4) 나뭇잎이 흔들린다./하늘 받쳐 푸르기가 힘겨운가보다./오늘도
> 흐르는 세월을/그 누가 붙들 수 있는가/흔들리면서 영원의 끝까
> 지 흔들리면서/그 누가 붙들 수 있는가(「편지-국토 · 62」첫째연)
> 5) 풀꽃들이 흔들리고 있을 때/바람들이 몰려와 옆에 섰다./바람들
> 이 멈추었을 때/풀꽃들은 더욱더욱 흔들렸다.(「풀꽃들과 바람들」
> 첫째 연)

부분적으로 인용한 작품들에서 냉철한 시선과 아주 강한 어조로써
바람을 대하고 있는 시적 자아를 발견할 수 있다. 이러한 태도야말로
암울한 시대에 현실을 올바르게 인식하고 바로 세우는 데 절대적이다.
바람은 세계를 무조건 파괴하는 게 아니라, 때로는 감미로운 느낌으

32/ 이경호, 「60년대 시인들 그 위상과 변모」, 『현대시학』(1995. 10), 145쪽.

로 우리에게 다가오기도 하고, 때로는 아주 더운 여름날 노동으로 지친 인간의 몸을 시원하게 만들어주는 자연이다. 그러나 바람은 인간들처럼 그렇게 이성적·감성적 성질을 지니고 있지 못하다. 그러기에 시적 자아가 바람에게 동화될 거리는 한층 멀어지게 된다. 바람이라는 존재는 언제 어떻게 돌변할지 모른다. 햇볕이 쨍쨍 내리쬐는 더운 여름날, 느닷없이 비를 동반하여 이곳저곳을 마구 훼손시키는 자연이기도 하다.

조태일은 이처럼 자연의 바람을 인간 사회 위에 상정시켜놓고 그러한 폭력적 이미지들을 그리는 가운데 자신의 정체성을 공고히 하고 있다고 하겠다. 그것은 그가 머물고 있는 이 세계를 불안감과 피해의식 속에 부정적으로만 바라본다는 것이 아니라 부정적 권위 앞에서 저항하는 차원에서의 시적 태도를 취하는 것으로 봄이 옳다.

이러한 저항적 방법의 하나로 시인은 흑과 바람을 대립적인 언어 형태로 묶어 상상력을 이끌어내고 있다.

> 바람들은 천상 세살바기 어린아이다
> 내 바짓가랑이에, 소맷자락에 머리카락에
> 매달려서 보채며 잡아끌며
> 한시도 가만있질 못한다.
>
> 허리 굽혀 보아라
> 내 작은 눈길에도 가볍게 떨고 마는
> 작고 작은 들꽃에게도
> 바람들은 매달려서 보채며 잡아끌며
> 한시도 가만있질 못한다.
>
> 둘러보아라
> 돌멩이들도 거대한 숲도 산도

이 바람과 들꽃들의 향연 앞에서는
속수무책으로 당하고 있는 것을.

—「바람과 들꽃」 전문

시인이 보여주고자 하는 것은 바람의 행위다. 현실사회의 정치적 ·
사회적 권력의 횡포를 바람으로 비유했다고 볼 때, 다음과 같은 세 가
지 구조적 회로를 이끌어낼 수 있다.

    ① 인간 상호간의 연대 단절
    ② 자기 황홀증이 횡행하는 허위의 세계
    ③ 일방적 희생을 강요하는 획일적 제도

①은 시인 자신의 체험을 드러낼 때 표출된다. 인간이 유한한 존재
임을 깨닫고 서로가 자기중심적인 삶으로 나아갈 때, 권력의 바람은
"한시도 가만있질" 않을 것이라고 예견한다. 또한 바람은 기회 있는
대로 한 사람 한 사람에게 "매달려서 보채며 잡아끌"어 민중의 연대
움직임을 차단하는 것으로 유추 가능하다.
②는 자기 자신에 대한 성찰 없이 현실로부터 오만할 때 나타난다.
또한 자신의 자유스런 욕망의 추구에 앞서, 그것을 허용하지 않는 냉
혹한 세계를 깨닫지 못함으로써 결국 "작은 눈길에도 가볍게 떨고 마
는" 작은 들꽃과 같은 신세가 되는 것으로 읽을 수 있다.
③은 시인의 눈으로 본 현실 세계다. 군부 독재정권이 물러나고 민
주주의를 표방하는 문민정부를 거쳐 국민의 정부가 들어선 시대에도
여전히 고도의 위장된 권력으로 인해, "돌멩이들도 거대한 숲도 산도"
모두 "속수무책으로 당하고 있"음을 확인시켜 주고 있다.
조태일은 인간이 필요로 하는 '공기'와 '흙'을 각각 '바람'과 '땅'
의 기호로 확장해 나간다. 그것은 다시 국토를 형성하는, 즉 사회적

관계들의 제 요소들이다. 결국 조태일 자신이 현실의 모순적 세계에 대응하려는 소산으로 향토의 질료적 요소를 삼고 있다. 그리고 인식 주체인 자아의 내적 공간에서 시적 상황을 만들어나가고자 부단히 노력한다.

시인 조태일은 직관적 통찰로써 국토 내의 자연과 그 자연과 동질성을 갖는 향토에 대한 숨결을 시에 담아낸 것이다. 이 향토는 시인에게 있어 새 희망을 틔우는 사회 인식적 통로이자 안온함과 역동성을 불러일으키는 자아 의식적 공간이다.

(2) 향토의 수용의식과 생명력의 역동성

조태일의 시작 태도는 외부현실을 의식하면서 자신의 깊숙한 내면에서 끓고 있는 자기 충족적 욕망의 상상력을 시대정신과 결부하여 토로하는 것으로 받아들여진다. 이는 문학 외적 문제를 객관화하기 위한 방법이며, 그의 시가 삶의 진실에 닿아 있다는 증거다. 그는 자신이 살아가고 있는 사회를 매우 중요시하며 인간세상의 이상을 만들어내기 위한 도덕적·윤리적·심미적 가치를 지니는 시대정신에서 출발한다. 여기서 문학 외적 문제라는 것은 모순적 사회제도와 정치권력의 부정한 면면들을 말한다. 그리하여 그는 우연성의 상상력 발로가 아닌, 의식적으로 자신의 내면에 잠재되어 있는 미적 감수성을 끄집어 올려 현실의 객관적이고 총체적인 삶의 모습들을 원격조종하는 시인인 것이다.

시인이 일상적인 삶을 깊이 있게 천착할 때, 그 삶의 현상은 예술적으로 전이되면서 전혀 낯선 세계로 현현된다. 조태일은 현실의 모순적 구조를 인식하고 그에 대한 비판적 견해로써 근대적 세계관에 입각한 적지 않은 새로운 분위기의 현실사회를 그려낸 것이다. 그 첫 번

째의 시적 공간이 향토이다. 그의 시정신의 발현지라 할 수 있는 향토
는 유년 시절에 싹튼 인간적 차원 이상의 생명체가 숨 쉬는 공간이며,
신뢰와 애정이 깃든 인간적 삶의 근원이 되는 곳이다.

　조태일에게 있어 향토는 그리하여 정신적 안식처이자 고양된 삶을
영위하는 무조건적 찬미의 대상이다. 거기에서 그는 한 시대를 뛰어
넘는 우주만물의 생명을 키워내려고 하였으며 그것은 다시 사회 의식
적으로 전화되어 한반도 분단극복을 향한 통일의 세계를 꿈꾸는 지대
를 보여준다. 이는 민족의 정체성·정통성을 뿌리박는 절박성에서 기
인하고 있다. 그러므로 그의 시는 현학적 관념들과의 고리 끊기로부
터 시작된다.

　조태일의 시는 이성적 논리의 바탕에 미적 감성이 결부되어 문학적
긴장감을 갖게 한다.[33] 이 복합적 심리 작동으로 인해 그의 작품은 극
적 효과의 속도를 더해간다. 향토는 바로 시인의 이성적·감성적 두
기제가 조화와 균형을 이루는 가운데 놓여진 시대사적 흐름의 풍경을
담아낸 것이다. 동시에 시인에 의해 선택된 향토에는 자연의 강한 생
명력을 보여주는 사회상이 반영되어 있다.

　　　언 잎들이 썩음과 만나서 살아나자
　　　폭우가 되고파서 청계천도
　　　하늘을 깔고 하늘과 땀나게 만난다.
　　　수돗물이 구들장 밑으로 가서 해골과 만난다.

33/ 이에 대해 박이문의 이론을 살펴볼 필요가 있다. 그는 "논리의 세계와 감성의 세계
　　를 인간의 행위 속에 구별함으로써 우리들은 우리의 세계를 이해하는 데 많은 편
　　의와 이득을 얻는다. 추상화되어 다만 관념형태의 형식만을 좇아가는 추리의 세계
　　를 우리가 과학의 세계라고 한다면, 호흡도 감각도 또는 실체도 알아볼 수 없는 그
　　논리의 관념의 밖에 호흡하고 혈맥이 뛰는 생명의 둔탁한, 감성의 세계가 있음을
　　우리는 체험을 통해서 아는 바이다." 박이문, 「현대시와 지성」, 『문학』(서울대학교
　　문리대, 1956), 91쪽.

면도칼이 가서 수염과 만나 번뜩이자
먼지도 일어나서 바위와 만난다.
털과 팬티가 열렬히 만난다.
손수건과 감기가 만난다.

북풍 속에서 칼날 갈던 심장이
윤나고 헐떡이는 봄처녀와
부끄럽게 허허, 들끓게 만나자
저쪽 가슴과 이쪽 가슴이 만난다.
이십년 전쯤의 유년은 참 허물없이 만난다.

한글이 외국어 위에서 만난다.
쫓아오는 고속도로를 깔고
굶주린 내 발바닥이 고속도로와 만난다.

다 만나고
다 안 만난다.

—「만난다」 전문

　시인은 삼라만상이 서로서로 화해하고 껴안는 모습들을 보여준다. 그러나 시의 화자 앞에 펼쳐지는 풍경은 죽어 있는 것들의 움직임이다. 즉 생명이 없는 것들이 은밀하게 살아나는 이미지로 채워져 있다. 시의 후반에 이르러 그 이미지들은 현실의 우리들 앞에 이루어지는 것이 아님을 알 수 있다. 이것은 우리 사회 각 영역에서의 대립·단절을 해소할 수 있다는 가능성을 제시받는다. 이 시는 그래서 고착화된 질서를 파괴하고 그동안의 억압된 욕망을 게워내는 시인을 생각하게 한다. 그러한 행위의 이면에 또한 인간과 인간의 만남 속에서 작용하고 있는 불안감을 거세하는 시인의 태도를 읽을 수 있다.

위의 시는 "현대 구어체가 갖기 쉬운 가벼움을 극복하"[34]고 있으며, 참된 자유의 삶을 위한 생의 의지가 숨겨져 있다. "만난다"라는 반복적 어구를 통해서 인간과 인간의 관계를 중요시하고 그러한 만남을 통해서 주체적 인간의 행위를 담보해내고자 하는 것이다.

만남은 헤어짐을 전제로 한다. 조태일이 보여주고 있는 헤어짐이란, 사람만이 아니고 일상적으로 널려 있는 사물까지 포함된다. 따라서 시인의 내면 의식적 책무는 만남과 헤어짐의 변증을 통한 인간사회의 이상적 관계를 형성하는 데 있다고 하겠다. 그러므로 작품 「만난다」에서의 주체적 자아는 현재의 자만과 오만함으로 닫힌 인간사회를 개선하고 극복하여 진정한 생명의 활력이 넘쳐흐르는 역사의 물줄기를 트는 데 열성을 보여주고 있다.

시적 화자는 타자들과 끊임없이 만나고 헤어지는 가운데 새로운 삶의 깨달음이 축적되고 있음을 인식하고 시로써 독자들에게 그 깨달음을 넌지시 던져주고 있다. 그래서 "언 잎들이 썩음과 만나서 살아나"고 있고, 잔잔히 흘러내리는 "청계천도 하늘을 깔고 하늘과 땀나게 만나"고 있다. 그럼에도 같은 땅 같은 사람끼리 살고 있는 우리 한민족은 둘로 갈라진 채 만나지 못하고 있음을 간접적으로 비판하고 있다. 3연에서 "북풍 속에서 칼날 갈던 심장"과 "헐떡이는 봄처녀"가 만나듯이, 북과 남으로 분단된 국토의 "저쪽 가슴과 이쪽 가슴이 만"나기를 간절히 바라고 있는 것이다. 조태일의 전체 삶에 영향을 준 "이십 년 전쯤의 유년"도 "참 허물없이 만난다"고 한 것은 그의 삶이 향토에 뿌리를 두고 있음이다.

시적 대상인 향토의 세밀한 관찰로부터 과거를 이끌어내는 조태일의 시작 태도는 점차 국토의 관심으로 확대되면서 이 땅에 뿌리박고

34/ 김현, 『월간 문학』(1969. 8), 210쪽.

사는 민족의 숨소리에 귀를 기울이게 된다. 조태일이 과거의 시간을 현재의 시간과 타협하는 모양새로 이끌어내는 것은 현재적 삶을 과거로 회귀하려는 몸부림이라기보다는 과거와 현재와 미래의 시간을 함께 응시하고자 하는 의지적 표상이다.

그의 이성적 논리와 함께 감성적 표출은 표현의 함축 효과를 자아내는 데 큰 힘이 되고 있다.

발바닥이 다 닳아 새 살이 돋도록 우리는
우리의 땅을 밟을 수밖에 없는 일이다.

숨결이 다 타올라 새 숨결이 열리도록 우리는
우리의 하늘 밑을 서성일 수밖에 없는 일이다.

야윈 팔다리일망정 한껏 휘저어
슬픔도 기쁨도 한껏 가슴으로 맞대며 우리는
우리의 가락 속을 거닐 수밖에 없는 일이다.

버려진 땅에 돋아난 풀잎 하나에서부터
조용히 발버둥치는 돌멩이 하나에까지
이름도 없이 빈 벌판에 빈 하늘에 뿌려진
저 혼에까지 저 숨결에까지 닿도록

우리는 우리의 삶을 불 지필 일이다.
우리는 우리의 숨결을 보탤 일이다.

일렁이는 피와 다 닳아진 살결과
허연 뼈까지 통째로 보탤 일이다.

—「국토서시」 전문

공동선(公同善)을 추구하는 실천적 의지가 확연히 드러나 있다. 시인은 사회·역사의식을 가지고 국토의 모순상황을 엄중하게 꾸짖으며 처절한 분단의 민족현실을 적극적으로 수렴 하고 극복하려는 자세를 보여주고 있다. 이는 리얼리즘적 시성에서 기인한다. 시인은 이 땅의 이질적인 개체들을 한 데 모으는 작업을 시도하고 있는바 관념적 취향으로 빠져들지 않고 역사의 구체성을 띤 국토의 현실을 그리고 있는 것이다.

시인은 불안한 국토의 분위기를 담아내고 있다. 그러면서 한편으로는 시간과 공간을 뛰어넘어 생명력을 키워내는 자연을 묘사하고 있는데 이는 말하자면 부정적 현실상황을 미적 감수성으로 형상화함으로써 상상력의 단순성을 극복하고 있다고 하겠다. 그렇기 때문에 「국토」역시 시인의 절묘한 시적 상상력의 소산이다.

이밖에 조태일에 의해 창작되어진 「국토」연작시들은 사회의 냉혹한 권력관계 속에 숨어 있는 시인 자신의 일상적 체험과 의식적 사회현상을 비통한 심정으로 환기시켜내고 있다. 그러나 그것은 소박하고 당위적인 수준에 그쳐 시정신은 살아나 있을지라도 작품의 총체적인 문학적 울림은 미약하다. 그리고 사회의 제약성을 완전히 불식시키기라도 하듯이, 격한 감정을 동반한 날카롭게 투시하는 시적 태도를 드러낸다.

그런 점에서 인용시는 현실인식과 문학의 미학적 가치가 어느 정도 융화되어 나온 것이라 할 수 있다. 자연적 국토를 사회적 인식을 통해서 희망의 상징구조로 형상화해낸 것이다. 그 상징구조는 폐쇄적 사회상황에서 자아의 생에 대한 성찰로 극화된다. 시적 화자는 애써 슬픔을 말하지 않지만, 첫째 연부터 핍진하게 살아갈 수밖에 없는 민족의 운명을 그리고 있다. 한 곳에 뿌리박고 살아가는 민중적 삶의 고통을 헤아리고 있는 것이다. 여기에 '땅'과 '숨결'의 어휘가 지배적으로 나타나면서 진정한 공동체적 생의 움직임을 느낄 수 있게 해준다. 더욱이 반복된 어구 사용으로써 국토에 대한 애정을 갖게 한다. 이는 어찌 보면 교조적 행태에 해당한다. "발바닥이 다 닳아 새 살이 돋"을 정도로 "우리의 땅을 밟"아야 한다는 단정적 언어체에 의해서다. 그러한 언어체는 시인의 국토에 대한 관심을 그 누구도 거부하면 안 된다는 제언으로 받아들일 수 있다.

조태일은 이렇게 국토를 제재로 삼아 자기가 발견한 외부세계의 일들을 시적으로 발언한다. 그것은 미적 감수성에 의해서만도 아니고 억지로 상상력을 꿰어내는 의무감에서도 아니다. 단지 인간을 사랑하고 자연을 사랑하는 마음에서라고 볼 수 있다. 그의 향토의식을 바탕으로 하면서 민족적 심리의 움직임에 의해 국토에 큰 가치를 부여한다. 이러한 국토에 대한 의미 부여는 그에게 있어 운명적인 공동체에 대한 애착이며, 시대적 상황에 대한 영향력 확대와 관련 있다.

거대한 역사적 실체들을 시인 혼자서는 감당할 수 없다. 국토가 온전히 평평하지 않고 굴곡이 심한 것처럼 순탄치 않은 험난한 세상을 혼자서 밀고 나가겠다고 한다면, 그것은 허위일 뿐이다. 그러므로 시의 화자는 버려진 고향 땅에 "돋아난 풀잎 하나에서부터" 유년시절 자기가 차고 놀았던 "돌멩이 하나에까지" 소중함으로 대한다. 어렵고 힘든 나날을 이끌어내면서 국토에 "우리의 삶을 불지"피며 "우리의 숨결을 보"태는 자세를 견지하고 있는 것이다. 이처럼 국토에 발 딛고 선 시인은 그 무엇에라도 생의 활력을 불어넣고자 억압된 삶의 욕망을 체질화하는 과정을 보여주고 있다.

조태일은 이렇게 시의 이미지를 만들어내기 이전에 먼저 그칠 줄 모르는 생명의 에너지를 자연 곳곳에 쏟아 붓고 있다. 투지로써 우주 만물에 자아의 생기를 풍겨내는 시인의 모습을 상상할 수 있는 것이다. 세상을 올곧게 살아가는 투지를 내면화시킴으로써 그의 시정신은 역사적 불구의 극복과 불온한 시대에서의 미래 개척이 담보되어 있는데 그것은 시인의 적지 않은 사회의식과 맞닿아 있다.[35]

조태일 자신의 세계를 둘러싸고 있는 객체들에 대한 대응 방식이 "누구보다도 건강한 목소리"[36]로 울려주고 있기 때문에 비교적 그의 시가 이상세계를 향한 따스함이 배어있는 분위기로 읽히고 있다. 말하자면 조태일의 시는 사적 세계에서 공적인 세계로 나아가는 풍경이다. 다음의 작품도 이러한 해석의 접근법에 값하고 있다.

너무 멀고 험해서/오히려 바다 같지 않는/거기/있는지조차/없는지조차 모르던 섬.//쓸 만한 인물들을 역정 내며/유배 보내기 즐겼던 그때 높으신 분들도/이곳까지는/차마 생각 못했던,//그러나 우리 한민족 무지렁이들은/가고, 보이니까 가고, 보이니까 또 가서/마침내 살 만한 곳이라고/파도로 성 쌓아/대대로 지켜오며//후박나무 그늘 아래서/하느님 부처님 공자님/당할아버지까지 한 식구로 한데 어우러져/보라는 듯이 살아오는 땅.//비바람 불면 자고/비바람 자면 일어나/파도 밀치며/바다 밀치며/한스런 노랫가락 부른다.//산아 산아 회룡산아/눈이 오면 백두산아/비가 오면 장내산아//바람불면 회룡산아/천산하산 넘어가면/부모형제 보련마는/원수로다 원수로다/산과 날과 원수로다//낯선 사람 찾아오면 죄 많은 사람 찾아오면/태풍 세실을 불러다가/겁도 주고 달래보고 묶어보고 풀어주는/바람 바람 바람섬,/파도 파도 파도섬.//길가는 나그네여!/사월혁명의 선봉이 되어/반민주 반독재와 불의에 항거하여/싸우다가 십구일 밤 무참히 떨어진/십구세의 대한의 꽃봉오리가 여기/누워 있다고 전해다오//자식 길러 가르치고/배운 자식 뭍으로 보내/나라 걱정, 나라 위해/목숨도 걸 줄 아는/

35/ 김종철, 『시문학』(1983. 8), 88쪽. "『국토』를 일관하는 것은 '시의 힘'이다. 물론 이 힘은 생경한 관념이나 구호를 부르짖는 데서 나오는 것이 아니라, 그의 역사의식과 사회의식, 나아가서는 시정신이 날카롭고 섬세한 감성과 화합함으로써 결실된 에너지였다."

36/ 신경림, 「문학과 민중」, 『창작과비평』(1973. 봄), 21쪽.

　　멋있는 사람들이 사는/살 만한 땅.

―「가거도」 전문

　문명발달에 의한 도시화로 인해 인간의 삶은 피폐해져가고 있지만
향토는 그런 대로 자연적 삶을 유지할 수 있는 공간임을 암시하고 있
다. 시인은 향토에 가치를 부여하면서 건강한 시정신으로써 사회의식
을 응집시켜내고 있다. 향토를 다루는 방법이 참신하지는 않더라도
위의 시는 거시적인 차원에서의 자연적 삶의 문제를 제시함으로써 자
그마한 자유의 삶을 꿈꾸는 시인의 내면적 비밀을 탐지할 수 있다.

　'가거도'라는 섬으로부터 인간적 삶의 의미를 생산해 내는 시인의
사회적 상상력을 읽을 수 있다. 현시점에서 새로운 삶의 질서를 구축
하려는 노력의 일환으로 시적 화자는 순수함과 지사적 성향의 민족정
신을 제시하고 있다고 하겠다. 사회의식의 표층을 뚫고 국토의 일부
분인 '가거도' 앞에서 자신의 밑바닥에 깔려 있는 민족적 양심을 실감
있게 보여주고 있는 것이다. 말하자면 풍요롭고 평화로운 국토의 세
계를 꿈꾸고 있는 시인이라고 말하지 않을 수 없다. 그렇기 때문에 조
태일은 섬「가거도」를 통해 국토 안에서의 민족의 이상적 삶의 형태를
발아하는 데 자기목소리를 키우고 있다.

　시인 조태일은 자신의 삶의 방향을 민족의 역사적 운명과 궤를 같이
하고 있다. 그것은 「가거도」에서 "자연과 싸우며 살아가는 사람들의
모습"[37]을 깊이 들여다보면서 참다운 생명을 유지하기 위한 현실적
난관을 극복하려는 공동체적 자세라 할 수 있다. 이와 같은 공동체적
의식의 바탕 아래 그는 주체적으로 자아와 세계의 관계를 긴밀히 접
촉시켜 자연의 생명력을 돋우고 있는 것이다. 말하자면 단절된 자아

37/『중앙일보』(1983. 6. 8).

조태일　145

와 세계 사이를 통일된 구도로 전이하기 위하여 '가거도'의 이야기를 막힘없이 풀어놓고 있는 것이다. 이러한 시인의 의도적이고도 자연스러운 긴장의 효과는 시의 진실성을 담지해내면서도 세계 속에 존재하는 인류의 보편적 가치를 추구한다는 점에서 이 시는 리얼리즘의 영향을 받은 작품이라 할 수 있다.[38] 그래서 「가거도」는 섬의 단순성을 뛰어넘어, 민족 전체의 삶이 스며 있는 세계로 상정되고 있다. 시인은 문명사적 판도 위에서 섬의 존재근원을 인식하고 새로운 삶을 개척하는 자아의 모습을 보여준다. 그곳은 "하느님 부처님 공자님" 같은 성인들과 "당할아버지까지 한 식구로 한데 어우러져" 살고 있는 땅이다. 시인은 이렇게 '문학적 상상력'[39]을 통해서 국토에 순박한 사람들이 모여 사는 모습을 그려내고 있다.

문명의 진전이 있는 만큼 우리 인간은 반비례로 자기 존재의 상실감을 갖게 되는 것이 현실이다. 그에 따라 생애의 애착을 느끼면 느낄수록 비장한 삶의 의지도 보이게 된다. 그러므로 가거도 사람들은 시인에 의해 현실의 어려움을 극복해 나가기 위한 하나의 방법으로 "비바람 불면 자고/비바람 자면 일어나"는 투쟁을 반복하고 있는 것이다. 시인은 그러한 가운데서 자연과 인간의 동일체를 꿈꾸고 생활의 진리를 끊임없이 터득해 나가고 있다. 거기에는 섬에 대한 부정적 인식에서부터 시작하여 긍정적 인식까지 드러난다. 가거도가 애초에는 세상 사람들로부터 존재 가치를 인정받지 못하고 기껏해야 유배지의 영역으로만 인식되어진 것이 부정적 인식이다. 그리고 개인적 존재를 초월한 전체 민족의 강인한 생활의 전개과정을 보여주고 있는 것이 긍정적 인식이다. 그것을 화자는 "낯선 사람 찾아"와도 "죄 많은 사람

38/ 구중서, 『자연과 리얼리즘』(태학사, 1993), 48-52쪽 참조.
39/ 상상력은 비현실에서 유추하는 공상과는 달리, 현실을 토대로 한다. 전영태, 문학과사회 연구회 공저, 『현대사회와 문학적 상상력』(거름, 1997), 19쪽.

찾아"와도 너그럽게 "겁도 주고 달래보고 묶어보고 풀어"주고 있다는 것으로 대신하고 있다. 시인 자신은 세상에 대해 부정성을 해독하고 이성적 힘에 의해 국토를 새롭게 사유하고 있는 것이다.

민족적 삶을 바람과 파도로 둘러싸인 섬의 존재 가치와 동일하게 보고 있는 조태일은 그에 따라 내적인 발전의 변화를 체험하게 된다. 그렇기 때문에 가거도는 민족적 삶의 의지를 지탱시켜 주는 정신적 표상이다. 이러한 관계 속에서 화자는 미래의 전망을 갖고 "가고, 보이니까 가고, 보이니까 또 가서"보니까, 그 하나의 섬이 "살 만한 곳"임을 알게 된다. 근본적으로 인용시는 리얼리티적 감동을 수반하며 민족의 보편적인 공감을 획득해내고 있다.

시인은 국토인식에 있어서 자기의 인식론적 지평으로부터 차츰 삶의 포괄적 인식의 양상을 보여준다. 이것은 자기중심의 세계관에서 오는 의식의 낙후성을 벗어나려는 몸짓이기도 하다. 결국 「가거도」에서 찾아지는 것은 사실주의에 근접하고 있는 시대적 현실과 역사와 사회 같은 리얼리즘의 객체들이다.[40] 이런 관점에서 「가거도」는 시인에 의해 역사성을 가지는 지리적 대상이며 공동체적 영역의 의의를 띤다. 사람들로부터 외면당했던 가거도가 이제 생명이 꿈틀거리는 국토로 인식되게 된 것이다. 이처럼 조태일의 시적 성취는 향토의식에 의해 획득되는 것이며, 국토를 향한 인간성 회복에의 의지를 굳히고 있다.

시 「가거도」는 조태일 시세계의 주조를 형성하는 작품이다. 시적 화자가 민족의식 고양을 위해 주체적인 자기인식과 "반민주 반독재와 불

---

[40] 조남현이 『한국 현대문학사상 연구』(태학사, 1993), 179쪽에서 리얼리즘을 논해 본 이는 그것을 명쾌하게 객관적으로 규정하는 것이야말로 개인 능력 밖의 일임을 시인하게 될 것이라 판단한다. 그만큼 한 작품을 통해 리얼리즘에 대한 이론적 해명은 명징하게 드러내기 어려움에도 불구하고 이 글에서 굳이 그에 대해 논의하고 있는 것은 단지 선행 연구자들의 단견을 제시하는 데 있다.

의에 항거하”는 실천적 행위를 통해 삶의 역동성을 보여주기 때문이
다. 체험적 삶에 기반을 둔 조태일의 시는 시어와 리듬의 반복을 사용
함으로써 시적 긴장이 조성되고 있다. 그 결과 경험적 진실성과 함께
의식의 철저성으로 시정신의 균형을 이루고 있다. 그의 반복적인 수사
는 자기 세계를 구축하고자 하는 자아와 억압된 시대 상황과의 갈등을
강조하면서, 부정한 세계가 반복되고 있음을 지시하는 장치다. 그 속
에는 분단된 국토에 대한 민족의 슬픔까지도 드리워져 있다. 이제 그
러한 몸짓은 향토의식을 기반으로 한 생명의 역동성을 보여준다.

그냥 가렵니다.
황톳길이건 돌밭길이건
잠 못 이루고 서로 앉아 몸 비비며
깨어 있는 풀밭길이라도
어쩌겠소, 어쩌겠소.

그냥 떠나렵니다.
마음 편하건 안 편하건
오늘밤도 저리 잠 못 이루고
깨어서 반짝이는 별밭길이라도
어쩌겠소, 어쩌겠소.

책들도 노트도 불태워버리고
다시 태어나는 순간으로
그 기분으로 그 첫울음으로
가렵니다, 떠나렵니다.
말리겠소? 말리겠소?

청청히 솟아 있는 대밭이건
묵묵히 앉아 있는 바윗길이건

철철이 흐르고 있는 강물길이건

어쩔 수 없지 않소
헛말만 떠도는 이곳보다야
훨씬 살아갈 맛이 나지 않겠소?
걸어서 걸어서
잠 이룰 때까지 뜬눈으로.

—「길」 전문

　강렬한 호소력으로써 비극적 현실을 극복하려는 시인의 행위를 엿볼 수 있다. 시적 화자의 활기와 활력이 넘쳐흐르고 사회의식을 기반으로 한 역사적 책임감과 사명감의 흐름을 형성하고 있다. 이때 독자들은 사회의 굴절에 맞서 있는 시인의 답답한 삶에 대한 연민을 가지면서 그러한 삶으로부터 떨어져 있는 허위적이고 허영적인 구성원들에 대한 안타까움도 감지하게 된다.

　시는 화자 자신이 어떠한 방향으로 나아가고자 하는지 인지할 수 있다. 처음부터 삶의 궁극적 실현을 위해 귀향할 것임을 보여준다. 자연을 인위적으로 파헤치고 쪼개놓는 현실 앞에서 누구든 무기력해질 수밖에 없으며 변화된 상황에 적극적으로 대처하기 위한 답변의 방식으로 시가 전개되고 있다. 구체적으로 시적 화자가 귀향하려는 의지를 보여주고 있는데 1연과 2연의 "그냥 가렵니다"와 "그냥 떠나렵니다"에 그것이 집약되어 있다. 시가 동태적 성격을 띠고 있는 관계로 다양한 시적 언어들이 하나의 의미를 강화하는 데 다른 어떤 작품들보다 크게 기여하고 있는 것으로 보인다.

　누구든 자신과 친숙하지 않은 도시문명은 우선 외양적으로 불균형하거나 무겁게 짓누르는 시멘트 덩어리로 보일 뿐이다. 그러므로 시인은 "황톳길이건 돌밭길이건", "마음 편하건 안 편하건" 간에 도회지적 삶을 벗어나서 "다시 태어"난 곳으로 떠나겠다는 굳은 의지를 밝히고 있다. 이것은 시적 화자의 현실적 삶이 향토의식 아래 눌려 있기 때문이다. 시인의 내면에는 향토의 "청청히 솟아 있는 대밭"과 "묵묵히 앉아 있는 바윗길"과 혹은 "철철철 흐르고 있는 강물길"로 가득 차 있기 때문이다.

인용시에서의 화자가 길의 이미저리를 통해 자신의 삶을 주체적으로 정립해 나가는 것이라면, 이 시에서는 속죄와 회개의 이미지가 끼어있다. 막을 수 없는 시간 속으로 함몰되어 가는 자기 자신을 발견하고 그동안의 편견과 오만에 사로잡혀 있던 자아성찰과 반성을 통해 삶의 승화를 꾀하고 있는 것이다. 위의 시는 바로 시적 진실을 위한 시인의 실천적 노력이 개진되어 있다.[41]

시인으로서의 조태일은 창작행위를 통해 역사적 현실을 수용하는 과정을 보여주고 있으며 인간의 근원적인 문제까지도 탐구하는 것으로 이해할 수 있다. 즉 그는 자신의 창작행위 속에 정치적·역사적 의미도 함께 밀어 넣음으로써, 백낙청이 말하는 '단선적인 사고'[42]와는 멀리 비껴나 있다. 「길」에 절망적인 상황으로부터 초극하려는 강력한 메시지가 담겨있다고 보는 이유가 여기에 있다.

다른 한편으로 「길」은 조태일의 다른 어떤 작품보다 문학성, 즉 미학적 가치가 돋보이는 작품이다.[43] 보다 가다듬은 언어의 정제와, 보

41/ '시적 진실'이란 백낙청이 말한 대로 영구불변의 진리는 아니다. 다만 시적 진실은 인간의 정신활동영역에서 매우 중요한 것이므로 삶의 풍요로움을 위해서 그것을 동원하고 실현시키는 데 힘써야 한다. 백낙청, 「작품·실천·진리」, 『현대문학을 보는 시각』(솔, 1994), 299쪽.

42/ 백낙청, 「통일운동과 문학」, 『창작과비평』(1989. 봄), 66쪽.

43/ 미적 가치 판단은 각자의 부분적인 취미와 보편타당성이 함께 맞물려 있는 관계로 모순을 드러낸다. 이것이 칸트가 말한 '미적 판단의 이율배반성'이다. 페터V. 지마, 허창운 역, 『문예 미학』(을유문화사, 1993), 36-37쪽.

다 정리된 시적 진술과, 보다 간결하고 단단한 이미지로 묘사되어 있
다. 또한 이 작품의 이미지 역시 시대적 상황과 결부시킨 국토와 향토
색 짙은 자연의 생명을 안겨주는 것으로 보게 된다. 이밖에 강렬한 향
토의식을 주축으로 한 생명력의 역동성이 엿보이는 것들로는 「빗속을
거닐며」, 「그래도 봄은 오는가」, 「황홀」, 「성에」 등이 있다. 특히 「성
에」는 시대적 현실 상황의 개입이 적극적이지는 않으나, 시인의 서정
적 감정이 그 어떤 작품보다 심화되어 있다.

> 신새벽 문득 깨어 일어나니
> 흰꽃들이 유리창에 어른거린다.
>
> 지난밤 창 밖의 고향에선
> 무슨무슨 사연들이 있었길래
> 이토록 허연 소문으로 피어났느냐
>
> 눈부신 창 밖이
> 보인다, 들린다.
>
> 어렸을 적 헤엄치며 놀았던
> 저 극락강이 얼다 얼다 열이 나 깨어져
> 성엣장들이 서로의 몸들을 어루만지며
> 하염없이 떠내려가는 모습이,
> 성엣장들이 몸들을 부딪치며
> 강 끝으로 끝으로 떠내려가는 소리가.
>
> —「성에」 전문

　시 전체의 행이 매우 감각적인 표현으로 진행되고 있다. 그만큼 조
태일의 시는 현실 이해를 바탕으로 접근할 수 있으면서도 서정적 상

상력이 필요한 이미지로 구성되어 있다고 하겠다. 그러면서도 조태일의 시 대부분은 애매모호한 시적 기교로 짜여져 있지 않으며 애상적 감상성으로도 읽히지 않는다. 말하자면 그의 시는 순수 서정시이면서도 인간적 삶의 지표를 이끌어내고자 하는 엄숙성으로 일갈되어 있어 낭만주의적 세계를 띤 리얼리즘의 감흥을 불러일으킨다.

위의 시는 도시 아침의 정경을 상상하게 한다. 시적 자아의 행위가 그리 밝지 않기 때문이다. 도시에 살아가는 찌든 모습의 인간 군상들을 생각할 수도 있다. 일반 독자들에게 정보통신기술혁명의 위력을 앞세운 자본주의의 '시장의 전횡' 속에서 현대인의 불안과 우수가 짙게 깔린 느낌을 갖게 하는 것도 배제할 수 없는 것이다. 그러므로 시적 화자의 눈과 귀가 자꾸 창밖의 고향, 즉 생명의 약동과 인간의 근원적인 순수함이 고여 있는 향토 쪽으로 향하고 있는 게 아닌가. 시인은 그런 향토를 잊지 못하고 있기 때문에 항상 "눈부신 창 밖"의 고향을 보고 들으며 살아가고 있다. 그것은 그에게 있어 삶의 지표다. 말하자면 조태일이 서정성을 바탕으로 심층의식을 다루고 있는 셈인데, 그 심층의식은 정치권력의 남용으로 빚어진 한민족의 갈등과 반목 같은 조국의 비극적 현실이다.

향토의식으로서의 민족적 현실을 시인은 "얼다 얼다 열이 나 깨어져"버린 '극락강'으로 표현하고 있다. 그러나 그러한 현실 속에서도 민족구성원(성엣장)들은 "서로의 몸들을 어루만지"고 다독거려주며 살아가고 있음을 보여준다. 그래서 시의 첫째 연이 성에의 모양에 대한 객관적 진술로써 자연의 질서를 부여하고 있는 것이라면, 나머지 연에서는 인위적인 제도 위에서의 사람들이 취해야 할 삶의 태도를 일컫는다. 그렇기 때문에 「성에」는 현실의 위기로부터 거듭 일어서려는 생명의 움직임으로 읽을 수 있게 된다.

조태일의 향토의식 수용은 지금까지 살펴본 것처럼 폭넓은 자기인

식 및 세계인식에서부터 가능했다고 할 수 있으며, 그러한 향토의식
을 펼쳐 보임으로써 민족적 삶의 생명력까지 끌어올릴 수 있었다.

(3) 현실 대응방식으로서의 공간

조태일은 어릴 적 향토에서의 삶을 인위적으로 채색해 드러내기보
다는 구체적이고 현실적 체험을 바탕으로 보여주고 있다. 말하자면
과거 향토에서의 경험으로 총체적인 현재의 사회 상황을 통찰한 후
시로써 형상화 했다. 하나의 작품에서 관념적으로 다루어지기 쉬운
시대상의 아픔들을 직설적으로 형상화하는 것들도 없지는 않지만, 비
교적 문학적 상상력을 동원한 시적 이미지를 구현하고 있다. 시적 대
상에 대한 묘사를 관념적이지 않고 현실감 있게 토로하는 주류를 형
성하고 있는 것이다.

1945년 주변 강대국들에 의해 일본으로부터 해방이 되자 사회 전반
의 구조적 모순과, 잠식되어 있던 민족 내부의 갈등이 표면으로 나타
나게 된다. 그에 따라 문단에서는 일제시대의 노예적 형태에서 벗어
나고자 몸부림치며 다양한 문학 형상화 방법에 대한 논쟁을 거치게
된다. 민족문학의 재확립이 그 중 하나인데 이 민족문학의 개념조차
정파적 논리에 따라 분화되고 만다.

1960년 사회의 극단적 혼란 속에서 일부 문인들은 자아와 세계 간
의 단절을 극복하기 위해 소위 참여문학을 표방하며 현실의 비합리성
에 대한 비판의식으로서의 문학행위를 도모한다. 말하자면 자아의 폐
쇄성에 대한 반성적이며 비판인식을 심어주면서 세속적 타락에 대한
문학적 응전 방식을 행하였던 것이다. 바로 조태일은 그러한 사회적
상상력으로써 근원적 불안을 극복할 수 있는 시적 발현을 보여준 시
인이다. 따라서 조태일의 작품들에서는 불구의 시대에서 비극적 자아

를 드러내는 단순성에서 머물러 있지 않고 인류의 보편적 가치를 실현하는 사회 의식적 언급들로 짜여져 있다. 그의 향토에 대한 시적 관심도 민족 전체의 이상을 추구하려는 자의식적 발언이라 할 수 있다.

향토의식으로부터 수용된 국토는 그래서 낯선 풍경 속에서 배태된 시인의 새로운 시적 인식의 대상이다. 국토는 시적 인식에 따라 다양한 이미지를 구현할 수 있는 공간[44]이기 때문이다. 그러므로 조태일의 「국토」 연작시에 드러나고 있는 것은 문명화에 따른 왜곡된 인간의 본질을 바로 잡는 데 있다고 하겠으며 분단된 민족과 국토에 대한 새로운 전망과 구조적 모순의 극복을 위한 시적 대응방식에 다름 아니다.

시가 "언어의 굴절미가 중시되어져야 한다"[45]라는 관점에서 보면 그의 시적 언어는 좀더 세련되고 섬세하게 형상화할 필요가 있다. 그러나 조태일은 그러한 언어의 굴절미보다는 의식적으로 직설적 언어를 통한 사회의식적 감정의 표출에 있기 때문에 시의 형식적 장치보다는 내용적 형상화에 주목하지 않으면 안 될 것이다. 그의 사회의식적 감정의 표출은 조태일에게 있어서 현실의 모순과 사회의 불모성에 대한 부정이나 비판적 관점을 유지하는 기폭제가 된다.

조태일은 우리 민족이 숨쉬고 살아가는 전 국토를 시적 대상으로 삼는다. 그래서 그의 작품에는 순수 생명을 내면화하는 체험적인 태도와 자연의 객관적 인식을 지속시키기 위한 원형적 고향에 대한 긍정적 가치를 재현해내는 데 심혈을 기울인다. 그러나 한편으로는 그의 시가 어두운 현실의 상황을 고려한 나머지, 선행된 목적의식과 의도의 노출, 지나친 주제의 강조와 같은 상투적인 면모[46]도 보인다. 그럼

44/ 제해만, 『한국 현대시의 고향의식 연구』(시세계, 1994), 36쪽 참조.
45/ 오탁번, 『한국 현대시사의 대립적 구조』(고려대 민족문화연구소, 1988), 184쪽.
46/ 김재홍, 『한국 현대시의 사적 탐구』(일지사, 1998), 302-303쪽.

에도 일상적이고 투박한 언어로써 민족의 문제를 시에 담아내려는 시
인의 태도는 냉정하고 진실한 까닭에 한국 시사에 있어서 리얼리즘적
본질을 구현해낸 시인으로 평가할 수 있다.

통일된 민족국가 실현에 대한 열망으로 '국토'라는 명제를 통해 내
성화된 자의식을 표출시킨 조태일의 작품은 소위 '민족시'로 명명지
울 수 있는 것이다.[47/]

그의 시는 한국의 특수한 상화에 놓여 있는 국토의 객관적 현실성과
새로운 현실에 대응하는 우리 민족의 지난한 과정을 정태적이고도 능
동적인 실천적 의미로 체득시키고 있다.

> 나의 가슴 안 가장 쓸쓸한 곳으로
> 비 내리듯 비 내리듯 내리는 불만의 처녀들.
> 그들은 어느 때나 식욕을 느끼고
> 무엇에 있어서나 그들은 맹목적이다.
> 생활에 관해선 신경질적이고
> 공화국의 일에 관해선 무관심하고

47/ "민족시란 당대의 민족적 삶이 직면하고 있는 모순과 부조리를 누구보다도 재빨리
간파하고 거기에 맞서 저항하고 극복해가려는 저항의지를 가진 시작품이다." 이
동순, 『민족시의 정신사 연구』(창작과비평사, 1996), 3쪽. 여기에서 '민족'의 의미
가 21세기를 특징짓는 세계화와 대척점에 놓여 있다는 한국 내의 일부 논자들의
편협한 논리를 반박하는 차원에서 일찍이 민족문학에 대한 개념 정리를 한 오세
영, 『전환기 한국문학의 과제와 전망』(시와 시학사, 1998), 87-88쪽을 참조하여
도표로 제시한다.

민족주의 문학	민족문학
① 민족주의 이념을 현실적으로 실현코자 함	시대성을 초월한 영원성 지향
② 민족의 생존을 지향하는 목적의식 지님	무자각적 자연발생적인 자율성 지님
③ 사회적 현상에 보다 많은 관심 지님	사회적 현상에만 집착하지 않음
④ 국가나 그 이념에 최상의 충성을 보임	민족의 저층에 내재한 공감영역의 자기확인
⑤ 특정한 이념의 메시지, 주제를 중요시 함	주제보다 언어, 문체 등을 중요시 함
⑥ 하나의 이념이 보다 지적인 태도를 지님	자연발생적인 민족문학적 경향을 지님

그러나 나의 파리한 육체에 관해선
잔인한 짐승의 습성으로 항상 내란을 일으킨다.

그래, 조용히 말할 수 있는 장소가 있다면
그래, 조용히 흐느낄 수 있다면
상품 주듯 상품 주듯
눈깔사탕을 주고 싶다.
눈깔사탕을 받아 먹어라.
적당히 뜨거운 타액으로 녹아 내리리라.
거기 난해한 공화국은 분해되어 흐를 것이고
나의 육체는 늠름하게 흐를 것이고
생활은 그냥 찌꺼기로 남을 것이다.
그리하여
나의 가슴 안 가장 쓸쓸한 곳은
어쩔 수 없는 너희들 함성으로 충만할 것이다.
　　　　　　　　　　　　　　　—「눈깔사탕②」 전문

　　시인은 자기내면에 침잠해 있는 신념과의 싸움을 보여주고 있다. 그 신념은 조태일의 '정신적 반려자'다. 세상의 허위와 맞서 싸우는 투사적 신념이 그의 정신적 반려자인 셈이다. 그러나 그 반려자는 평탄한 길을 나란히 걸어가는 존재가 아니다. 그러기에 늘 시인의 눈에는 "비 내리듯 비 내리듯 내리는 불만의 처녀"들이 비쳐진다. 말하자면 그의 정신적 반려자는 언제라도 자신으로부터 뛰쳐나갈 수 있는 불안한 대상이다. 따라서 시적 화자의 처녀들은 "어느 때나 식욕을 느끼"는 나태한 표상들이다. 일상적 일들에 대해서도 그녀들은 "신경질적"으로 경직되어 있다. 그러기에 시인이 내세우고 있는 신념은 진솔한 언어로써 현실 비판을 실행하고 더불어 허무주의적인 대상들에게로 충격적 상황을 말해준다. 이러한 시인의 현실인식이 자기내면에 위치해 있는 정신적 반려자라 하겠다. 따라서 이 시에서의 '처녀들'은 자기 신념을 갖게 하는 데 유용한 장치로 씌어진 것이라 할 수 있다.

시인에게는 괴로움과 노여움, 절망과 시련이 있다. 그러기에 "공화국의 일에 관해서 무관심"해질 정도로 무기력해지기도 하고, "잔인한 짐승의 습성으로 항상 내란을 일으"키는 것처럼 그 신념은 흔들리고 있다. 그러므로 시인 스스로 자기내면을 추스르고, 신념을 더욱 더 강화하기 위해서 노력한다. 그로 하여금 고뇌하는 시인으로서 긍정적인 전망을 위해 그때그때 불만의 처녀들에게 "눈깔사탕을 주고 싶"어 한다. 그렇게 함으로써 "적당히 뜨거운 타액으로 녹아 내리"면서 국토 분단 같은 조국의 비운이 남아 있는 "난해한 공화국은 분해되어"버릴 것으로 확신한다.

이 시 또한 자의식의 세계를 보여주고 있다. 따라서 시인은 자신의 신념을 통하여 시대의 비극성을 나타내고 있다. 그러나 시인 자신의 신념은 그 누구도 꺾을 수 없을 것으로 단정하고 "어쩔 수 없는 너희들 함성으로 충만할 것"이라고 결연한 자세를 보여주고 있다. 문제는 조태일 자신의 신념을 어떻게 독자들에게까지 영향을 줄 것인가 하는 점이다. 여기서 다음 두 사람의 글을 참조해볼 필요가 있다.

시는 사회적으로 정치적으로 정의로운 의지를 언급한 자체에서 성취되는 것이 아니라, 정돈되고 긴장된 산 낱말들의 안배와 독자의 가슴에 들려오는 시의 양심, 리듬이 있어야 한다.[48]

현대시가 위기에 처해있다고 할 때의 '위기'의 의미는 우리가 현재 향유하고 있는 현대시가 자의든 타의든 간에 민족시로서의 길을 걸어가지 않음으로써 주체적 자아 복원의 자생력을 상실하고 있는 현상을

48/ 구중서, 「역사적 사건과 시적 수용」, 『월간 조선』(1987. 10), 592쪽.

일컫는 말이다.[49]

　시인의 사회의식을 어떠한 기법으로 독자들에게 울림을 줄 것인가를 고민하는 논의들이다. 위 두 견해는 동질적이면서도 상반된 견해를 피력하고 있다. 앞의 것은 시의 형식적 장치를 어떻게 배열할 것인가에 중점을 둔 것이고 뒤의 것은 자의식화된 정서를 어떻게 객관적 현실성으로 형상화하는가를 문제 삼고 있다. 조태일의 시는 이 두 글의 답변을 적절하게 잘 조화시켜낸 것이라 판단된다. 그의 시는 개인적 삶의 정서를 토대로 전체 사회에로의 관심으로 확장시켜놓고 있는 까닭이다. 즉 조태일은 대상의 감정 포착에 그치지 않고 사회·역사적 현실과의 교감하에 내적 의식세계를 드러내는 시인이라 여겨진다. 앞서 보인 「눈깔사탕②」도 정서적 욕망을 표출하는 데 머물지 않고 냉혹한 현실을 내면화하여 민족문화에 대한 주체적 인식을 보여주고 있다.

　이렇게 조태일은 현실을 바라보는 시각이 단면적이지 않고 입체적인 시야를 확보하면서 자신의 신념에 의한 행동의지를 시로써 충실하게 그려나가고 있다. 그는 진정한 인간적 삶의 의지를 불태우며 인류의 보편적 가치를 개척해 나가고 있는 것이다. 불완전한 인간세계에 대한 대응의 논리에서 그의 경험적 진실을 확인할 수 있다.

　　시인으로서 세계적인 시야를 확보하기 위해서는 지금 이 땅의 현실과 역사, 민족에 대해 끝없는 신뢰와 애정이 필요하다. 그렇게 하기 위해서는 그야말로 온몸으로 혼신의 힘을 쏟아 이 땅의 현실, 역사, 민족을 끌어안고 철저히 몸부림칠 수밖에 없는 일이다. 이러한 태도

49/ 이동순, 『민족시의 정신사 연구』(창작과비평사, 1996), 259쪽.

는 나의 시가 현실과의 거리를 좁혀 밀착할 수 있었던 계기가 되었고 이런 원인은 다름 아닌 수많은 '겪음'에서 비롯된 것이다. 이 끊임없는 '겪음'은 있는 현실의 진실뿐만 아니라 꼭 있어야 할 당위적 진실을 탐색하고 형상화할 수 있는 시의 힘이 되는 것이다.[50]

이 같은 논리 속에서 조태일은 삶의 의미를 이성적이면서도 감성적으로 풀어낸다. 그렇기 때문에 현실을 바라보는 시야가 폭넓게 펼쳐진다. 그렇다 치더라도 그의 시가 소박한 자의식에 의해 당대 사회의 객관적 제시를 단순하게 시적 장치를 동원하여 보여주는 것이 아니라 서정적 반응이 투사된 사회적 주체의 의지를 시적 진술로 표명하는 방식을 취하고 있다. 따라서 조태일은 향토의식이 내재된 현대문명 비판의 역할을 충실히 감당해 내고 있다. 그 속에는 횔더를린(Friedrh Hoderlin, 1770~1843) 류의 '귀향'[51] 시풍을 여실히 보여준다. 리얼리즘적 세계관에 의한 향토의 의미를 역사적 전망의 제시로 전이시킴으로써 자연과 인간의 원초적 동일성[52]을 획득하고 있다.

답답한 목소리는 풀어야 한다.
기필코 풀어야 한다.
조건 없이 풀어야 한다.

얽매인 목소리를
모든 만물의 눈에까지 훤히 보이도록

50/ 조태일, 「유년시절의 체험으로 국토를 껴안고」, 앞의 글, 62-63쪽.
51/ 하이데거에 의하면 횔더를린의 '귀향'은 현실적 고향이 아닌, 정신세계(근원에의 근접)로 돌아가는 것을 뜻한다. 하이데거, 김희보 편역, 『세계문예사조사』(종로서적, 1989), 245-246쪽.
52/ 동일성은 그러나 패러디 시학에서 차이성의 틀로 전환된다. 이 말은 동일성도 이제는 새롭지 못하고 관습의 방식으로 씌어지는 것을 의미한다. 구모룡, 『한국 현대시와 패러디』(현대미학사, 1996), 68쪽.

국토 위에 야생마처럼 풀어주어야 한다.

그리움이 넘쳐서
보이지 않는 목소리가 더욱 그리워서
산천은 누운 채 가슴 답답하다더라.

내가 풀어주는 목소리는
굳은 수풀을 파아랗게 흔들고
흔들리는 시커먼 그림자를 흔들다가

돌멩이에 닿아 소리치고
바닷가의 무수한 모래알에 닿아
일어서게 하고 반짝이게 하고
만물에 닿아 흔들리는 빛으로 터지고
또한 그리움으로 피어나리.
—「풀어주는 목소리—국토·28」 전문

국토의 모든 만물에 생기를 돋우는 강한 목소리가 필요함을 역설하는 작품이다. 사회의 불합리성에 대한 냉소적 비판의 목소리가 아닌, 사회적 의미를 내장한 종합적 통찰을 요구하는 가운데 당면 과제를 해결하려는 의지의 소산으로 목소리를 내고 있는 것이다. 이는 국토를 가꾸고 키워나가는 민족의 구성원들에게 역사적 인식을 부여함으로써 좌절을 이겨내고 새로운 삶의 원동력을 추동시키는 실천적 의미를 갖는다. 그래서 인용시는 그 어느 것보다도 향토의식의 울림이 크다.

시적 화자의 국토에 대한 애증으로 적극적인 자기비판을 통해 이루어지는 향토의식은 진정성이 담보된 현실비판을 가능케 한다. 가능한 국토의 부정적 인식을 거세하고 자기혁신의 의미를 보여주는 일환으로 세계와 자아의 분열상을 극복하는 모습을 띠고 있는 것이다. "풀어야 한다"라는 목소리의 당위성 속에서 화자의 그러한 능동적인 삶의 태도를 엿볼 수 있다.

시인의 향토는 민족적 정서가 고스란히 배어 있는 곳이다. 그리하여 조태일은 극단적으로 흐르는 자본주의의 이념에 동조하지 않으며 절대 권력을 유지케 하는 불합리한 제도에 대한 비판적 입장을 견지한다. 문명발달에 의해 파괴되는 인간성을 회복하기 위해 지혜 있는 사람들은 불연속의 도시공간으로부터 자유스런 공간인 향토를 선호[53]하게 되는데 조태일 역시 파편화된 도시생활로부터 벗어나 정신적 자유를 꾀하기 위한 향토적 삶의 가능성을 열어보여 주고 있다.

산업화 시대로 명명하고 있는 1960~70년대, 휴머니즘적 지향에 부정적 인식을 심어주며 오로지 경제성장만을 좇음으로써 한국사회는 모순과 갈등을 비약적으로 드러내보이게 된다. 과학발전에 기인한 물질적 생산에 박차를 가하는 서구적 근대화로 국토의 고도성장을 이루었지만, 인간과 자연이 파괴되어 가는 데에는 눈을 돌리지 못한 것이다. 그래서 조태일의 작품은 왜곡된 근대현상을 직시하고 향토의식에 의한 시적 공간의 토대를 이룸으로써 민족적 삶의 본질을 확인케 하는 독창성을 갖는다.

삶의 현장에서 빚어지는 인간의 포악성이 극에 달하고 있음을 시인은 답답해하고 있다. 그래서 시적 화자가 그 "답답한 목소리를 풀어야 한다./기필코 풀어야 한다./조건 없이 풀어야 한다"고 메마른 목소리로 기염을 토하면서 민족적 삶의 상실감을 회복하는 계기를 만들어내고 있다. 그러나 시가 메마른 목소리만으로 들리지 않는다. 시적 자아의 주체적 서정성이 시나브로 외현화되고 있다. 작품의 서정성은 "풀어주는 목소리"가 "굳은 수풀을 파아랗게 흔"든다에서부터 시작하여

53/ 김송배, 『화해의 시학』(국학자료원, 1996), 453쪽.

시의 마지막 행까지 계속해서 나타난다. 특히 둘째 연에서는 민족을 억압하는 거대한 권력체계가 있음을 목도하고 그 속박에서 "얽매인 목소리"들을 "국토 위에 야생마처럼 풀어주어야 한다"고 다소 거칠지만, 그 뒤에 이어지는 시구들은 상징적인 매개물로서의 서정적 이미지로 구사되고 있다. 구체적으로 시각적인 이미지와 청각적인 이미지가 자연스럽게 융합되어 시적 분위기를 한층 고조시키고 있다.

또한 관념적 열정을 생동감 있는 목소리로 구사함으로써 당위성의 투박함을 극복하고 있다. 다섯째 연에서 보듯이 시적 화자의 목소리는 자연과의 친근감을 표출하고 있다. 토속적 감정으로 표현함으로써 구체화되는 것은 자연적 삶의 원형이다. 시인은 이 자연적 삶의 원형을 향토에서 찾아 역사 속에 뿌리를 둔 국토를 소생시키려는 심상인 것이다. 이와 같은 과정을 통해 시인은 "나아가다 밀리고 나아가다 부서질지라도/노래 위에서 함성 위에서 출렁이다가/벙어리로 벙어리로 그 자리에 주저앉아"(「파도처럼」 첫째 연) 비극적 현실을 들춰내는 데 주저함이 없으며, "앉아서 침묵으로 침묵을 듣는다./소리로 소리를 듣는다./홀로 떨고 있는/나뭇가지를 어루만지며/안에서 물오르는 소리/나부끼는 깃발소리"(「소리들 분노한다」 셋째 연)를 노래하면서 국토의 비극성을 날카롭게 파헤쳐 민족 공동체의식을 환기시키는 데 경주하고 있다.

시로써 비극적 현실을 낱낱이 증언해야 하는 데 한계를 느끼지만 시인은 양심껏 사회적 고민을 다하는 모습을 보여준다. 그렇기 때문에 그의 시적 언어들은 동어반복 현상을 보여주고 있다. 이는 부정한 현실상황과 대응하는 시적 리얼리티의 맥이라 하겠다. 조태일은 이처럼 향토의식 속에 각인된 격동하는 현실적 체험과 서정적 정서를 동반함으로써 주체적 자기 언어를 확보하고 있다.

바라보았다.
돌멩이들을 바라보니 무슨 할말이라도 있는지,
그들은 일제히 일어나 눈앞에서
끼리끼리 탁탁 부딪치며 시위를 벌인다.
나무들을 바라보니 그들은
일제히 걸어나와 눈앞에서
겹겹이 떼를 지어 열매들을 펑펑 쏘아대며
돌멩이들을 진압한다.

들으려 했다.
땅속에서 묻혔던 소리들이 꿈틀 일어나서
귓가에서 아우성 아우성이다.
들으려 했다.
돌멩이들이나 나무들 사이에서
서성이던 소리들이 달려와서
귓가에서 엉엉 울음을 터뜨린다.
산속에서도 편할 날이 없다.
눈감고 귀 막으며 위험한 산길을
가까스로 내려왔다.

—「산속에서」 전문

　　우선 돌과 나무의 대립적 관계를 의인법으로 묘사하고 있다. 자연적 생의 탐색 자세로 본래적 삶의 존재 근거를 공고히 하고 있는 시인의 모습이 엿보인다. 관념적으로 전개될 수 있는 이야기를 서정적 주체로 대상화한 시적 인식을 높이 평가할 수 있다. 객관적이며 중립적인 사유에 의해 대상들의 대립성을 무화시켜내는 시인의 태도가 잘 나타나 있는 것이다. 이런 점에서 조태일의 시적 언어가 주체성이 확보된 이미지를 만들어낸다고 할 수 있다. 사회적 균형과 조화를 잃은 시대의 아픔을 산속에서 들어가 자연물로써 상징화시켜 내고 있는 시인의 시적 발언에 공유하게 된다.

정치권력의 위협이나 공포로부터 위축된 정신적 신념을 새로운 감각적인 표현으로 살려내고 있는 이 작품의 또 하나 성과는 지성적 상상력이다. 현실 반영에 적극적이었던 시인으로서 객관적 상관물로 이미지화해 내는 행위 자체가 지성적인 면모라 할 수 있다. 이 시가 발표된 1987년은 사회 각 분야에서 참된 민주주의를 실현하고자 하는 민주화 운동이 절정에 다다른 때다. 그러므로 기존의 정치체제와 사회관습 등이 저항과 도전에 부딪히면서 민주주의의 토양에 맞는 민족사적 과제를 최우선적으로 해결하지 않으면 안 되었다. 거기에는 최저생계비에도 못 미치는 임금을 받으며 장시간 노동에 시달려온 노동자들의 분노가 폭발하기도 했으며, 새로운 변혁에 대한 기반과 틀을 마련하고자 하는 지식인들의 공동체의식이 촉발하기도 했다. 예술 분야에서도 사회의 민주화와 공동체의식이 미학적인 차원과 융화해가며 보다 인간적·예술적 지향의 가능성을 타진해 갔다. 그렇기 때문에 이 시는 역사의 현장에서 불합리한 사회현상과의 투쟁을 경험한 후 자연물로써 그러한 시대적 현상을 암시적으로 구현하는 지적 상상력 속에서의 언어적 진실성이 확보되고 있다.

사회 현상을 다각도로 형상화해 내는 조태일의 시적 방법은 불온한 시대에서의 이상적인 세계를 세워나가는 지표 중 하나다. 시의 양상에 있어서 억압적인 지배구조에 대응해 온 현대시의 한 전범을 조태일이 계승하고 있음은 주지의 사실이다.[54] 현실인식의 단면을 단순하지 않게 지적인 상상력을 발휘하여 사회적 실존의 빈약성을 부각시키

---

[54] 현대시에서 인간 현실 전반을 적극적으로 수용하여 시의 형태로 드러낸 것은 애국계몽기의 이념 지향적인 시들로부터 계승되었다. 감태준, 「근대시 전개의 흐름」, 『한국현대 문학사』(현대문학사, 1989), 109쪽.

면서 지배 권력자들과의 상대적 소외감에서 벗어나게끔 하는 책무를 시인 조태일이 짊어진 것이라 할 수 있다. 그렇기 때문에 그는 나름대로 사회 참여적 태도를 견지하며 현실의 불합리성을 일관되게 비판하는 지성적 눈을 가진 시인[55]으로 평가받는다.

「산속에서」의 돌멩이와 나무를 시인은 인간의 대립적 관계로 보여주고 있다. 그러나 그의 시각은 어느 한쪽으로 치우침이 없이 객관적인 입장에서 둘의 관계를 의미 지운다. 그리고 돌멩이들의 "엉엉 울음을 터뜨"리는 소리를 들으며 사회적으로 소외된 자들에 대한 연민을 느낀다. 그것 또한 객관적 위치에서의 현실을 인식하고자 하는 내면화된 사회 의식적 소산으로 지성적 성찰의 결과라 할 수 있다. 그렇기 때문에 자아의 존재 의미를 거듭 사회 속에서 확인하기 위해 "탁탁 부딪치며 시위를 벌"이던 상황을 그려보면서 현실적 삶의 긴장을 늦추지 않는다. 그의 이러한 시적 방식은 1990년 이후 모든 영역에서 그러했듯이 예술적 자율성을 확보하면서 사회 의식적인 세계보다는 자아의 내면을 서정적으로 재정립하는 자아 실존성 탐색의 계기를 마련한다.

풀씨가 날아다니다 멈추는 곳
그곳이 나의 고향
그곳에 묻히리.

햇볕이 하염없이 뛰노는 언덕배기면 어떻고
소나기 쏜살같이 꽂히는 시냇가면 어떠리
온갖 짐승 제멋에 뛰노는 산속이면 어떻고
노오란 미꾸라지 꾸물대는 진흙밭이면 어떠리

55/ 서준섭, 「현대시와 민중」, 문학사와비평연구회 편, 『1970년대 문학 연구』(예하, 1994), 39쪽.

풀씨가 날아다니다
멈출 곳 없어 언제까지나 떠다니는 길목,
그곳이면 어떠리.
그곳이 나의 고향,
묻히리.

—「풀씨」 전문

"삶 앞에서, 목숨 앞에서, 모든 생명은 평등하다는 만물평등사상을
담"[56]아내고 있다. 시인은 이제 암울한 시대의 절망에서 벗어나 있다.
그것은 어쩌면 모순의 현실로부터 도피하여 안주의 삶을 꿈꾸고 있다
는 오해를 받을 수가 있다. 그러나 자의식의 세계에서 시인은 편향적
이념으로 인한 투쟁적이고 구호적 형식이 아닌, "인간에 대한 신뢰와
내 삶의 뿌리를 찾아 따뜻한 시선"[57]으로 창작에 주력하고 있다. 그러
므로 이 시는 사회와의 분열된 자아를 추스르며 개인적 평온한 삶을
갈구하는 논리와 맞닿아 있다.

"풀씨가 날아다니다 멈추는" 고향은 시인에게 있어서 안식처다. 그
곳에서 자연과의 폭넓은 교감을 통해 얻어진 향토의식과, 자기성찰
과정에서 드러난 불완전한 자아를 올곧게 세우려는 의지가 내포되어
있다. 말하자면 향토는 원초적 생명의 발원지이며, 온전한 삶들이 고
스란히 남아 있는 공간이다. 따라서 시인은 자의든 타의든 시대적 상
황에 따라 자신의 삶을 온전히 키워내기 위한 장소를 탐색하는 데 주
력하고 있는 것이다.

시인은 차츰 향토에서의 봄도 읽을 수 있을 만큼 성숙되어 있다.

56/ 김재홍, 「삶의 평등, 시의 평등」, 『문학사상』(1995. 7), 360쪽.
57/ 『광주매일』(1995. 5. 23).

봄이라는 계절은 하늘과
땅 사이에서 가장 진한
향기가 나는 방대한
한 권의
책.

이 책을 펼쳐보지 않으시렵니까?
잔설이 애처로이 새하얗게 반짝이고
냉잇국 향내 스며도는 그런 이야기들이
송사리떼 희살대는
실개울처럼 흐르기도 한다네요

아니
봄풀, 봄꽃들이 다투어 태어나
한바탕 어울어지는 봄빛 속을
봄바람이 불어대니
처녀애들 치맛자락 들치듯
한장 한장 책장이 저절로 넘겨집니다.
그럴 때마다 봄향기 풀풀거리네요.

봄 내내 집을 비우고 봄나들이 해도
집에서 쫓겨나지도 않을걸요.
평생에 이런 봄 백 번쯤 온답디까?

그러니 봄이라는 책 속에 묻히지 않으시렵니까?
그런 봄기운에
그냥 몸을 맡기지 않으시렵니까?
그냥 봄잠에 취해보지 않으시렵니까?
눈을 감아도
그냥 보이는, 봄이란 책 속에 취하지 않으시렵니까?

—「봄」 전문

　　세상의 온갖 위협으로부터 자신을 지켜내기란 쉬운 일이 아니다. 조태일의 모든 시는 자연과 대치되는 냉혹한 현실의 인위적인 제도를 정신적 자세로 구상화되어 있다. 시인은 패배감에서 방황하는 데카당스의 시풍을 과감히 거부하고 굳은 신념으로써 소박한 봄을 노래하고 있다. 특히 「봄」에서는 상징적 수법을 쓰지 않고 언어를 명징적·직설적으로 엮어냄으로써 진솔함이 한층 배어나와 있다. 이것은 조태일 자신이 허위의식을 떨쳐버리려는 태도에서 기인한다.[58]

　　따라서 그의 시를 지배하고 있는 향토의식도 언어의 토착화에 관심을 둔 의도적인 것이라 할 수 있다. 조태일의 시에서 찾아지는 언어의 토착성은 가지를 키우는 어린 새싹들의 역동적 삶을 우리 인간들로 하여금 인식하게 만들고 있다. 그리고 그것은 한국 민족만이 느낄 수 있는 생명의 소리에 해당한다. 또 향토의식에 의한 언어의 토착성은 사회의 극단적 불협화음을 거세시킬 수 있는 순수한 인간적 감정을 담아내는 그릇이 된다.

　　제2절 눈물의 세계

　　조태일의 시들은 정치 현실과 밀접한 관계에 놓여 있다. 하지만 그의 시적 공간에는 국토를 배경으로 개인의 감각적인 내면세계가 적절하게 분비되어 있다. 그것의 하나가 아이덴티티로서의 눈물이다. 눈물은 현존재적 자아의 감정적 분비물이다. 그것은 주체할 수 없는 감정의 드러내기에 해당한다. 감정의 드러내기는 자아의 존재를 숨기지

58/ 최동호, 「일상시와 자연시」, 『문학사상』(1996. 7), 348쪽.

못하고 자신의 사유를 공표하는 것이 된다. 조태일의 시적 눈물은 바로 자아 표출의 표본이다. 눈물은 고통이나 슬픔뿐만 아니라 기쁨에서 우러나오는 액체인데, 그 속에서 여러 가지 함축된 의미를 끄집어 올릴 수 있다.

자아의 감정적 표출에는 어떤 성취감에 의한 환희의 눈물이 있으며, 대상의 미적 흐름에 대한 감미로운 눈물이 있다. 반면 눈물로써 괴로움과 격정의 분노가 내재해 있음을 상대로 하여금 느끼게 하기도 하며, 상대방의 동정심을 유발시키는 데 유효한 수단이 되기도 한다. 그래서 눈물은 감정을 분출하는 데 없어서는 안 되는 인간적 삶의 한 요소라 할 수 있다. 눈물은 인간과 인간을 통어하는 요소인 것이다.

눈물에는 자신의 감정을 표출시켜 자기의 존재를 입증해내는 개인적인 눈물이 있는 반면, 개인의 감정을 억제하며 집단적 감동을 불러일으키는, 공동적 가치를 부여하는 공개적인 눈물이 있다. 안 뱅상 뷔포[59]와 함께 이동순은 눈물이 "시대의 변화와 정치적 환경, 혹은 경제적 여건에 따라서 그 표현 양상이 달라"[60]져 왔다고 하면서 개인적 눈물을 사회적 현상과 접목시키고 있다. 역사적·시대적 정서를 파악하는 데 눈물이 활용되고 있음을 알 수 있다. 이에 따라 조태일의 작품에 나타난 눈물을 사회적 연관 속에서 파악할 수 있는 여건이 마련된다. 그의 시에 표백되어 있는 눈물의 형태는 순수한 개인적 감정에서 분출된 것이지만, 사회적 상징으로서의 기제로 작용하고 있다.

59/ 눈물을 유발하는 정서적 상황이나 눈물을 받아들이는 태도가 시대에 따라 달라졌다. 18세기에는 감정과 오열을 특징으로 한 남성의 눈물을 찬미한 반면, 19세기에 와서 눈물은 비난의 대상—감춰야 할—이 되었다. 안 뱅상 뷔포, 이자경 역, 『눈물의 역사』(동문선, 2000), 9쪽.
60/ 이동순, 「눈물, 그 황홀한 범람의 시학」, 『창작과비평』(1996. 봄), 234쪽.

(1) 눈물의 형태적 이미지

조태일 시에서 눈물은 국토의식을 고양시키는 역할을 한다. 그의 일상적인 생활 속에서 나타나는 눈물의 형태는 아주 적은 눈물일지라도 사회적 힘의 가치가 있다. 그 눈물 속에는 철학적 사상이 담겨져 있다. 시적 대상에 대한 정서적 반응으로서의 눈물이 사회적 관계 속에서 기능하는 것이다. 자아와 사회를 매개하는 그의 눈물은 현대 산업사회의 기계적 인간의 정신적 가치를 회복하는 표징이다. 과거로부터 멀어질 수밖에 없는 현재적 삶은 그리움을 동반하게 되는데, 즉 과거적 삶과 현재적 삶을 맞물리게 하는 기제 중 하나가 그리움이라면 눈물은 바로 상상력의 효과를 가동하는 표상이라 할 수 있다.

우선 조태일의 시에서 확인할 수 있는 눈물은 혈육의 정을 나누는 이미지로 나타난다. 눈물의 형태적 이미지인 혈육은 삶을 지탱할 의지로 작동한다. 혈육은 자의적으로 통어할 수 없는 자아와의 자연적 관계에 있다. 그리고 그의 시를 총체적으로 지배하고 있는 국토 또한 임의로 바꿀 수 없는 자연의 한 형태다. 혈육과 국토, 말하자면 그 둘은 운명적·자연적 형태의 이미지를 갖는다.

어느 날 산모퉁이를 돌아가다/깨진 물동이에 고인 물을 보았는데 말이다/요것은 총각이 山나무 하러 가서/산물 떠오는 처녀를 만나서 말이다/요렇게 된 것인지 혹 몰라.//그런데 그런데 말이다./깨진 주둥아리 새로 하늘은 넘쳐 흐르고/山 그림자도 흘러흘러 가고 말이다/山만 고여 있는데/내 일찍 들어보지 아니 한 아베 음성인가 혹 몰라.//어느 날 저녁 달빛 타고 흘러 온 총각이 말이다/〈니 옆에 누워 있는 어메는 山속에서 한번 본 처녀 얼굴인데⋯⋯〉/그 뒤 총각은 달빛 속으로 흘러가 버렸는데 말이다/그 사람 아아 그 사람이 내 아벤가/혹 몰라. 혹 몰라//그러면 그러면 요 고인 것이/남 몰래 나 몰래 흘리던 어메의 눈물이라면/아베 무덤 파 쏟아 줘야 할 텐데 말이다/어메는 도

시 아베 무덤을 아니 가리켜 주니 말이다/아벤 살아 있는지 누가 알
어? 혹 몰라.//그런데 말이다/그 꿈속의 총각을 여기서 보고 싶은데/
고 얼굴은 아니 보이고 山그림자 山말만 도사리고/하늘만 흘러가니
말이다/아벤 지금은 다른 처녀귀신과 누워 있는지/누가 알어? 누가
알어? 혹 몰라.//그래서 그래서 말이다/내 울 엄마 생각타 생각타/하
늘을 쳐다보니 말이다/고 꿈속에서 본 그이 얼굴 같은 어쩌면 내 얼굴
같은/꼭 나만한 사람이 하이얗게 움직이며/하늘 위로 위로 사라지는
걸 보았는데 말이다/아베는 내 거동을 살피고 있었는지/혹 몰라. 혹
몰라.//그런데 참 모를 일은 말이다/내 다시 깨진 물동이를 내려다 보
았는데/山말은 들리지 아니하고 말이다/하늘 그림자만 넘쳐 흐르고/
아까보다 더 많은 것이 고였는데 말이다/아베 눈물인가 어메 눈물인
가 내 눈물인가/정말 정말 몰라.

—「물동이 환상」 전문

　죽은 아버지에 대한 그리움을 동반하는 자아의 환상이 서사적으로
펼쳐지고 있다. 아버지에 대한 애틋한 애정이 물동이로 하여금 되살
아나고 있다. 시인의 대상에 대한 세심한 관찰에 의해 끌어올려진 아
버지의 환상이 구체적이고도 밀도있게 그려짐으로써 시를 읽는 독자
들로 하여금 침울한 분위기에 빠져들게 한다. 인용시의 시적 공간은
그래서 자연스럽게 정적인 분위기를 고조시키고 있다. 여기서 물동이
는 화자의 현재적 삶의 어려움을 극복하는 하나의 객관적 상관물로
보인다. 시적 자아의 어떤 결핍이나 착란을 치유할 수 있는 반사체가
물동이인 것이다. 그렇기 때문에 물동이가 아버지의 환상으로 표출되
고 있다. 아버지는 혈육 이상의 가치를 부여받는다. 말하자면 자아와
동일체이다. 그러한 아버지는 나로 하여금 미래적 삶을 잇게 하는 희
망의 상(像)이다. 물동이는 따라서 나의 순수 지속적인 영상, 즉 내가
끊임없이 움직일 수 있는 기반이다.
　유년의 시간과 공간을 통과하여 현재의 시간·공간 속에서 그 과거

조태일　171

의 일들을 반추해 봄으로써 지금 이 순간의 잘못된 삶을 성찰할 수 있다. 조태일 역시 그러한 맥락 속에서 「물동이 환상」을 산출시킨 것이라 하겠다. 그러한 가운데 시인은 죽은 아버지에 대한 슬픔을 극복하고 과거의 삶을 동화적으로 그려볼 수 있게 된 것이다. 따라서 이 시의 객관적 상관물인 '물동이'는 과거와 현재의 시간과 공간을 응축시킨 효과를 거두고 있다. 아버지의 형태적 이미지로 나타나 있는 물동이로 하여금 시인은 점차 사회인식의 통로로 만들어 나가게 된다. 현재적 삶의 갈등을 치유하기 위해 동원된 시적 대상물을 사회적 차원으로 끌어올려 자아 확대적 상황으로 창조한다. 시인의 다음과 같은 글에서 객관과 정서를 언어의 기능과 관계 짓고 있음을 알 수 있다.

> 문제는 시를 구성하고 있는 언어가 과연 그 시대와 그 사회의 체험인 객관과 정서를 얼마만큼 바탕으로 했으며, 그 객관과 정서는 언어에 얼마만큼 필연성을 가지고 집중하여 언어의 재구성과 언어기능의 재발견이 이루어졌는가 하는 것이다.[61]

의사소통을 가능하게 하는 음성적 기호인 언어를 조직하여 만든 문학의 중요성을 강조하는 부분이다. 독자적으로 씌어지는 언어를 통해 보편적인 의미화 작용을 가능케 하는 작품에서 시인은 시대의 정서를 잘 드러내야 한다는 의미로 읽힌다. 그래서 시인으로서의 조태일은 「물동이 환상」을 통하여 개인적인 언술, 즉 자신의 가족 이미지를 '깨진 물동이'에 담아내고 있다. 여기에는 자의적인 언어 선택으로써 시적 자아의 시대적 정서가 배어 있음도 확인할 수 있다.

그러나 인용시의 주된 기능은 물동이보다는 그 속에 고인 물이다.

61/ 조태일, 「고여 있는 시와 움직이는 시」, 『연가』(나남, 1985), 296쪽.

그것은 물동이의 이미지를 선명하게 부각시켜줄 수 있는 '물'이 눈물
로 활용되고 있기 때문이다. 이는 처음에 시인이 "산물 떠오는 처녀"
와의 사랑을 나눈 흔적으로 보았다가, 아버지가 아주 어릴 적 돌아가
신 관계로, "들어보지 아니 한" 아버지의 음성으로 드러나는 데서 알
수 있다.

　두 번째 연에 이르러서는 상징적·공감각적 이미지가 부각되는 가
운데 이미지 변용이 나타나고 있다. 그것이 네 번째 연에서 구체적으
로 드러나는 바, 물동이에 고인 물이 "남 몰래 나 몰래 흘리던" 어머니
의 눈물로 변이되고 있는 것이다. 그러나 아직 개인적 눈물에 머물러
있다. 그러다가 마지막 연에서 "아까보다 더 많은 것이 고"여 있는 눈
물 속에서 "하늘 그림자만 넘쳐 흐"른다고 말해지듯 비로소 개인적 눈
물은 사회적 속성을 가지게 된다. "넘쳐 흐른다" 어구에 그러한 사회
적 속성의 의미가 내포되어 있다고 보면 시인의 시대적 정서의 감응
이 다가온다. 다음 작품에서는 처음부터 사회적 의미를 갖는 눈물의
형태적 이미지를 확인할 수 있다.

　　　내 가슴 속의 어린 어둠 앞에서도
　　　한번 꼿꼿이 서더니 퍼런빛을 사방에 쏟으면서
　　　그 어린 어둠을 한 칼에 비집고 나와서
　　　정정당당하게 어디고 누구나 보이게 운다.
　　　자유가 끝나는 저쪽에도 능히 보이게
　　　목소리가 못 닿는 저쪽에도 능히 들리게
　　　한 번 번뜩이고 한 번 울고
　　　번개다! 빨리 여러 번 번뜩이고
　　　천둥이다! 크게 한 번 울고
　　　낮과 밤을 동시에 동등하게 울리고
　　　과거와 현재와 까마득한 미래까지를
　　　단 한 번에 울리고 칼끝이 띈다.

만나지 않는 내 가슴과 너희들의
벼랑을 건너뛰는 이 무적의 칼빛은
나와 너희들의 가슴과 정신을
단 한 번에 꿰뚫어 한 줄로 꿰서 쓰러뜨렸다가
다시 일으키고 쓰러뜨리고 다시 일으키고
메마른 땅 위에 누운 나와 너희들의 국가 위에서
아직 오지 않은 미래를 끌어다 놓고
더욱 퍼런빛을 사방에 쏟으면서
천둥보다 번개보다 더 신나게 운다
독재보다도 더 매웁게 운다.

―「식칼론④」 전문

시인의 정서적 골격이 잘 드러나는 작품이다. 시각과 청각의 공감각
적 이미지의 형식이 살아나면서 사회현실이 반영된 리얼리티가 유감
없이 뿜어대고 있다. 그에 따라 시적 화자의 공동체적 의식을 엿볼 수
있으며 민중적 이데올로기와 맞닥뜨리게 된다. 불합리한 사회구조에
맞서 당당하게 맞서 싸우는 시의 분위기에 젖어들게 만들고 있는 것
이다. 지난하지만 꿋꿋하게 독재지배자에 항거하는 시인의 사회의식
에 감응하게 한다.

조태일은 반복적인 어조로써 시대와의 유기적 관련성을 지속시키
며[62], 생의 의미와 가치를 꾸준히 배태시키고 있다. 냉혹하고 불완전
한 사회현실 속에서 삶의 방식으로서의 강인한 내면의식을 견지해나
가고 있는 것이다. 이처럼 시인 조태일은 자신의 시대정신을 잃지 않
는 현실적 체험을 그려나가고 있다. 자기 체험이 수반된 이념의 주체
로서 시대현실 인식의 방향설정과 세계관의 당위성을 확인시켜주고

62/ 이러한 시적 방식은 자칫 사상성의 과다한 노출로 인해 관념적인 시로 전락할 우
려가 있다. 구중서, 『시인』(1969. 8), 73쪽.

있다.

구체적으로 인용시에서 시적 자아는 자유를 억압하는 대상과 직접 충돌하는 모습을 생생하게 보여준다. 그 자유는 개인적인 삶의 지평을 심화할 수 있는 토대이면서 사회적인 환경을 변모시킬 수 있는 모태이기도 하다. 조태일의 눈물이 개인적인 영역을 벗어나 공동체적 기능을 담지하고 있다는 말이 이에서 비롯된다. 그렇기 때문에 그의 눈물은 충만한 체험 안에서 끌어올려진 분비물이라 할 수 있게 된다. 이에 따라 조태일 시인의 시법은 정신의 태도[63]와 관련시켜 이해할 필요가 있다.

조태일의 시가 보여주고 있는 눈물에는 삶의 진실이 숨어 있다. 텅 빈 일상 속에서 고양된 사회의식으로서의 삶의 진정성을 확장하고자 부단히 노력하는 모습이 작품에 고스란히 묻어나오고 있기 때문이다. 부정한 세계에 대한 적개심이나 분노를 그대로 노출시키면서도 감각적인 가치함축을 작품에 여미고 있는 것이다. 그렇기 때문에 그의 눈물은 섬세한 사회관찰에 의한 심미적 응축의 하나로 보게 된다. "한번 꼿꼿이 서더니 퍼런 빛을 사방에 쏟"는 것처럼 아주 차가운 이미지가 시의 장식을 시작한다. 그러므로 자신의 울음은 삶의 역정에 찌든 비애의 눈물이 아니고 "아직 오지 않은 미래를 끌어다 놓"는 강한 정신의 울음이 다. 그러기에 "천둥보다 번개보다 더 신나게" 울 수 있고, "독재보다도 더 매웁게" 울 수 있다. 식칼은 불합리한 권력구조에 대응한 몸부림의 상징이다. 그것은 소시민적인 자폐적 공간을 뛰어넘어 새로운 사회구현을 마련하는 데 유효한 수단이다.

조태일의 시 속에는 정적인 이미지보다 동적인 이미지가 우세하게 나타나 있다. 지배자와 피지배자 간 조화를 이루지 못하는 불합리한

63/ 김윤식 · 김현, 『한국문학사』(민음사, 1973), 445쪽.

사회 상태에 대한 적극적인 관심의 표명과 대결의식에 의해서다. 그의 시는 이러한 구명의식 속에서 국토에 대한 지고한 애정을 눈물로 쏟아내게 된다.

바람 속에 피는 슬픔이었다가
햇빛 속에 반짝이는 기쁨이었다가

바람이었다가 햇빛이었다가
슬픔이었다가 기쁨이었다가

땅속 깊이 흐르는 물이었다가
땅위로 솟아난 바위였다가

끝내 입을 여는 침묵이었다가
끝내 소리치는 말이었다가

나의 가장 소중한 생명으로 돌아오는
너의 가장 소중한 생명으로 돌아가는

오오, 충만한 울음아
울음아.

―「눈물」 전문

순수한 감성의 개인적 눈물이 메마른 사회를 촉촉이 적셔줄 수 있는 가능성을 피워내고 있다. 인용시에서 보여주고자 하는 눈물은 자아 내면에서부터 우려져 나와 자연의 생명을 키워내는 정신적 힘이다. 그 힘은 '바위'를 '바위'로 위치지우는, 즉 자연을 파괴시키는 힘센 것들마저 제자리에 있게 하는 사회 의식적 눈물인 것이다. 그래서 시인은 눈물로 하여금 주체적 자아를 사회에서의 역할을 담보해내고 있다고 하겠다. 이 땅의 뭇 생명들이 제각기 자신의 고유성을 간직하면서 커 나가는 데 한 방울의 눈물을 보태겠다는 애틋한 마음이 오롯이 새겨져 있다.

눈물을 흘릴 줄 아는 시인의 순수한 감성이 자연물들과 교류하는 데 뒷받침이 되고 있다. 자연물들과 교감하는 데 쓰여지는 조태일의 눈물은 그래서 한순간의 슬픔이나 기쁨에서 나오는 작은 눈물이 아니라, 우리를 둘러싸고 있는 모든 생명의 이파리들을 펼쳐들 수 있는 정신적인 울음이다. 서로가 서로를 경계하고 경계 지으며 살아가면서 자신도 모르게 메말라버린 삼라만상의 생들에게로 향하는 눈물인 것이다. 그의 눈물은 오랫동안 절제되고 정화된 채 무겁게 흘리는 희망 섞인 눈물인 것이다. 그러하기에 그의 눈물은 "가장 소중한 생명"의 영혼과도 같은 것이다.

시인의 국토에 대한 관심은 단지 자연을 예찬하는 데 그치지 않는다. 자연적 현상들에게로 자신의 사상 감정을 부단히 투사함으로써 삶의 진정성을 찾아나가기 위한 각고의 노력이 엿보인다. 그렇기 때문에 그의 대부분의 시는 도덕적이며 윤리적이다. 삶의 정서를 풀어내는 전통적 한국시의 기법을 따르고 있다. 조태일은 자신의 사상 감정을 역동적으로 투여하여 생의 열정을 키워내고 있는 것이다. 사회 현실의 관계 속에서 추상적인 진술이기는 하지만 시적 긴장을 도모하고 있다는 점에서 삶의 시로서의 양식을 갖추고 있다고 할 수 있다.

조태일 시인이 보여주고 있는 시적 언술로서의 눈물은 자아 표현의 하나다. 이러한 점을 감안하고 좀더 그의 시에 씌어져 있는 눈물을 확대해 의미를 지워보면 보다 섬세하고 치밀한 시적 전략으로 눈물이 구사되고 있음을 알 수 있다.

캄캄한 밤하늘
아래서
키 큰 전봇대는
몸을 숨기고
종일 울었다.
서울에서 부산까지
혹은 목포까지
이 시대를 달리면서
조심 조심 울었다.

들판을 달리다가
강을 뛰어넘다가
산등성이를 숨가빠 오르다가

하늘더러 하늘이라 말하고
바람더러 바람이라 말하고
겨울더러 겨울이라 말하고
울음더러 울음이라 말하고

차가운 하늘
아래서
키 큰 전봇대는 몸으로 울었다.
휘잉휘잉 이 겨울을 울었다.

―「통곡」 전문

화자의 삶의 과정이 읽혀진다. 특히 존재론적 자아인식에 의한 화자
의 정신적·육체적 경험의 적층이 놓여 있어 감상하는 자로 하여금
정신적 성숙을 경험케 한다. 시대정신의 측면에서는 비판적 현실인식
의 공감을 자아내고 있다. 그래서 시 「통곡」에서 개인적 눈물이 시각

적 이미지와 청각적 이미지가 절묘하게 조화를 이루면서 궁극적으로는 외부세계를 향해 있다. 말하자면 화자의 눈물은 자아내부로부터 바깥 세계를 응시하는 비전의 법칙(Law of Vision)에 의해 작동한다고 할 수 있다.

시인은 인용시를 통해 불합리한 세계에 대해 항거하는 자세를 취하고 있다. 이는 막연히 계몽주의적 선동자로서가 아닌, 정신적 지향과 변전을 꾀하기 위한 그동안의 축적된 자아경험을 통해 획득한 울림의 방식으로 이루어진다. 자신의 메시지가 내포된 질서화된 언어방식으로서의 항거적 태도인 것이다. 그래서 화자는 "이 시대를 달리면서" 우는 것처럼 생의 역동성을 보여 주거나 "차가운 하늘/아래서" 보다 치열한 시대를 살아가는 모습을 확인시켜 주고 있다.

예술적으로 형상화된 조태일의 시는 아픔의 시대를 살아가는 타자들과의 삶을 공유하면서 진실이 담보된 삶이 응축되어 있다. 역으로 말하면 세계를 변전하는 문학을 통해 자아인식의 가치를 전이시켜 나가는 것으로 볼 수 있다. 그 한 자리에는 조태일 시인 특유의 부정한 현실에 대한 비판의식과 삶의 충실함이 내포되어 있다. 정신적 긴장의 끈을 늦추지 않으려는 태도가 그러한 리얼리즘적 성취를 담보해내고 있다고 하겠다. 그렇기 때문에 다음과 같은 작품에서 보듯이 국토를 감싸 안는 눈물을 보여줄 수 있다.

언제나 그러하듯 흰옷 입고
손을 마주 잡고 두리둥실 춤을 추며
모래알들 타는 가슴으로
슬픈 모가지를 쳐들어
당신을 부른다.

백두산!

허리 꺾인 채 통곡하면서도
잊어버릴 뻔하였구나.
오늘도 남녘땅을 거닐면서
한잔의 술을 쏟아 부으면서
천지에 올라 아스라한 만주평원을 바라본다.
꿈결인가. 생시인가.
당신의 품에 안겨 흐느낀다.

아니야, 아니야, 우리 탓은 아니야.
오고 가지 못한 슬픈 마음들이여
님끼리 님끼리 총칼을 거두자.
오르고 오르다가 쓰러져
깃발로 된들 우리 슬퍼하지 않으리라

함경도 계집이, 평안도 계집이, 황해도 계집이
강원도 계집이, 충청도 계집이, 경상도 계집이
전라도 계집이, 제주도 계집이
오오, 팔도 계집이 한 하늘 우러러
강강수월래 강강수월래 춤을 추다가 쓰러져
깃발로 된들 우리 슬퍼하지 않으리라.

자작나무 숲 사이 풀 한 포기라도
우리 마음 한마음 아닌 것 없구나.
그대로 있으려는가.
천지여,
맑은 가슴이여,
차라리 울음이여,
침묵이여.

—「백두산」 전문

대한민국의 전 영토로 확대되는 시인의 현실인식을 읽을 수 있다. 분단된 민족의 비참한 상황과 통일을 향한 강렬한 열망을 증대시키고 있다. 일상적인 언어로서 현실적 삶의 실상을 드러내는 시인의 정열적인 시작 태도가 고스란히 드러나는 가운데 언어를 통한 시인의 이념적 실천을 감지하게 된다.

국토를 감싸고 있는 이 시의 눈물은 민족 분단의 아픔을 말해주고 있다. 그러나 통일적 열망을 다급하게 말하지 않고 분노를 직설적으로 내뱉지 않는다. 대신 침착하고 담담한 어조로서의 제시하고자 하는 담론의 효과를 발휘하고 있다. 그래서 시인의 애정 어린 국토애에 공감하게 된다. 다만 통일을 유보한 채 분단된 국토에서 살아가야 하는 우리들의 삶이 정상적이지 못함을 안타까워하고 있다. 그렇기 때문에 시인은 "허리 꺾인 채 통곡하"고 있는 것이다.

이 시의 특징은 일상적 언어로서의 1차적 이미지와 문학적 언어로서의 2차적 이미지가 자연스럽게 접목되어 눈물의 이미지를 강화시켜 나가고 있다. 3연까지가 1차적 이미지로 볼 수 있다면, 4연부터 마지막까지를 2차적 이미지로 재구성해 볼 수 있다. 전반부(1-3연)가 단순히 국토를 그리고 있다면 후반부(4-6연)는 시적 자아의 의식세계가 긴장감 있게 표출되고 있음으로 해서 이중적 이미지가 길항하고 있는 것이다.

불의의 시대에 인간적 삶을 갈구하며 정치적 한계상황 속에서의 민중적 환호를 이끌어내기 위한 시인의 절규를 느낄 수 있다. 사회의 폭력성에 맞서 "오르다가 오르다가 쓰러"진다한들 "슬퍼하지 않"겠다고 다짐하는 데에서 조태일 시인의 민중적 실천의 이념이 나타난다. 이는 자신의 존재적 불안을 이완시키는 결과를 가져올 뿐만 아니라, 미래에 대한 희망을 다지는 일이기도 하다. 궁극적으로 민족 분단으로 인한 이념적 갈등과 반목이 존재의 불안의 요인일 터다. 이런 상처를 치유하는 방식으로서 "자작나무 숲 사이 풀 한 포기라도/우리 마음 한 마음 아닌 것 없"다고 문학적 제스처를 보여주고 백두산의 "품에 안겨 흐느"끼는 민중적 감성을 자극하고 있다. 조태일 시인이 역사적 인식과 사회의식을 노출시키는 이념의 수사학이다.

인용시는 1980년대 "후반부에는 새로운 방향모색이 추구되고 상대적으로 문학성·예술성을 회복하려는 몸부림이 일어난"[64] 한국문학의 중요한 시점에서 산출된 작품이다. 그것은 이 시가 민족분단 상황 속에서 극단적 대결 이념의 논리에 이끌리지 않고 차분한 문학적 감성으로 한반도의 문제를 현실적인 삶과 결부시켜 전개되고 있는 것이다. 그렇기 때문에 눈물을 감추기보다는 드러내면서 대중적 공감을 자아낸다. 세련된 예술적 창조의 면모가 드러난다.

조태일의 시에서 시인의 이념적 언사를 각박하게 풀어내기보다는 눈물을 통해 밀도 있는 통찰의 행보를 보여주는 시편들로는 "아아 울고자 할 때도/하늘을 불러 흐느끼게 하는가/밤새 뒤척이다가/아침엔 겨우 이슬방울을 보이는가"(「나무들에게-국토·59」), "그냥 어머니 같은 품이 그리워서/지나간 세월의 옷자락에/얼굴을 묻고 해가 다하도록/울고파서 오"(「무등에 올라」), "눈물과 환호는/이제 더이상 나의 것이 아"(「바다」) 등이 있다.

이처럼 일상생활에서 흔히 흘릴 수 있는 눈물로써 문학적 감수성으로서의 국토를 숨 쉬게 하는 방식을 조태일은 대중적으로 확장하고 공유하고자 했다. 그것은 1990년 이후에도 계속되는데 "그늘 느린 늙은 소나무 굳은 눈물에/몸 뒤척이며/쉬엄쉬엄 감돌아간다"(「시골 기차」)에서 알 수 있듯이 한반도 실정에 대한 이미지 함축을 효과적으로 전달하고 있다.

64/ 서익환, 『한국 현대문학과 현실인식』(새미, 1998), 11쪽.

(2) 내면의식의 강화

조태일 시인의 현실적 삶의 공간에는 울음소리가 무슨 법칙처럼 단일하게 등장한다. 그것이 비록 부정적 현실인식으로부터 연유된다고 할지라도, 순수함을 지키려는 시인의 내면세계에 해당된다. 그리하여 그의 시에서 보이는 눈물은 사회적 가치로 전이시켜 이해할 필요가 있다.

조태일의 눈물은 지난한 삶의 경험에서 획득된 언어미(言語美)다. 개인의 경험을 형상화하는 데 눈물이 쓰여지는 형국이다. 그의 눈물은 그래서 자기표현 방식으로서의 제재적 성격을 갖는다. 그에 따라 눈물의 속성을 거시적으로 파악할 수 있다. 조태일 작품이 그만큼 사회의식을 담고 있는 까닭이다. 그러므로 시인의 작품에 현현된 눈물은 현실적 절망감에서 오는 아픔의 눈물이든 시적 자아의 내면에 침잠해 있는 비애의 눈물이든 시대적 상황으로 표상되는 재료로 인식할 수 있다.

울어라 울어라 울어라
나는 나를 던져 나무와 문풍지가 춤추면
열리는 하이얀 음색의 차라리 슬픈 장소에
나를 던져 나는 울어라.
내 가슴 어느 한복판을 지나서
내 핏줄을 따라온 시간
가장 가파른 비탈에서
피맺힌 목구멍에 코리아를 매달고
우리 전부 울어라. 울어라.
움직이는 실재여.
나는 몇 번 눈을 떠라.
손끝을 따라 유동하는

고구려의 문지방에서 시베리아 벌판에서
나는 몇 번 눈을 떠라.
창끝에 찔린 꽃방석 둘레를 돌아서
여인의 무릎 위에 던져진 감격의 모퉁일 돌아서
나는 나를 전부 바쳐 울어 버려라.
지나가는 나무들을 보고 나는 울어 버려라.

오늘도 조선의 문은 흐느끼고
패지의 나무들은 흐느끼고
들끓는 나의 모국.
나는 진정 울어 버려라.
우리는 진정 울어 버려라.
―「문풍지와 나무와 나와」 전문

섬세한 감성의 소유자로서 시인은 무력하게 변질되어 버릴 가능성이 큰 민중들에게로 향한 진실적 삶의 태도를 요구하고 있다. 어두운 세계의 황량함과 허망함을 강변하는 듯한 언사로 정신적 탈출구를 모색하고 있다. 비록 불안한 정서를 반복적으로 보여주고는 있지만 이 시의 공간은 고된 질곡에서의 괴로움을 벗어던지기 위한 제스처를 보여주고 있는 것이다. 역사적·사회적 배경을 중심축에 두고 표현되는 울음은 삶의 진실을 공유하는 울림으로 전이되고 있다.

이 시가 『신춘시』에 발표된 때의 사회현실은 혼란의 시기로 규정지을 수 있다. 그것은 역사의 수레바퀴를 되돌려 놓은 군부의 정권탈취라는 새로운 기록을 남기면서 시작된다. 그 후 한국의 현대사에 심대한 영향을 끼친 국토의 분단이 고착화되고, 거기에 민족 구성원의 내적 불만이 쌓여간다. 당시 권력집단은 산업근대화를 최고의 정책목표로 삼기는 했으나 그 서구적 발전모델을 독재정치를 정당화하는 데 이용하였던 것이다. 1950년 한국전쟁 이후 강압적인 반공통치를 앞세우고 들어선 군사정권과 자유와 평등을 지향하려는 국민적 열망이 팽팽하게 맞서고 있었던 시대에 문학에서도 시대정신의 소산으로 현실 참여적 시가 창작되기 시작했다.

인용시에서 국토에서의 이상과 현실의 갈등을 제시하고 그러한 상황 속에 놓인 시대적 무게를 극복하려는 화자의 목소리가 우러나와 있다. 과거와 현실의 경험을 바탕으로 자아의 정체성에 대한 사유의 시학이라고도 볼 있다. 시적 언어가 갖는 1차적 실체들—벌판·조선·모국—을 은유하여 현실적 삶을 미적으로 보여주는 과정에서 사적인 눈물이 공적인 영역인 국토를 자각시키고 있다.

그리하여 인용시는 부단히 정신적 품격을 빚어내고 있다. 이것이 시대의 크고 작은 역사적 상황에 토대를 둔 눈물로써의 시적 미학인 것이다. 그러므로 시인의 시선은 부정적 대상에 대해 냉소적이지 않다. 자신을 둘러싸고 있는 부정한 대상들을 뒤틀린 삶을 바로 잡아가듯이 변증법적으로 영원히 밝은 세계를 향해 진전시키고 있는 것이다. 영원히 밝은 세계로의 지향성을 구축하는 과정에서 현재적 자아는 고통을 아로새기고 있다. 그렇기 때문에 조태일의 눈물은 희망이 담겨 있는 눈물이다. 희망이 있기 때문에 화자는 여전히 동어 반복적으로 "울어라 울어라 울어라" 보채고 있다.

문학창작의 진정성은 주체적으로 새로운 문화를 주도해 나가는 데 있다. 이는 자기가 몸담고 있는 현실의 영역에서 벗어나지 못하는 한 누구든지 해당되지만, 특히 시인은 언어로써 당대의 문화에 영향을 받고 비판적 지각으로써 상투적으로 자동화된 의식을 깨는 데 의의를 둘 수 있다. 그런 면에서 인용시는 인간성이 온전하게 구현되지 못하는 시대적 현실을 질타하는 행위를 보여주고 있다. "차라리 슬픈 장소에/나를 던"지라든가, 또는 "가장 가파른 비탈에서/피맺힌 목구멍에 코리아를 매달"겠다는 강한 문화적 행위의 메시지를 던져주고 있다.

시인 조태일은 민족 전체가 몸부림치며 울어야 하는 시대적 문제의식을 가짐으로써 이와 같은 고통이 함유된 희망의 화살을 날리고 있는 것이다.

따라서 이 시의 표면에 나타나 있는 것은 '설움'과 '슬픔'의 현실이다. 그러나 그러한 슬픈 정서에 매몰되어 있을 시인이 아니다. 민족의 위상제고를 위한 고백적 목소리로 "나는 나를 전부 바쳐 울어"버리겠다는 의지를 다지면서 삶의 변화를 모색하고 있다. "오늘도 조선의 문은 흐느끼"듯이 시인은 희망의 견인차로서의 책무를 가지고 있는 것이다. 그리고 2연에서 "진정 울어 버려라" 하는 것은 바로 삶의 진정성을 개진하는 미적 표식이다. 이러한 일면적 눈물의 이미지는 조태일 시인의 자기 내면을 강화하는 언어적 이데올로기와 연결시켜보게 된다.

이렇게 조태일의 시편들이 많은 눈물로 채워져 있다는 것은 당대 삶의 현실이 그만큼 녹록치 않았다는 것을 말해준다.

누우런 주먹들이 운다.
불끈 쥐고 불끈 쥐고 사랑을 불끈 쥐고
어느 놈들은 벌판에 홀로 홀로 남아
어느 놈들은 청과물시장 멍석 위에서
불붙는 살빛 불붙는 서러운 마음씨 부비며
누우렇게 허옇게 운다

누우런 뙤약볕을
오드득 오드득 3·4조 4·4조 가락으로
잡아 씹어먹고 씹어먹고
뒤집혀서 배꼽으로 허옇게 저항하는,

저것들은 하느님이다. 얼굴 고운 악마님이다.

때 찌든 삼베치마 앞에서 털 앞에서
땀나는 가슴 앞에서 콘크리트 앞에서
저것들은 하느님이다. 얼굴 고운 악마님이다.

자유가 있느냐, 숨죽여 눈으로 물으면
민주가 돼 있냐, 숨죽여 뺨따귀로 물으면
없다, 안 돼 있다, 뚜렷하게 대답하고
엎어졌다 뒤집혔다 등으로 배꼽으로 뚜렷하게 저항하며
누우렇게 허옇게 운다.

굶주린 이빨 안에서
침들도 그 말 좀 들어보자고
불끈 쥐고 불끈 쥐고 주먹을 불끈 쥐고
왼쪽 오른쪽 귀 앞세우고 솟아난다 솟아난다.
—「참외」 전문

　온전치 못한 민중적 삶을 참외에 빗대어 상당히 구체적으로 보여주고 있다. 민중의 주체적인 자각과 자의식을 획득하는 과정을 설득력 있게 형상화하였다고 할 수 있다. 말하자면 민중의 내적 발전에 기인한 생동하는 인간의 행위를 제시해 주는 것이라 하겠다.
　이 시가 발표된 것은 1969년이다. 박정희 대통령의 독재 정치를 연장하기 위한 3선 개헌안이 국회에서 날치기 통과되고 1972년의 유신 쿠데타로 이어지는 불운한 시기였다. 이러한 일련의 과정은 민주주의를 지켜낼 수 있을 만큼 국가 구성원들의 성숙되지 못한 데 기인하지만 냉전의 이데올로기를 추구하는 패권 국가들에 의해 움직여질 수밖에 없는 약소국가들의 비애기도 하다. 그에 따라 당시 대한민국은 선진국 건설이라는 미명 아래 군사정부의 강압적인 통치가 이루어지면서 동양 대 서양 또는 자본주의 대 사회주의의 대립 구조 속에 놓이게 된 것이다.

　사회학적 담론이 갖는 이들의 대립적 이데올로기를 조태일은 종횡무진 지고지순한 민주주의적 가치를 부여하는 열정을 쏟아낸 것이다. 쓰라린 비애를 비애로 남겨두지 않고 극단적 대결의 거리를 메우기 위한 삶의 진정성이 담겨진 문제의식을 문학적으로 형상화했다고 볼 수 있다. 시인은 부정한 대상들과 정면으로 맞서는데 "생각 같아서는 먼눈 썩은 가슴을 도려파 버리겠다마는,/당장에 우리나라 국어대사전 속의 '개헌'이란/글자까지도 도려 파버리겠다"(「식칼론③-헌법을 위하여」)고 선언한다.

　시인이 이처럼 부정적 세계를 통찰하고 있는 가운데 개인과 사회와의 유기적 관계 속에서 현실의 질곡을 떠받치고 있는 힘은 긍정적 세계관이다. 이를테면 시체 앞에서도 "알몸으로 쟁반 위의 꽃접시도 부셔 버리네"(「송장」)처럼 죽음조차 긍정적인 언사로 덧씌움으로써 자아와 세계 간의 괴리된 현상을 균열시킨다.

　1969년 전후의 대한민국은 민주주의 제도적 틀이 채 마련되기도 전에 미국을 위시한 독점 자본가들의 등에 업혀 산업화를 추진하고 있었다. 그에 따라 인간적 행위 하나하나가 모두 상업적 교환가치로 전락하게 된 것이다. 그러한 현실적 상황에 직면한 후 심각한 인식론적 혼란 속에서 조태일은 「참외」를 산출하기에 이른 것이다. '참외'는 미래가 불확실한 사회구조 하에서 권력을 획득한 군부정권에 의해 신체적 억압과 삶을 착취당하는 이들을 과감하게 그려낸 것이다. 작품 속에서 "운다"라는 언사는 비애적이지만 진정성이 담긴 시인의 목소리라 할 수 있다. 그렇기에 눈물은 시적 화자의 진실적 삶을 배태시키는 자아의 분비물이라 하겠다.

　"누우런 주먹들"은 사회의 모순성이 가득 찬 세계에서 근근이 삶을 유지하는 민중들이다. 이들은 사회중심으로부터 떨어져 나온, 소외당한 존재들이다. 그것을 화자는 "어느 놈들은 벌판에 홀로 홀로" 남아 있는, 그래서 사회로부터 버림받은 이들이고 "어느 놈들은 청과물시장 멍석 위"에 놓인 채 이리저리 팔려 다니는 값싼 이들인 것이다. 그러나 조태일은 시인으로서 그러한 부당한 폭력 속에서 서로들 "서러운 마음씨 부비며" 삶을 꾸려나가는 민중적 존재들로 위치시켜놓고 있다.

조태일의 소외계층에 대한 관심은 저항적 삶의 향방과 직결되어 있다. 그렇기에 "뒤집혀서 배꼽으로 허옇게 저항"도 하며 보편적 삶의 정립을 위해 끊임없이 "엎어졌다 뒤집혔다"하는 행태를 보여줄 수 있는 것이다. 그러나 그의 시는 감상이나 고발의 차원에서 머물러 있지 않다. 말하자면 그의 작품에 드러난 언어적 형상화는 민중시를 지향했던 시인들에게서 보이는 생경한 구호나 관념적 선동의 언사들과는 다르다. 내면의식의 강화에 초점을 맞춘다면, 불온한 사회 공간 내에서의 시대감각이 날카롭게 번뜩이고 인간 상호간의 관계를 우호적으로 그려내기 위해 치밀한 어법을 동원하고 있다.

문학의 의미생산을 창조하는 과정에서 시인으로의 조태일은 주체적 자기 인식을 통한 사회적 질서를 시화화했다고 볼 수 있다. 다음 작품에서도 그러한 자세를 엿볼 수 있다.

조용히 내닫던 한 발자국
물러서지 않고 오직 내딛던 발자국
겹치고 쌓여서 마침내
길이 되었네.

(…중략…)

바른 몸가짐으로

바르게 긋는 한 획,
바른 양심으로
바르게 완성하는 한 자,

한 자 한 자가 모여
강물처럼 문장은 출렁이네,

　　　(…중략…)

세계의 목소리로
세계의 양심에게로.

그러므로 우리들은
한 자루의 펜이 되리라
한 발자국 한 발자국 내디디며
한아름의 빛으로 터지리라.

시대의 가슴이여 그 아픔이여
울부짖는 펜이 되리라.
들끓는 가슴이여 그 뜨거움이여
울부짖는 빛이 되리라.

─「펜 한 자루로」 부분

　　내면의 자리에 잡고 있는 자아의 주체성이 나타고 있다. 능동적으로 낙관적인 삶을 '펜 한 자루'를 통해 보여주고 있는 작품이라 하겠다. 관념의 세계를 '펜'이라는 상징의 고리로서 연결시키면서 자아 주체적 사회의식을 고양시키고 있는 것이다.

　　인용시의 표면적 장식은 선동적 언표 행위와 별반 다르지 않다. 불합리한 사회구조에 대한 시인의 책무와 긍정적 전망을 내포하는 지식인의 전형성을 보여주고 있는데, 그것이 투쟁적 선언의 필요성을 역설하는 방식으로 형상화되고 있다. 시대상황의 변혁의지가 강하게 느껴진다. 특히 마지막 연 "시대의 가슴이여 그 아픔이여/울부짖는 펜이 되"겠다고 하는 데서 시인의 단순 명료한 민중적 지식인의 모습을 엿볼 수 있다. 선각자답게 모순의 현실에 대해 자각하고 삶의 희망이라는 목표를 추구하는 의지의 표상이다.

이처럼 조태일은 자신의 눈물을 통해 사회의 적나라한 상황을 고발하고 대처하는 양식으로서의 시를 창작했다. 진지한 삶의 자세로서 자신이 밟고 서 있는 이 땅의 역사적 발자취를 되짚어보면서 국토를 번득이게 할 수 있는 눈물을 보여주었던 것이다.

마음들은 지금 버릇처럼 흐려서
흐림에 흐림에 흐리고 흐려서
몸들도 지금 한창 흐리고,

서울은 지금 버릇처럼 흐려서
흐림에 흐림에 흐리고 흐려서
북한산도 지금 한창 흐리고,

나도 울고
여러분도 울고
울음에 울음에 울고 울어서
세상은 지금 한창 눈물이고,

서울도 울고
산천도 울고
울음에 울음에 울고 울어서
전국은 지금 한창 눈물이고,

이 마음 하나
이 몸뚱아리 하나
온전히 만나기 위해
그 흔한 상상의 날개를 접어두고

울음으로
이 땅 위에 서 있는 것이어라.
눈물기둥으로 서 있는 것이어라.

—「우는 마음들」 전문

1979년 10월 26일 박정희 대통령은 자신의 심복 김재규 중앙정보부장에게 총탄을 맞고 18년의 독재정치를 마감한다. 그러나 민주주의 사회가 도래되리라던 국민의 부푼 희망에 찬물을 끼얹듯 등장한 신군부는 1980년 자신들의 기득권을 유지하기 위해 민주주의를 외치던 민중들에게 무참히 폭력을 휘두른다. 그들은 국토의 분단현실을 악용해 체제 순응적 이념을 강요함으로써 자신들의 권력 체계를 공고히 다져갔던 것이다.

그러므로 시인에게는 모든 사회구성원들, 즉 "마음들은 지금 버릇처럼 흐려"있는 것으로 보일 수밖에 없다. 그리고 그 흐린 마음들이 비가 되어 내리듯 "서울도 울고/산천도 울"어 "전국은 지금 한창 눈물"바다를 이루었다고 토로한다. 그러는 가운데 시인은 이념의 차이로 생긴 분단의 장벽을 뛰어넘기 위해 자신은 "눈물기둥으로 서"서 이 사회의 기본 질서와 삶의 가치를 새롭게 도모하는 것으로 엿볼 수 있게 한다. 조태일에게 있어 이 눈물기둥은 비극적인 시대상황을 직시하는 상징인 것이다. 해방 이후 계속 되어온 분단구조-이념적 분단으로 인한 민족의 공동체적 정신의 해체-에 의해 허약하고 회피적인, 즉 불합리한 사회현실에 대한 관찰자적·관망적 자세를 버리고,

민족의 정체성 확립에 적극적으로 모색하는 것으로 비친다.

　조태일의 시에서 눈물은 이렇게 시대 상황을 진단해 주고 저항적 행위의 상징성을 부여받는다. 그러나 시인으로서의 조태일이 눈물을 통해 전달하고자 하는 것은 단순히 민주주의의 주체적 욕망을 내밀화하는 데만 있지 않다. 처절한 비극적 삶의 체험을 겪는 가운데 역사적·사회적 담론을 생산하면서 자아의 존재적 가치를 새롭게 일깨우는 시공간으로 간주한다는 것이다. 그래서 그의 눈물은 자신의 안과 바깥세상의 경계를 무너뜨리는 아이덴티티가 실현되고 있으며, 인식론적 형태로 작동되고 있다.

　　청산이 울거든,
　　그렇게 엎드려 울거든
　　이제 돌아와 마음들 모조리 비우고
　　함께 우리 엎드려 울자

　　흩어졌던 사람들아
　　시간은 흘러 오늘을 지나
　　앞을 향해 뚜벅뚜벅 걸어가는구나

　　시간은 붙들 수 없어
　　땅은 땅대로 풀잎은 풀잎들 따로 울다가
　　이제 어우러져 함께 우는구나

　　그 모습 그 소리
　　우리들 빈마음에
　　달덩이 되어 솟아오르는구나

　　청산이 운다

어서 돌아와 돌아와 울자구나.

—「청산이 울거든-국토 · 80」 전문

1950년 한국전쟁에 의해 완전히 두 동강난 민족적 비애를 노래하고 있다. 암울한 조국현실을 온전치 못한 청산에 비유하여 우리 민족의 주체적 삶의 대안을 제시하고 있는 것이다. 시인은 시대적 현실을 보다 객관적으로 바라보며 한반도 사람들 삶의 원천으로서의 국토에 대한 애착을 드러내고 있다고 하겠다. 불우하기만한 대한민국 역사를 정당하게 인식함으로써 우리 민족의 집단적 정체성의 우려와 함께 읽는 이로 하여금 위기의식을 느끼게 한다. 그러나 시인은 거기에 머무르지 않고, 즉 민족적 슬픔을 자아내는 한(恨)의 눈물을 보여주는 것이 아니라, 분단된 국토와 단절된 민족을 합체하려는 실천적 의지로서의 울음을 강조하고 있다.

군부에 의해 좌지우지되었던 시대의 한국 사람들 삶은 사실 미국을 비롯한 서구 경제대국들의 문화적 성격을 띠었다. 그렇기 때문에 당대 우리 민족의 주체적 삶이 크게 훼손되기도 했던 것이다.[65]

그래서 허위의식 속에서 헤어나오지 못하는 정치위정자들과 상층부들을 향하여 화자는 "이제 돌아와 마음들 모조리 비우고/함께 우리 엎드려 울자"고 당당히 호소한다. 비록 그것이 문학적으로 토로하는 것일지라도 자기 허무적인 태도를 극복하고 한민족의 정통성을 부여하는 의식적 행위라 할 수 있다.

조태일이 자기 의식구조 속에 침윤되어 있는 어린 시절의 사건들을 떠올리는 가운데 연속된 수난을 겪는 민족의 운명을 감아쥐는 긴장의

65/ "한국 사회는 일반적으로 근대화의 유형적 인식에 있어서 식민지 종속형에 속한다." 박현채, 「근대화에 대한 평가」, 『한국 자본주의 사회와 민족운동』(한길사, 1984), 239쪽.

묘미를 더해준다. 국토와 민족의 모순적 총체성을 극복하기 위한 시인의 노력이 눈물로 대변해 주고 있는데, 이는 시적 자아의 이념태의 외연을 확대하는 데 기여한다. 그 이념태의 동위소들은 ①지상에서의 행복한 실현. ②초자연주의의 거부와 이성존중. ③자유의 옹호. ④자연주의의 수용. ⑤역사주의적 조망의 태도 등이다.[66]

인용시 1연에서 '청산'은 국토이며, "청산이 울거든"이라고 한 것은 비탄의 눈물이 아닌, 화자의 현실 사회에 대한 주체적 시대의식이다. 또 인류 보편적 이데올로기인 평화와 화해를 갈망하는 시인 특유의 형상화인 것이다. 따라서 작품의 1연은 민족적 설움을 이겨내고자 하는 실상에 있으며, 2연은 현실 변혁을 담지해내는 시인의 미래 지향적 태도라 할 수 있다. 그리고 3연은 울어야 할 당위를 말해주는, 즉 이념적 대립을 넘어서서 민족적 통합에 기여하고자 하는 시인의 일관된 희망적 자의식이 나타나 있다. 4연과 마지막 연에서는 세계의 이질적 요소들이 배합되어 "빈 마음에/달덩이 되어 솟아오르"듯이 우리 민족 고유의 전통성을 되살리는 인식이 내재해 있다. 시인은 그러한 청산에 대한 총체적 의미를 구유하게 되는데 다음과 같은 작품을 통해 그의 시적 미학을 확인해볼 수 있다.

> 한 오십여 년 남짓 웃은 웃음이리
> 아니야, 한 오십여 년 흐린 피눈물이리.
>
> 빠알갛게, 알알이 밝혔구려,
> 청사초롱, 홍사초롱.
>
> 아아, 눈감으리

66/ 오세영, 『20세기 한국시 연구』(새문사, 1989), 315-316쪽 참조.

까치밥으로 두어 개 남을 때까지
발가벗고 신방 차리는 소리.

청살문을 닫아라
홍살문을 닫아라.

—「홍시들」 전문

조태일 시인이 개인적 삶의 기쁨과 슬픔을 융화시키면서 민족정신
을 지향한 만큼, 그의 눈물은 어느 누구의 눈물보다도 값지다. 특히
이 시에서는 시인의 역사인식과 사회의식으로부터 발화된 생의 근원
적인 현상을 탐미하는 바탕에 놓여 있다. 시적 영감과 예술적 감각의
직관에 의한 것이지만 민중적 심리가 작용한 자연에 대한 감상을 표
현했다고 파악된다. 따라서 인용시 또한 민족적 생명이 흐르는 국토
와 연결되어 있다.

화자는 홍시가 쉽게 익는 과일이 아님을 "한 오십여 년 흘린 피눈
물"로 형상을 바꾸어 놓고 있다. 이것은 해방 이후에도 온갖 역사적
수난을 겪으며 순탄치 않은 민중적 삶을 인지시켜주는 시적 행위라
할 수 있다. '홍시'는 그러한 사회현실 속에서 삶을 지탱시키고 있는
민족의 눈물로 상정해볼 수 있다. 그런 가운데 시인은 적극적으로 새
로운 삶을 가꾸고 길러나가는 각성과 함께 국토를 사랑하는 자의식으
로써 아름다운 자연을 음미하는 여유도 누리게 된다. "까치밥으로 두
어 개"만 남겨놓고 흠집 하나 없이 잘 거둬들이자는 소망을 보여주고
있는 것이다.

　(3) 이념적 · 정서적 층위의 조화

한반도 남녘은 일본으로부터 해방은 되었지만, 실질적으로는 미국

이 일본을 대신한 식민지지배나 다름없었다. 이는 당대 한국사회의 구성원들이 그만큼 강대국들 사이에서 제대로 국가를 꾸려갈 수 있는 역량을 갖추지 못했음을 말해준다. 이념적 대립에 따라 민족이 남과 북으로 나뉜 채 각각 미국과 지금의 러시아인 소련에 점령된 요인을 주변 강대국들의 침략적 행태에서만 찾을 일이 아닌 것이다. 민족 구성원 누구나 잘못을 깨우치지 않고 자기 성찰적 반성으로 자성하지 않는 한, 대한민국은 또다시 그러한 수모를 겪게 될 것이다. 앞 세대들로부터 위대한 전통문화를 이어받으며 뒤의 세대들에게 자랑스럽게 계승하려는 마음다짐이 절대적으로 요구된다.

사회현실에 대한 관심을 문학으로써 표명해온 조태일의 시적 작업은 작게는 개인적 문제로부터 크게는 사회적 문제로 심화 확장하는 모습을 보여주었다. 그러나 그는 민중적 시각으로 사회를 바라볼 때의 선동적 언어 형태에서 벗어나 있다는 점에서 문학적 형상화를 조화롭게 꾀한 시인이라 평가할 수 있다. 자아와 대상과의 대립적 관계가 아닌, 시적 대상에 대한 깊은 이해를 바탕으로 세계의 진실을 길어 올렸다는 것이다. 다만 그는 당대에서의 모순적 현실과 인류의 공동선을 실현하기 위한 차원에서의 투쟁적 언표들을 완전히 배제하지는 않았다. 조태일이 민중시인으로 각인 받고, 그의 시가 참여문학이라는 단선적인 평가를 받은 것도 이와 무관하지 않다. 그러나 이는 이분법적으로 구획되고 사고하기에 길들여진 진단에 불과하다. 1990년대 초까지만 해도 우리 문학계조차 개인적 정서에 의해 "민족의 현실을 바르게 전달하려는 관점마저도 이념적인 행위로 묶어서 왜곡하고, 재단하는 일도 허다[67]했기 때문이다.

본고에서 문학적 형태를 이념과 정서로 구분하는 것은 닭과 계란을

67/ 윤여탁, 『시교육론』(태학사, 1996), 201쪽.

분류하여 조류의 특성을 설명하는 것과 같다. 그러나 형상화된 시를 좀더 독자적 입장에서 이해하기 위한 방편에서의 이러한 용어 구분은 불가피한 측면이 있다.[68]

주관성을 특징으로 하는 시에 시인 자신의 감정이 전면에 드러나게 하는 것은 당연하다. 그러나 시가 단순히 시적 자아의 사상·관념에 의해 독자들을 자기 사상에 길들이려는 듯한 형상화와는 구별되어야 한다. 창작방법적 측면에서 시의 언어를 자유롭게 구사하면서도 독자들로 하여금 상상력에 의해 이해하고 감응될 수 있어야 한다는 것이다. 그러므로 단순 명쾌하게 이해되고 상투적이며 진부한 형태의 작품은 좋은 시로 볼 수 없는 것이다. 시대의 현실을 담아내되, 신선한 어법으로 독창적 상상력에 의해 삶의 새로움을 보여주는 창작태도가 요망된다. 공동선을 추구하는 이념성에 얽매여 교훈적 수사와 같은 생경한 언어구사도 대상에 대한 직관적 감정을 분출하는 의미 없는 서정적 언어나열 식의 창작태도도 지양되어야 할 것이다.

그렇지만 새로운 문학창작 모색을 위해서는 지난 시대의 문학창작론을 모두 배제하면 안 될 것이다. 이전에 생성된 문학창작론을 비롯한 작품에 대한 이론적 자료들을 참조삼는 것이 필요하다고 하겠다. 이러한 이론적 논의에 바탕을 둔 조태일의 작품을 살펴보면, 이념성

68/ 박명용, 「민중시의 문학적 한계와 반성」, 『한국시의 구도와 비평』(국학자료원, 1996), 416-417쪽에서 참여시의 정의를 "시는 아름답고 재미있게 음미할 수 있어야 하는데도 질서의 조화를 이루지 못하고 서정성을 상실한 채 자기 주장이나 구호를 시의 본질"로 본 것이나, 특정한 시대의 사회 반영, 인생에 관한 지식 공급, 인간이 잘 표현된 것, 타인의 비밀을 엿볼 수 있는 것, 인생과 사회에 대한 발견, 인생을 어떻게 살 것인가를 예시해 준 것, 인생에의 의욕을 증진시켜 주는 것, 작중 인물에 공감을 일으키는 것, 언어표현이 교묘한 것, 자연 묘사가 아름다운 것, 막연하게 느껴졌던 게 정확해 지는 것, 매력 있는 이성이 묘사되어 있는 것, 일상 세계로부터 이탈을 경험할 수 있는 것, 상상력이 자극되는 것, 유머가 있는 것, 스릴과 서스펜스가 있는 것, 다양한 삶이 동시에 표현되는 것 등으로 문학적 개념을 잡은 디드로 리차드슨의 언급을 참조할 필요가 있다.

과 정서적 서정성이 함께 조화되어 있음을 알 수 있다.

카시미롱 이불 속에서
내가 노래하던 털들이
칼날보다도 더 날카롭게 운다.

꼿꼿이 일어서서 여자여,
그대 귀밑의 노오란 털이
보시다시피 선량하기 그지없는
내 전신을 한 번 쑤시고 또 쑤시고
피가 안 보일 때까지 또 쑤신다.

피의 미친 향기를 맡고
무덤들도 언짢아서 모두 울먹거린다.

세상이 빨리 싫어져서 어렸을 때
산불을 질러 버렸었는데,
그 때 타죽으며 울던 산짐승들의 혼들도
피의 미친 향기를 맡고
무데기로 무데기로 살아나서
기어오고 달려오고 날아오고.

수많은 칼날들을 거느리고
햇빛이 달려와서
보시다시피 만신창이가 된 내 전신을 어루만진다.

불도 아닌 털에 내가 타죽는데
불도 아닌 내 시체에 햇빛은 타죽는데

이 땅위엔 反逆만 파릇파릇 자란다.

국민학교 교과서 속의 평화와 자유만 용케도 자란다.

털이여, 그대 부드러운 모습도
칼날로 선다.

―「털」 전문

앞의 시들과 동일한 자의식이 나타나고 있지만 울음의 강도가 더욱 밀도 있게 그려져 있다. 대상을 섬세하게 관찰할 수 있는 능력의 소유자로서 시적인 감성이 동반된 사회적 발언으로서의 문학적 형태가 잘 구현되어 있다고 하겠다. 이렇게 조태일의 시적 기반은 자신이 서 있는 지점에 대한 시사적 발현과 그것을 선동적 구호로서가 아닌, 시적 장치를 동원하여 예술적 언어감각으로 형상화하는 데 특징이 있다. 즉 바깥 쪽 현실 속에서 향유할 수 있는 이념적 층위와 소박하고 단세포적인 자아의 내면에서 자연스럽게 우러나오는 정서적 층위가 함께 엄존해 있다. 이에 대해 김현승은 일찍이 시「털」에 대해 편의적으로 참여와 순수라는 이름으로 평하던 이론가들과는 달리 독창적 단평을 내놓은 바 있다.

> 조태일은 금년 상반기에 수적으로는 많은 작품을 발표하지 않았으나, (…) 이 작품 역시 현실의 어떤 사실을, 사회성의 시가 흔히 그러하듯, 진술의 형태로서 단조롭게 옮겨 놓은 것이 아니고, 시인의 독특한 상상력으로써의 변형시켜 하나의 압축된 새로운 형상으로써 보여 주고 있다.[69]

감상적 주관과 현실직시의 객관의 어우러짐 속에서 예술적 문학이

69/ 김현승, 「60년대 시의 방향과 한계」, 『문학과 지성』(1970. 창간호), 17쪽.

발현되는 것이다. 그러므로 문학작품에 대한 접근이 이분법적으로 이루어지는 것은 관념적이고 추상적일 수밖에 없다. "순수와 참여의 대립은 거짓일 수밖에 없다"[70]고까지 말할 수 없겠지만, 조태일의 「털」이 시인이 현실을 바라보는 이념적 경향과 상상력에 의한 대상의 본질을 포착해낸 정서가 잘 어우러져 있는 작품으로 꼽을 수 있다.

털은 부드러우면서도 쉽게 잘라지지 않는 성질을 가진 반면, 칼은 날카로우면서도 쉽게 무디어질 수 있는 성질의 것이다. 그러므로 털과 칼은 공통적 특성이 조금도 내재되어 있지 않다. 그래서 "털들이/칼날보다도 더 날카롭게" 울고 있다는 것으로부터 사회구성원들의 의식적인 문제와 결부시켜 볼 수 있다. 곧 털을 민중으로, 칼을 민중을 억압하는 정치권력으로 상정해볼 수 있다. 이때 털이 울고 있다는 것은 민중들의 저항적 자세를 의미한다. 거기에는 민중들의 국가에 대한 사랑이 숨겨져 있다. 그것은 사회의 권력층이 자신의 안위를 위해 부정한 행위를 하는 것과 대비된다.

민중들과 똑같이 "선량하기 그지없는" 자신의 "전신을 한 번 쑤시고 또 쑤"셔대는 털에서 조태일 시인의 상상력 깊이를 알 수 있다. 털을 말초적 감각의 대상으로 형상화한 뒤, 사회적 연관 속에서 그것을 드러내는 데서 사회의식적인 시인의 이념을 탐색하게 해준다. 시적 화자에 의해 개인적인 울음은 지적인 상상력을 통하여 사회모순을 해결하려는 데까지의 과정을 보여준다.

5연까지 계속되는 털의 움직임을 사회적 차원에서 살펴보면, 세계를 둘러싸고 있는 문화환경에 대한 시인의 비판적 시각을 읽을 수 있으며, 개인적 차원에서 바라보면, 일상적 삶에 충실히 하는 시적 자아를 생각할 수 있다. 따라서 조태일은 시를 구상화하는 데 있어서 극단

70/ 한계전 외, 『한국 현대시론사 연구』(문학과지성사, 1998), 358쪽.

적인 이념에 함몰되지 않고 자신의 정서적 측면에다가 사회의 특수한 현상들을 융화시킨 데 장점이 있다고 하겠다.

「털」에서 조태일이 칼날로 서는 모습을 반복적 언어패턴으로써 단일한 이미지를 만들어낸 것도 그가 "현실주의의 문제를 올바르게 이해"[71]한 데 있다. 그의 시에는 이처럼 현실에 기반을 둔 상상력이 묻어나 있다. 이렇게 독자들로 하여금 문학적 이해의 폭을 넓혀주는 시구들로는 "목청을 돋구어 제 멋대로 울지 못하는/저 안타까운 풀잎들이며/성한 팔다리로써 제대로 움직이지 못하는/저 무수한 돌멩이들"(「풀잎·돌멩이―국토·3」), "맨 밑바닥에서 서러우나 즐거우나/언제 어디를 안가리고 솟구치고/꿈틀거리는 석탄이 되어서/한민족의 거구요. 미남인 나는/꺼멓게 꺼멓게 울고 있다."(「석탄―국토·15」) 등을 들 수 있다.

사회적 상상력이 풍부하게 함유된 그의 시에는 "온종일 모우터가 울고/기계들도 뒤질세라 울부짖"(「그리움·아수라장―국토·47」)을 정도로 국토의 현실적 상황을 아수라장으로 표현하고 있다. 또 "하늘을 날아가던 새떼들/푸른 자리에 박혀버렸다.//눈보라 속을/그 작은 눈으로 껌벅거리며//매운 눈물 흘리며/거기까지 날아갔으나/눈물까지 얼어붙어서/앞을 볼 수가 없"(「겨울새」)는 새들에게 인간적인 연민으로 다가가 있기도 하다.

그러므로 조태일의 시가 일찌감치 예술의 존재가치를 배제한 문학과는 본질적으로 성격을 달리한다고 할 수 있다. 눈물의 시어를 구사하고 있는 데에서 그의 이념적·정서적 조화의 면모가 잘 드러난다.

나의 울음은 언제나 홀로였다.

71/ 정남영, 「시에 있어서 현실주의의 문제에 관하여」, 『실천문학』(1993. 봄), 349쪽.

군중들의 틈에 끼어서도
눈은 늘 젖어 있었고
목이 타서
홀로 가쁜 숨을 몰아쉬며
가슴에 핑그르르 떨어져
조용히 고이는 눈물을
보는 것이었다.
타는 목구멍 속을 꺼이꺼이 울며
기어오르는 눈물을
보는 것이었다.
나의 울음은 그렇게
늘 홀로였다.

너희의 울음은 언제나 여럿이었다.
끼리끼리 어울려 늘 함께
울부짖는 폭포였다.
뙤약볕을 헤치고 내리달려오는
쏜살, 쏜살, 쏜살이었다.
땅덩어리 위의 온갖 명령들을
고개 숙이게 하는 구원이었다.

홀로 명령하고 홀로 울부짖으며
홀로 고민하는
나의 울음을
일거에 덮어 누르는 바위였다.

푸석푸석 일어나는
먼지 하나 하나에도
내리꽂는 바위의 울음이었다.

—「소나기의 울음」 전문

화자의 "울음은 언제나 홀로"라는 것이 느껴진다. 그러나 이 시 역시 눈물은 여럿이 함께 해야 할 사회적 속성을 지닌다. "어떤 현상을 연대에 의해 파악하는 것은 그 현상의 심리적 구조와 특색을 무시하므로 덜 효과적"[72]일수밖에 없을지라도 화자에 의해 드러나는 눈물이 공적 영역으로 의미화 하는 가치를 부여하게 된다. 시인 조태일은 민족이나 국토와 같은 거대담론의 세계에 주목하고 비판적 사고에 입각한 비평의 글들을 생산해 냄으로써 자연스럽게 그의 작품들에서 보이는 눈물은 순도 높은 공동체적 인식을 견인하는 거대담론적 상상력에서 연유한 것이라 하겠다. 어찌 보면 시인 자신의 자기 찾기 하나의 방법으로 눈물을 사용했다고 볼 수 있다. 이를테면 "가슴에 핑그르르 떨어져/조용히 고이는 눈물을/보는 것"이라든지, "타는 목구멍 속을 꺼이꺼이 울며/기어오르는 눈물을/보는 것"은 자기성찰에 의한 자기완성을 도모하는 서사성이 깃들어 있다. 자기성찰은 분열된 자의식을 해체하고 자기원형을 새롭게 추구하는 것으로 이해된다.

정서적 몸짓의 하나인 눈물로 인해 "눈은 늘 젖어 있"다. 그 눈물에는 외부 세계의 풍광을 담고 있다. 따라서 "군중들의 틈에 끼어서도" 화자는 소외되어 있는 것처럼 보인다. 그러나 그것은 소외감을 치유하는 시적 자아의 역설적 행위이다. 즉 자기의 눈물에 소나기를 대치해 놓고 소외를 떨쳐내려는 의미가 내포되어 있다.

눈물은 감춤과 드러냄의 양면성을 지니고 있는데, 전자는 내면의식을 말하고 후자는 외부현실에 대한 대응을 말한다. 그것은 진실의 세계로 나아가고자 하는 자아 의식적 경향과 밀접한 관련성을 가진다. 그렇기 때문에 시적 자아는 "땅덩어리 위의 온갖 명령들을/고개 숙이게 하는" 소나기의 울음도 들을 수 있다.

72/ 김주연, 「새 시대 문학의 성립」, 『아세아』(1969. 창간호), 253쪽.

　“홀로 고민하는” 자신을 “일거에 덮어”눌러 주는 소나기 같은 구원자가 있음을 깨닫고 시인은 삶의 시련과 절망을 꺾어버릴 수 있는 데까지 삶의 의지를 확장시킨다. 1연과 2연에 나타나 있는 시적 자아와 소나기의 상관관계 속에서 삶의 자긍심을 높이는 시정신이 응축되어 있다.

　　나의 눈물 속에는
　　동리산 태안사 밑에 붙어 있던
　　초가집들이 어른거린다.

　　나의 눈물 속에는
　　동포끼리 가슴을 겨누던
　　날카로운 죽창들이 빼죽빼죽
　　얼굴들을 내밀고 있읍니다.

　　나의 눈물 속에는
　　개울물 따라 함께 흐르던
　　옛친구들의 허벅다리도 흐릅니다.

　　나의 눈물 속에는
　　뽕나무밭 가에서 나부끼던
　　누나의 옷고름도 나부낍니다.

　　나의 눈물 속에는
　　초가집도, 죽창도 옛친구들의 허벅다리도
　　아아, 누나의 옷고름도
　　소리내어 울고 있읍니다.
　　울음소리 서로 부딪혀서
　　한도 많은 남쪽을 향해

뚝뚝 떨어집니다.

—「나의 눈물 속에는」 전문

눈물을 통해 "동리산 태안사 밑에 붙어 있"는 화자 자신의 유년시절을 그려내고 있다. 소박한 정서에 의해 눈물을 보여주는 시적 자아는 존재의 폐쇄성을 극복하고 주체로서의 부정한 사회의 현실을 찾아낸다. 역사적 전망의 결여로 시대적 비극을 초래한 자들에게 향하는 메시지는 순수성이다. 이 순수성은 동화적 상상력, 즉 유년의 정서 속에서 확산되기 때문에 유년 정서의 공감대를 활용하여 시인은 이기심을 거리낌 없이 발동시키는 기성인들에게 순수한 마음을 갖게 하는 것이다. 그렇지만 인용시는 삶의 터전인 동리산 태안사를 배경으로 삼아 슬픔의 정서를 보여주고 있다. 그의 시선이 향토로 향하고 있는 것을 볼 때, 어린 시절의 그리움이 눈물로 반응한 것이라 하겠다. 따라서 시에 표면화되어 나타난 분위기는 변두리 의식이나, 피해의식 같은 어둠의 색조가 배어 있다.

슬픔의 정서가 명백히 드러나 있는 곳은 2연이다. "나의 눈물 속에는/동포끼리 가슴을 겨누던" 여순사건을 떠올리게 한다. 진실한 인간적 삶에서 벗어나 공허한 권력에의 집착이 무고한 사람들을 죽게 하고 민족의 분단을 가져왔던 것이다. 어린 시절 희미하지만 순수한 두 눈으로 똑똑히 목격되어진 하나의 사건. 시인은 그것을 결코 잊을 수 없음이다. 그것은 작품 속에서 피해의식의 형태로 나타나고 있다.

그러나 시인은 여기서도 슬픔에 머물러 있음을 거부한다. 역사를 왜곡하고 민족의 이념적 갈등을 조장한 시대적 상황과 맞서 서정적 주체의 보편적 진리를 제시한다. 그것은 민족의 문제를 우리 사회가 해결해야 할 최상급으로 인식하고 있다는 것이다. 이는 위축된 정신 상태를 극복하려는 시도인 셈이기도 하다. 그 극복의 과정은 현재 위치

(유년을 그리워 함)⇒과거의 삶(개인적 삶에서의 피해극복의식 부재)⇒과거와 현재의 상호작용(진실적 삶을 향한 내적·외적 조건 융화)으로 도식화 된다. 피해의식을 극복하기 위한 일련의 과정에서 시인은 "울음소리 서로 부딪혀서/한도 많은 남쪽을 향해/뚝뚝 떨어"지는 모양의 긍정적 사회적 신념을 역설적으로 표백해 놓는다. 이렇게 시인은 눈물을 흘리며 살아가고 있는 민족의 실체를 긴밀하게 엮어내어 인간적 이해의 깊이를 더해가고 있다.

개인과 민족의 관계형성은 사상을 보편화하거나 삶의 총체성을 획득할 때만이 가능한 것이므로, 벤야민이 말한 대로 시는 시대의 어떤 입장에 서 있는 것이 아니라, 시대의 불행을 헤쳐나가는 데 있어서 정신적 영역을 어떻게 확대하느냐가 중요하다.[73] 여기에 걸맞게 시인 조태일은 시대적·역사적 실체로서의 민족정신을 잘 표출해내고 있으며, 자아 의식적인 것을 사회적 상상력을 통해 선명하고 문제적으로 시적 효과를 불러일으킨다.

그럼에도 조태일의 또 다른 특징이라면 시적 형상화 과정에서 개인적 감정을 적나라하게 또는 다양한 목소리로 장황하게 드러내 보이지 않는 점이다. 그렇기에 그의 시를 읽는 독자들로 하여금 상상적 긴장감을 유지할 수 있는 것이 장점으로 꼽힌다. 이는 시인 조태일이 삶의 이상과 실제적 현실의 괴리를 인지하고 세계의 모순을 감지하고 있다는 증거다. 그러므로 조태일의 작품에서 발견되는 것은 비판적 의식이 전면에 깔려 있으면서도 대상에 대한 시적인 이미지 산출은 이성적 형상화로 꾀해지고 있다.

그의 마지막 시집에는 불우한 상황을 극복하기 위한 하나의 방식인 사회현실에서의 이념적 층위와 정서적 층위가 한층 더 조화를 이루고

73/ 발터 벤야민, 반성완 역, 『발터베야민의 문예이론』(민음사, 1983), 253–271쪽 참조.

있다.

어린 날
고향의
양지바른 쪽 다투며 뛰놀던 햇볕들
흙 한톨, 돌멩이들.

어린 날
고향 가득히
쏟아지는 달빛, 별빛들과
다투며 떨어지는 알밤들.
그 소리들,
어린 짐승들의 숨소리들.

그 작고 고만고만했던 꿈들,
지금 어디서 얼마만큼 자랐나,
어린 날의 콧물과 눈물과 함께
훌쩍거리나.

—「그리운 쪽으로 고개를」 전문

햇살, 눈 시리도록 쏟아진다
초목들, 질세라 몸 비틀어
진초록 한껏 뿜는다

햇살, 하이얀 눈물 따갑게 떨구고
초목들, 하염없이 몸 젖는다

창문을 열어라
찌든 마음도 열어라
방마다 웅성거린다

마음마다 마른 강물 뒤척인다
푸른 목소리 푸른 메아리
이파리마다 웅얼거린다.

—「여름날」 전문

위의 두 작품에는 눈물을 통한 시인의 국토에 대한 사유가 드러나 있다. 전반적 시적 분위기는 음지에서 일탈한 화자가 새롭게 다가온 현실상황을 얕잡아 보거나 허세를 부리지 않는다. 이는 조태일 시인의 일관된 시작 태도에서 비롯한 것이다. 시적 긴장이 수반된 인용시들에서 시적 자아가 변화를 겪는 세상에 휩쓸리지 않고 순박한 정서를 견지하고 있음이 확인된다. 비단 이들 작품만이 아니라 조태일 대분의 시에 나타나 있는 것은 삶에 대한 진지성이다. 이 삶의 진지성은 자아 내면의 충실을 기하는 태도이며 공동체적 의식을 담지해내는 다름 아니다. 그렇기 때문에 그의 삶 자체도 허위와 모순이 가득 찬 사회현실과 부단히 비판적 거리를 유지할 수 있었던 것이다.

또 위의 두 작품에서 공통적으로 나타나 있는 요소는 시적 자아가 자연의 섭리를 깨닫는 점이다. 이것은 시인의 주관적 이념성과 정서가 상호 균형을 이루는 첩경이 되고 있다. 다른 하나의 요소는 일체의 설명적 진술을 피하면서, 추구하고자 하는 절대적 가치를 은유적 표현으로 전개하고 있다는 점이다. 예리한 관찰력으로써 시각적 이미지를 보여주는 표현에는 "고향의/양지바른 쪽 다투며 뛰놀던 햇볕들/흙한톨, 돌멩이들."이다. 일상적 삶의 세계를 새롭게 인식하는 과정에서 이와 같은 이미지 산출이 가능한 것이었다면, 국가의 제도적 틀에 오랜 시간 동안 억눌려 왔던 자유에 대한 이념적·정서적 표층은 "햇살, 눈 시리도록 쏟아진다"와 같은 중층적 표현이다. 조태일 시인의 이러한 시적 표백은 투박스러운 자신의 삶을 어느 정도 희석시키는 효능을 발휘한다.

제3절 모성의 세계

한반도 젖줄기는 백두산에서부터 시작하여 완강한 분단의 철조망을 뚫고 묵묵히 한라산으로 흘러내린다. 조태일의 시에서 국토는 역사적 인식체로서의 공간인 동시에 자연으로서의 모성적 공간이다. 그의 민중적 상상력에서 배태되어 나오는 언어는 평면적이지만 이처럼 현실 인식에 의해 길어 올려진 자연의 본질적 실체들은 복합적 이미지로 구사되어 있다. 작품 곳곳에 절망과 비애가 물들어 있는 듯이 보이는 것도 시적 이미지가 단순하지 않다는 예증이다. 그 한가운데 가부장적 제도에 의해 훼손되어지고 왜곡된 모성적 이미지가 자리하고 있다.

조태일은 현대문명에 의해 상실된 모성의 정체성을 국가적 이데올로기의 대립에 의해 파괴된 국토의 이미지와 대비시키고 있다. 이는 훼손되기 이전의 자연으로 되돌려 놓고자 하는 시적 장치로서의 국토, 즉 국토는 조태일의 시에서 순수성이 담지된 모성애로 그려진다.

조태일의 국토에는 먼 옛날부터 이어져 내려온 조상의 얼이 배어 있고, 먹구름을 걷어내면서 꽃을 피워 올리는 태양이 있다. 또한 인간의 삶이 자연과 하나로 맞물려 돌아가야 한다는 당위성이 내포되어 있으며, 삶의 뿌리가 두 동강난 채 목숨을 연명하는 이산가족과 자본의 위력 앞에 인간적 삶의 질서가 해체되는 풍광도 비쳐진다.

한반도의 젖줄은 동서로 큰 산맥을 형성해 나가면서 동산과 실개천을 만들어낸다. 조태일은 이러한 긍정적 인식으로 비록 슬픔이 내재해 있기는 하지만 국토가 새로운 삶의 동력을 키워내는 원천임을 당당하게 천명하고 나선다. 여기에 자연스럽게 한과 비애로 얼룩진 어머니를 조우시키고 있다.

그의 시에 나타나는 어머니는 우리의 어머니들과 별반 다르지 않다. 자식의 삶의 안정을 위해 희생하는 모습을 보여주고 있기 때문이다. 국토가 민족적 삶과 함께 돌아가는 것처럼, 조태일 시인이 그리는 어머니 역시 가족과 함께 오순도순 살아가는 모습으로 비추어준다. 다만 그의 시에서 어머니는 인간적 삶과 자연을 동일시하는 매개체로 삼고 있다. 어머니는 누구에게나 따분한 삶을 치유하고 절망과 외로움으로부터 벗어나게 할 수 있는 정신적 모태다.[74] 그렇기 때문에 조태일이 국토 연작시에서 어머니를 시적 소재로 삼아 국토애를 모성애와 동일시하는 것으로 인식케 한다. 국토와 어머니는 개인적 삶의 이상을 실현하는 데 조력자 역할을 하고 있는 까닭이다. 기계문명사회에서 공동체적이고 토착적 정서를 도모하는 문화적 가치로서의 속성도 함께 지닌다. 물신화를 조장하는 자본주의가 창궐한 현대사회에서 어머니에 대한 모성적 감정의 시작(詩作)은 참된 것이다.

국토, 그것은 조태일에게 있어 끊임없는 관심의 대상이자 현재의 불운한 삶을 극복하는 문학적 상상력의 원천이다. 그에 앞서 시인은 역사적 현장성을 중요시한다. 조태일은 개인과 사회, 개인과 개인의 단절은 물론 자아와 세계 사이를 차단시키는 요인을 분단체제로 꼽고 있다. 그러기에 그의 통일에 대한 열망은 남다르다.

앞으로의 시는 줄기차게 미래지향적인 시로 나아갈 것입니다. (…) 앞으로의 시는 기필코 통일을 이룩하겠다는 통일지향적인 시로 나아간다는 말입니다. 통일은 민족최대의 과제이며 전민족의 정서이기도 합니다. 이는 세계사의 도덕적 정당성 회복이기도 하고 세계인의 윤리적 진로이기도 합니다.[75]

74/ 새리 엘 서러, 박미경 역, 『어머니의 신화』(까치, 1995), 34쪽.

이 글은 문학의 외적 상황을 문학의 내적 조건으로 수용하고 있음을 말해준다. 그러므로 그의 시적 성취는 자아와 세계 사이에서 "사회적 관심을 적극적으로 수용하"[76]면서 이루어진 것이다. 그의 시가 거느리고 있는 국토 안에 응축된 모성적 형식 또한 사회적 관심으로 발아된 것이다.

(1) 모성의 외향적 심상

국토를 둘로 쪼개고 있는 이념의 장벽은 크게는 세계사적 냉전체제의 연속이고, 작게는 유연성 없이 편견과 편협한 사고에서 벗어날 줄 모르는 우리 민족의 고질적인 병이라 할 수 있다. 인간적 삶의 가치지향에 준거를 둔 조태일의 시작 태도는 바로 이러한 민족문제의식에서 비롯된 것이라 하겠다. 사회 현실적 문제를 꿰뚫고 있는 그의 시적 방법으로 모성적 진리를 내세우는 데에는 흑백이분법에 사로잡혀 있는 민족의 인간적 옹색함을 깨고 희망과 자유를 구가하고자 하는 의도가 내포되어 있다. 국토를 바라보는 그의 눈길은 그래서 날카롭지만 참인간적인 비전의 빛을 보여준다.

참인간적 모습을 시인 조태일은 어머니에서 찾고 있다. 다시 말해 조태일에게 있어 국토의 원형적 심상은 고향에 뿌리를 둔 어머니다. "고향은 서울에서 훼손한 자를 포용하고 위안하는 모성적"[77] 실체로 볼 수 있기 때문에 조태일 역시 고향의 낙관적 믿음으로부터 자신의 작품에 모성의 특성을 응축해 놓고 있다. 그는 국토의 주제의식을 심

75/ 조태일, 〈좌담〉「새로운 시의 시대를 기대하며」, 『문학사상』(1988. 11), 106쪽.
76/ 최동호, 「70년대 시와 서정성의 전개 방향」, 『현대시의 정신사』(열음사, 1985), 70쪽.
77/ 홍신선, 『현대시학』(1979. 1), 38쪽.

화시키기 위한 하나의 방편으로 이 모성적 통찰을 추구해 나간다.

온갖 것이 남편을 닮은
둘쨋놈이 보고파서
호남선 삼등 야간열차로
육십 고개 오르듯 숨가쁘게 오셨다.

아들놈의 출판기념회 때는
푸짐한 며느리와 나란히 앉아
아직 안 가라앉은 숨소리 끝에다가
방울방울 맺히는 눈물을
내게만 사알짝 사알짝 보이시더니

타고난 시골솜씨 한철 만나셨나
산 일번지에 오셔서
이불 빨고 양말 빨고 콧수건 빨고
김치, 동치미, 고추장, 청국장 담그신다.
양념보다 맛있는 사투리로 담그신다.

—엄니, 엄니, 내려가실 때는요
비행기 태워드릴께.
—안탈란다, 안탈란다, 값도 비싸고
이북으로 끌고 가면 어쩌 게야?

옆에서 며느리는 웃어쌓지만
나는 허전하여 눈물만 나오네.
—「어머님 곁에서」 전문

화자와 어머니 사이의 각별한 애정을 엿볼 수 있는 대목이다. 고달픈 사회생활 속에서 어머니의 이야기를 풀어놓음으로써 이데올로기적 경직성을 떠나 시적 자아의 이성적 기능을 인식가능하게 한다. 공동체의식이 파편화되어가는 자본주의의 왜곡된 현실에서의 모자(母子) 간의 사랑은 시대의 낙관적 전망을 가지게 한다. 민족의식과 역사의식을 기반으로 한 조태일의 문학적 상상력이 낭만적 시작 태도와 조응하고 있음을 뒷받침해 주는 논리와 연결된다.

모성적 상상력을 보여주고 있는 인용시는 분단 공간에서의 핍진한 삶이 드러난다. 거대 도시화된 서울 한복판에서 살아가는 화자는 여전히 고향에서 하루하루 어렵게 끼니를 때우며 살아가는 어머니에 대한 미안함이 묻어나온다. 말하자면 위의 작품은 불운한 시대의 한복판에 어머니를 세워놓고 사회 현실적 의미를 끌어올리는 모습이다. 그것은 토착적 순수성에 기인한 시인의 참모습이라 할 수 있다. 근대 문명도시로 편입된 자아가 외부상황과의 내면적 상실감과 갈등으로 훼손되어 가는 토착적 순수성에 대한 성찰로서의 실천적 모색을 보여주는 것이라 하겠다. 모성적 응시 속에 삶의 이상을 적극적으로 도출시켜내는 과정에서 시대적 현실을 모성적 진리의 가치로 승화해내고 있다고도 할 수 있다. 그래서 조태일 시인에게 있어 모성의 심상은 시대현실에 대응하는 의미가 내재되어 있다.

마지막 연에서 며느리의 웃음과 시적 화자의 눈물을 병치시켜 놓은 것은 바로 모성적 심상에 의한 사회적·역사적 인식 지평을 꾀하고 있는 것이라 하겠다. 조태일의 상상력 모체는 체험을 바탕으로 한 자유를 꿈꾸는 민족적 삶에 있기 때문이다. 이러한 논리를 추수할 경우 시에서의 며느리의 웃음과 대비되는 시적 자아의 눈물은 국토의 현실적 문제를 고뇌하는 면모로 읽을 수 있다.

이처럼 위의 시는 어머니를 통한 자의식 표출 공간이 되고 있다. 조태일의 시적 태도는 긍정적 시선과 부정적 세계 인식의 변증법적 삶의 주체화에 있다. 그렇기 때문에 모성적 심상은 자연스럽게 국토의 현실을 함축적으로 표백하고 있다고 하겠다. 시에서 시적 자아와 갈등 관계를 노정하고 있는 사회현실을 표출시키기 위해 시인은 며느리의 웃음과 시적 주체의 눈물을 제공하는 시적 아이러니[78]를 보여주고 있다. 이러한 시적 아이러니는 「꿈속에서 보는 눈물-국토·2」에서도 나타난다. "어메의 눈물이 아배의 맨살에 닿자/살도 어느덧 눈물이 되고/아배의 눈물이 어메의 맨살에 역습하자/그 살도 또한 눈물이 되는" 구절이 그것이다.

한편 모성의 외향적 심상을 지향하는 작품 중에는 시대현실의 차원을 고려하지 않고 순수 그대로의 어머니상을 제시해 주는 것도 없지 않다.

열일곱에 시집오셔
일곱 자식 뿌리시고
서른일곱에
남편 손수 흙에 묻으신 뒤,

스무 해 동안을
보따리 머리에 이시고
이남 땅 온 고을을
당신 손금인 양 뚝심으로 누비시고
훤히 익히시더니,
육십 고개 넘기시고도

78/ 장도준은 아이러니의 개념을 인간의 삶의 모습에서 찾는다. 그는 "현대 사회의 개인과 집단, 개성과 보편성, 자유와 질서, 분배와 발전 등이 서로 갈등을 일으키고 있으며, 개인은 현실과 이상, 개인적 이익과 공익성 사이에서"의 모순과 갈등을 아이러니로 정의한다. 장도준, 『현대시론』(태학사, 1995), 277쪽.

일곱 자식 어찌 사나
옛 솜씨 아슬아슬 밝히시며
흩어진 자식 찾아
방방곡곡을 누비시는 분.

에미도 모르는 소리 끄적여서
어디다 쓰느냐 돈 나온다더냐
시 쓰는 것 겨우 겨우 꾸짖으시고,

돌아앉아 침침한 눈 비비시며
주름진 맨손바닥으로
손주놈의 코를 행행 훔쳐주시는 분.

―「어머니」 전문

아이러니·역설·알레고리 같은 시적 장치가 제거된 그야말로 객관적 관찰로만 씌어진 작품이다. 어머니의 의미를 새롭게 대변해 나가는 시인의 삶의 의식을 발견할 수 있다. 인용시는 자식에 대한 끊임없는 애정을 쏟아내는 모성적 전통에 기대어 자신의 어머니를 시적 대상의 주체로써 대상화시켰다는 점에서 시의 리얼리즘을 외현시켜주고 있다. 조태일 시인에 의해 서사화 된 어머니는 남성 권위를 기반으로 한 가부장제 아래에서 묵묵히 가족들의 삶을 떠안고 살아온 동양의 전통적 상을 고스란히 보여주고 있다. 삶의 주체로서가 아닌 대상으로서의 우리네 어머니인 것이다. 이들은 국가 구성원들의 왜곡된 인식에 의해 근대사회가 도래된 이후에도 여전히 남성들에 의해 억압받고 차별받아온 여성이다. 이를 시인은 성차별적 이데올로기로 현현하지 않고 소시민의 심정적 차원에서 객관적 실체만을 보여주고 있다. 이는 시를 거대 담론의 차원에서 이끌어가기보다는 시적 자아의 내면적 성찰에 의한 구체적 사실성을 강하게 드러낸 것이라 생각할 수 있다.

　가부장제 사회의 남성 권위에 의해 피폐한 삶을 짊어져야 한 우리네
어머니를 조태일 시인에 의해 표출되고 있다. 우리나라의 여느 집처
럼 시인 자신의 어머니도 남편 뒷바라지와 자식들의 교육을 전담해온
분이다. 어머니는 그 일을 운명으로 받아들이고 불평 한마디 없이 묵
묵히 살아오셨다. 그런 연유로 "스무 해 동안을/보따리 머리에 이고/
이남 땅 온 고을"을 누비시며 날품팔이하는 어머니를 시인은 마음 아
파하고 있는 것이다. 시인의 어머니는 가난한 이웃집 가정처럼 "육십
고개 넘기시고도" 여전히 편히 쉴 날 없이 자녀들의 뒷바라지에 여념
이 없다.

　이처럼 조태일은 어머니에 대한 고달픈 삶의 실정을 적나라하게 드
러내고 있는데, 이는 표면적 진술의 이면에 숨겨진 불합리한 사회제
도를 문제 삼는 것이라 하겠다. 즉 사회구조의 전반을 관류하는 가부
장제도의 모순을 일깨워주는 것으로 보게 된다. 그러나 어머니의 그
러한 삶의 방식은 여성들이 스스로 떠안은 측면도 없지 않다. 그것을
시인은 어머니로서의 당연한 의무처럼 "주름진 맨손바닥으로/손주놈
의 코를 행행 훔쳐주시는" 것으로 간단히 제언해 주는데. 무의식적이
고 수동적이며 자동화의 삶의 태도에서 기인하는 것으로 보고 있는
것이다. 그러하기에 조태일 시인은 어머니에 대한 모습을 무조건적으
로 예찬하거나 숭배하지 않는다.

　　어머니는 처녀 적부터
　　일본사람이 경영하는
　　생사공장의 여공이었다

　　누에가 걸쳤던 새하얀 비단실 뽑아 올리면
　　펄펄 끓는 물 위에

기름 번지르르한 노오란 번데기가
다투어 둥둥 떠올랐다

해는 왜 그리 길고
배는 왜 그리 고픈가
현장감독의 눈을 피해 졸고
졸면서 번데기로 배를 채웠다

힘없이 애 못 낳는 여자
한 말만 먹으면 애를 낳고 만다는
그 번데기 때문인지

열일곱에 서른다섯 노총각 스님에게
업혀 와서 칠남매를 낳으신 후에도
어머님은 생사공장의 여공이었다
6 · 25가 끝난 한참 후에까지.
―「어머니의 처녀 적―국토 · 54」 전문

어머니는 가족들에게의 헌신이 당연시되는 것처럼 전개되어 있다. 그러나 시인은 연민의 대상으로서의 어머니를 그리되, 불합리한 사회 구조의 단면을 드러내고자 한 것이다. 자녀양육에 힘쓰다 늙은 어머니가 사회의 약자임을 말하고 있다. 아버지가 없는 가정에서의 고통을 어머니 혼자 떠안고 살아가는 모습의 이면에 시적 자아와 세계 간의 합일할 수 없는 긴장된 대립이 노정되어 있다.

20세기 초, 일본 제국주의의 식민지가 된 한국은 그들의 노예적 삶을 강요받아야 했다. 거의 "일본사람이 경영하는" 공장에서 부녀자들은 가족의 생계를 위해서는 "현장감독의 눈을 피해 졸고/졸면서 번데기로 배를 채"워 가며 일할 수밖에 없었던 것이다. 일정한 금액만이라도 생산과 노동의 대가를 정당하게 받아야 함에도 불구하고, 삶의 의욕만 빼앗겼던 것이다.

이러한 삶의 질곡에는 왜곡된 근대주의에 의한 친일행위가 있었음을 놓칠 수 없다. 근대산업을 빌미로 한반도 전체는 강대국 일본을 등에 업고 그들의 부와 권력욕에 놀아났던 것이다. 일본제국시대의 산업현장은 자본과 노동을 축으로 하는 자본주의적 요소가 전면에 급파되었고 그에 따라서 그때까지 사회의 뒷전에 밀려나 있던 여성들은 생산 활동의 주요한 수단으로 이용되었던 것이다. 이후 일본으로부터 해방이 되자 한국은 다시 미국의 신탁통치의 대상이 되어 불운한 역사는 계속될 수밖에 없었다. 이러한 일련의 과정으로 볼 때, 한국사회가 단일한 대오를 갖추지 못한 채 강대국에 얽매여 있는 것은 당연지사 아닌가. 문명세계 속에서의 퇴보적인 걸음은 민족 내 극단적인 이념대립도 포함하고 있음은 물론이다. 인용시에 나타난 화자의 어머니도 "6·25가 끝난 한참 후에까지" 사회적 퇴락에 의해 희생당한 당사자였음을 알 수 있다. 그러므로 조태일의 시는 진보적 사관에 의해 인식된 성차별적 사회제도의 불합리성도 함께 고발하는 측면도 있다.

이렇게 조태일의 시는 모성으로서의 자식에 대한 애정을 당연시하는 남성들의 잘못된 인식을 깨우치게 하는 데 일조하고 있다. 그러한 현실모순의 인식력을 유지하는 시인은 어머니의 일상사를 더욱더 정직하게 끄집어 올리는 데 경주하고 있다.

팔순이 눈앞인데
어머님은
부지런하다

삼라만상이
쉴새없이 움직이듯

세상도 넓고 세월도 많다시며
광주에서 대구로 또 어디를 다니시다가
꼬부랑허리로 궂은 하늘
가까스로 달래며 받치며 오셨다

손자, 며느리, 손녀, 차남
밥상머리에 제 편한 대로 섞어 앉히고
깻잎무침, 깻잎부침, 깻잎쌈 먹으라며
느릿느릿 말씀하신다

……노는 땅 있어서는 안 되느니라. 임자가 있건 없건, 누가 거두어
가건 말건 빈땅엔 씨뿌려 사람들 먹게 해야 하느니라. 이 깻잎들은 얼
마전 상경했을 때 양재동 지나다 묵힌 땅에 눈에 들어 씨 뿌려놓았는
데 어제 가보니 잡초 속에서도 이처럼 자랐더라. 알겠제?

어느덧 쌉싸롬 상긋한 향기가
오월의 시민군보다도 더 너그럽게 내 숙취를 털어낸다
오월의 계엄군보다도 더 무자비했던 내 생활을 내 생각들을.
　　　　　　　　　　　　　―「깻잎쌈을 싸며―국토 · 58」 전문

　토속적 언어로 표면에 드러나지 않은 모성애, 즉 어머니의 아들에
대한 각별한 애정을 간접적으로 드러내고 있는 시다. 시적 자아를 둘
러싼 삶의 이야기를 시인은 능청스럽게 구사하고 있다. 어머니의 객
관적 현상을 일상적인 언어를 동원, 시로 형상화함으로써 농촌생활의
체험을 가진 독자들로 하여금 친근감을 갖게 한다. 그러나 이러한 모
성의식 형성은 낭만적 감상의 표출에 그치지 않고 사회적 주체의식을
외현화하는 데 조태일 시인의 특성이 있다. 모성의 근원적 이미지를
단순히 서사화하는 데 있는 것이 아니라, 그 모성적 현상을 사회 현실·

반영에 표출시키는 정신이 담지되어 있다고 하겠다. 말하자면 위의 시는 표면적으로는 전원적인 서정의 세계를 보여준다. 그러나 이면적으로는 시대 현실적 관심을 표명함으로써 역동적인 고향의 세계를 추구하는 알레고리가 내재해 있다.

인용시가 창작된 1980년대 후반의 상황은 군사정권을 뿌리 채 흔들기 위한 민족민주 세력이 형성되어 있었으며, 정치투쟁에 머물러 있던 재야 세력이 모진 억압과 시련을 이겨내고 새로운 각성으로 조국통일을 향해 부응해 나아가던 시기다. 그것은 광주민주화 항쟁을 발판 삼아 반외세 운동을 전 국민적인 통일운동으로 전환시키게 되는 계기가 되었다.[79]

위의 작품을 사회학적 관점에서 제시하자면 시적인 풍광은 사회·정치적 현실과 시대의 문제의식은 거세되어 있지만 시인의 가슴에는 사회적 현실이 변화하고 있음을 목도하고 있음을 확인할 수 있다. 이전처럼 정치적 현상은 드러내지 않고 어머니로부터의 순수한 모성애만을 현현하고 있는 까닭이다.

우리네 어머니는 오로지 남편과 자식들을 위해서 정신적·육체적 고통을 감내해 내는 분이다. 그러나 사랑하는 남편이라고 해서 또는 자식이라고 해서 무조건적 희생을 감수하기보다는 피폐한 삶으로부터 탈출구를 모색하는 시대가 도래되었다. 그래서 시인은 모성적 자세를 버리지 않는 한에서 자유를 누리는 어머니의 모습을 갈구하는 의도를 바탕에 깔고 있다고 하겠다. 우리네 어머니들도 시대상황에 맞게 인식전환을 할 것을 요구하고 있는 것으로도 볼 수 있다. 그래야만 진정으로 온 식구가 둘러앉아 깻잎쌈을 싸먹는 행복을 만끽할 수

79/ 이 부분은 1989년 4월 28일 '5·18광주민주항쟁 9주년 학술토론'에서 언급된 것으로, 『창작과비평』(1989. 여름), 323-333쪽 중 325쪽을 참조하였다.

있기 때문이다. 그런데 어머니는 그러한 삶을 뒤로 미뤄둔 채 "광주에서 대구로 또 어디를 다니시"는지 시인은 안타깝기 그지없다.

이러한 조태일 시인에 의해 창출되고 있는 어머니의 외향적 심상은 사회관심에 대한 핵심적 요소로 작용한다. 좌절과 절망에 빠지기 쉬운 농촌에서의 어머니 행위는 그야말로 자기혁신의 준거로 평가할 수 있다. 농촌사람들의 이농현상에 굴하지 않고 어머니는 '노는 땅'에 대한 비판적 시야를 확보하고 있기 때문이다. "빈땅엔 씨뿌려서 사람들 먹게 해야"한다는 것이 그것이다.

우리네 어머니들은 여성이라는 이유 하나만으로 사회활동을 제한받아왔으며 섬세하고 치밀한 사고에 의해 많은 사회적 발전에 기여하였음에도 능력을 제대로 인정받지 못했다. 조태일이 그러한 여성들을 대신해 자신의 어머니를 시로써 사회 전면에 드러내기 위한 방편을 마련한 셈이다. 그것은 소극적인 실천에 해당되지만 모성애를 부각시키는 측면에서는 인간성 회복의 차원에서 보면 매우 값진 방법이 아닐 수 없다.

한편 국토를 통하여 보여주는 어머니의 상은 조태일 시에서 민족적 공동 감각의 재생을 실현하고 수난이 거듭되는 한국민족 현실을 해결하는 촉매의 역할을 한다. 이러한 시도는 조태일이 위기의 삶을 기회의 삶으로 전환케하는 인간의 총체적 삶에 대한 구원의식과 관계 있다.

홀로섬이 아니었다.
동도와 서도가 짝 이뤄 난바다에 떠 있는
독도는 홀로섬, 홀로섬이 아니었다.

460만년 전 태기가 있은 후
270만년 동안의 산고 끝에
190만년 전 어미땅으로부터

태어난 독도는

어미품이 그리우면
저 짙푸르고 새하얀 파도 불러 달래고
어미품이 그리우면
갈매기떼 수천 수만 불러
꺼욱꺼욱 울리기도 하지만

독도는
수십명의 암초자식들
바닷속에 기르며
족보를 늘리고 있다.

—「독도」 전문

　사회변동에 대한 주체적 인식으로써 일종의 허무주의를 벗어나 상실된 희망을 재창조하는 인식이 수반되어 있는 시라 할 수 있다. 독도가 한반도의 자식으로 비유되는 가운데 국토의 상징적인 매개물로 형상화되어 있다. 여기서 조태일이 국토를 모성적, 즉 어머니로 인식하고 있음이 드러난다. 독도를 바라보고 있는 시인의 눈은 한국의 역사를 꿰뚫고 있으며, 가슴은 애국의 뜨거운 열기를 내뿜고 있다. 바로 이 시로 하여금 조태일의 모성의 외향적 심상이 어디에 가 닿는지 알 수 있다.

　시 「독도」는 '어미땅으로부터' ⇒ '태기가 있은 후' ⇒ '산고 끝에' ⇒ '태어났다'의 서사 구조로 이루어져 있다. 어미땅은 여기에서 한반도의 육지를 일컫는다. 따라서 일본이 자기네 땅이라고 억지 부리는 독도를 조태일은 시적 대상으로 삼아 그것이 한반도에 걸쳐 있음을 인지시켜주고 있는 것이다. 이러한 점은 셋째 연에서 구체적으로 보이고 있다. 한반도의 육지와 독도의 섬의 관계는 어머니와 자식의 관계로 비유되고 있는 것이다.

마지막 연에서 어머니들의 종족보존을 위한 모성적 태도가 비쳐진다. 조태일 자신의 의식 속에 자리잡고 있는 참된 여성다움을 그리고 있는 것이다. 그렇기 때문에 인용시는 조태일 자신의 정신적 공허함을 독도에 접목시킴으로써 삶의 무게 중심을 조성하고 있다고 하겠다. 이는 국토에 새 생명을 불어넣고자 하는 시인의 의지로 볼 수 있으며, 그것은 모성애가 듬뿍 배어 있는 어머니로부터 영향 받은 삶이라 할 수 있다.

「독도」는 끊임없이 강대국들로부터 침략 받아온 한반도 운명의 축소판이다. 이러한 역사적 인식을 가진 조태일 시인은 독도가 민족의 불운을 해소시켜줄 수 있는 대상으로 여기고 있는 것이라 하겠다. '독도'가 "족보를 늘리고 있다"는 시적 상상력이 그러한 예증을 갖게 하는 데 모자람이 없다.

(2) 모성의 내향적 심상

어머니를 주제로 한 조태일의 시들은 국토를 인식하는 과정에서 불합리한 사회 제도와 분단된 민족의 현실만을 내세우지 않는다. 그는 사실 시적 대상을 사회적 관점에서 관찰하고 사고하여 문학적으로 형상화시키는 방법이 주를 이룬다. 그것이 표층적 세계관이라고 할 수 있다면, 시적 대상의 사회적 의미와 다소 거리를 둔 채 삶의 깊이와 폭을 탐색하는 방식으로서의 형상화는 심층적 세계관이라고 할 수 있겠다. 따라서 전자는 외향적 심상으로, 후자는 내향적 심상으로 명명지울 수 있는데, 조태일의 작품에서 어머니를 주제로 한 모성의 내향적 심상으로 볼 수 있는 것들이 다수 있다.

역사의식과 현실인식에서 비롯된 윤리적이고 도덕적인 조태일 시인의 삶의 자세는 인간애의 차원에서 바라볼 수 있다. 세속적 어두움과 의 싸움과 삼라만상의 심오한 철학적 사색 중간 지점이라고 할 수 있 는 문학의 지적 세련이 거기에 담겨 있는 것이다. 말하자면 국토의 변 형된 형태로서 어머니가 진한 지적 세련의 대상으로 자리잡고 있다고 하겠다. 그의 시에서 어머니는 바로 자유로운 정신의 내면적 심상에 의해 움직여진다.

조태일에 의해 시적으로 새겨지는 모성적 가치는 외향적 심상의 강 한 현실적 위력의 국토와 관계를 맺고 있는데 때때로 어머니를 끌어 들여 창조적 내면의식을 확충하는 서정적 내실을 꾀한다. 이러한 방 식으로 창출된 대상작품은 대부분 그의 후기 시에서 찾아진다. 어머 니에 대한 각별한 관심이 시로써 나타나는 데는 시대정신을 효과적으 로 구현한 것이라 하겠다.

조태일의 시 의식 속에 자연스레 어머니에 대한 사랑이 점유되고 있 다는 자체는 휴머니즘적 심성이 자리하고 있다는 이야기도 된다. 자 상함과 섬세함이 갖춰진 어머니의 정신을 이어받아 거친 세상 속에서 도 타자들을 끌어안을 수 있는 정신적 모태를 조태일에게서 찾아진 다. 곧 자신의 인간에 대한 포용력도 어머니가 지닌 근원적인 모성의 힘으로부터 물려받은 것[80]이기에 그의 작품 곳곳에서 모성적 정서를 만나게 되는 것이다. 어머니의 모성적 힘이 육화(肉化)되어 표출되는 사정은 이렇다.

우리 어머니는
틈만 나면 사시사철
곡성의 선영을 찾는다

80/ 조태일, 「시를 찾아서 시를 위하여」, 『창작과비평』(1995. 겨울), 342쪽.

이승의 사람들 잠깐 멀리하고
저승의 사람들과 만나는 일 즐거운 일
콩도 심고 깨도 심고 고추도 심고
삼베수건으로 땀 닦으며
남편의 무덤 시부모의 무덤
증조부의 무덤
당신이 잠들 빈 무덤도 찬찬히 손보신다

늦가을이 되면
참기름 들깨기름 짜고
메주 쑤고 고춧가루 빻아서
팔도에 뿌리내린 칠남매와
거기 주렁주렁 달린 손주 앞에 내려놓는다

(……죄짓지 마고 건강하게 살아라.
태일이 너 술 좀 덜 마시고 저녁엔
일찍일찍 들어오너라 잉, 알겠재?)

—「산일―국토 · 57」 전문

건강한 삶이란 이러한 것임을 간접적으로 제시하고 있는 시다. 치열하게 맞섰던 군사정권 시대의 아픔도 잠시 잊은 채 시인은 어머니와 정답게 대면하고 있다. 왜소한 소시민 같은 숙명의 자세를 보여줌으로써 시인을 대하는 독자들 또한 낭만적 분위기에 젖어들 수밖에 없는 분위기다. 그만큼 위의 시는 평면적 구조로 짜여져 시적 효과가 무화되는 위험을 안고 있다.

작품에 등장하는 어머니는 이 시대를 살며 불행한 일이 없어 보인다. 어찌 보면 이 시는 일상적 언어들로서 시를 구성함에 있어 실패한 것이라 할 있다. 어휘들의 의미를 함축시키고 비유와 상징으로써 시의 주제의식을 다각도로 생각해볼 수 있는 개연성이 없는 것이다. 상상적 비약이 찾아볼 수 없을 뿐만 아니라, 처음부터 뻔한 진술로 노래하고 있기 때문이다.

또 시에서의 어머니는 조태일의 시적 자아와 외부 세계 사이에서의 영상 이미지 이상의 의미를 갖지 못하고 있다. 시인은 여기에서 토속적 언어를 동원 고향의식 공감의 영역을 확보하고 있지만, 냉철한 자기인식에 머물러 있을 뿐이다. 고향의 구체적인 정서로 "콩도 심고 깨도 심고 고추도 심"는 어머니의 모습을 비쳐주고 있는데 이는 오히려 시적 긴장감을 떨어뜨리는 진술이다.

그러나 모성의 내향적 심상으로 시인은 어머니의 참모습을 그려주고 있는 바, 자유로운 정신의 시적 맥박을 가늠해볼 수 있다. 시인의 어머니는 "틈만 나면" 조상들이 묻혀 있는 "선영을 찾"기도 하며 "늦가을이 되"면 익은 곡식을 거두어 "팔도에 뿌리내린 칠남매"들에게 골고루 나눠주는 일들이야말로 진정으로 살아가는 맛이 아닌가. 시적 어구가 신선하지 않더라도, 시의 형식을 꾸미는 비유와 이미지들이 거세되어 있더라도 어머니에 대한 절절한 사연을 자유스럽게 구사하는 면모를 느낄 수 있게 한다.

보편적으로 우리네 어머니는 가족이라는 공간에서의 책임을 짊어지신 분이다. 시인은 어머니의 상실된 희망을 감정이입의 방식을 통해 비록 수사적 장치에 불과하지만 모성애에 대한 보답의 차원에서 사랑의 메시지를 던져주고 있다고 하겠다. 가족의 주체로서가 아닌 대상으로서의 어머니를 동정하고 있다.

이런 사정에 비추어볼 때, 화자의 어머니는 삶의 근거를 오직 가족에서 찾고 있으며, 가족을 떠나서는 아무런 의미가 없는 것으로 보인다. 하지만 조태일은 어머니를 설정하여 관념적 현실문제에서 벗어나, 존재론적 진실을 차분하게 전개시켜 나간다. 그리하여 자기 내면에 있는 어머니의 모습을 다른 각도에서 비쳐주고 있다.

> 새벽 한시
> 가부좌를 하고 앉아
> 냉수 한 사발을 꿀꺽꿀꺽 들이켠다
> 어젯밤의 흉몽을 말끔히 씻어내며
> 은하수 한 개비를 피운다.
>
> 자욱한 안개가 눈을 부비며
> 창을 핥으며 기어다닐 때
> 광주의 어머니가 서울을 향해
> 새벽 기침을 하시고,
> 6·25 직후에 세상을 뜨신 아버지가
> 목탁소리를 지붕 위에 흩뿌린다.
>
> —「새벽녘−국토·70」에서

　자신의 경험적 삶을 시적 상상력에 의해 생생하게 환기해주고 있다. 앞의 시들과 주제의식은 크게 다르지 않지만 어머니에 대한 존경이 극도의 표현으로 제시되고 있다. 어찌 보면 이는 아버지의 부정성을 무화시키는 의도적 수법으로도 볼 수 있다. 그러나 우리 민족의 전통적인 부권 우위의 가부장제를 인정하고 어머니의 순수성을 부각시키는 전략적 모색이라 하겠다.

　인용시는 어머니와 시적 자아를 끈끈하게 묶어주는 '새벽'의 묘사가 모성의 내향적 심상의 토대를 이룬다. 위의 시는 전체 4연 중 앞의 2연인데, "저녁내 쌓인 눈을 밟으며/나는 어디로 가는가"(3연), "내가 서야 할 수천 편의 시를 찾아가는/새벽녘 발걸음이 무겁다"(4연)처럼 심미적 안목 없이 일상적 진술로 끝맺는 두 연보다 인용한 두 연의 이미지가 단단해 보인다.

1연에서 시인은 뒤숭숭한 꿈에서 깨어나 그것을 담배연기로 말끔히 지운다고 말한다. 이것은 일상적으로 일어나는 행위에 불과하다. 2연에서 시인은 안개가 뿌옇게 일어나 있는 것을 보고 어머니가 기침을 하고 있는 것으로 얘기한다. 그것은 1연과 2연의 관계가 시인의 내면에 잠재해 있는 어머니로부터 자신의 감정을 표출하는 것이 된다. 아울러 위의 시에서는 자아가 몽환적인 상상력으로써 모성애에 대한 반응을 보이고 있으며, 그래서 주체와 객체의 상반된 세계가 갖는 사회적 의미는 크게 드러나지 않고 있다.

인용시에서 조태일은 어머니를 단순히 소재 차원에 놓아둔 듯 사회적 의미로서의 긴장의 요소는 크게 작동되지 않고 있다. 다만 어머니의 이미지를 끝 간 데 없이 드러내고자 각고의 노력을 쏟아붓고 있다고 하겠다.

> 고향을 떠나본 사람은 알리라.
> 고향을 떠나 떠도는 사람은 알리라.
>
> 세상살이 아무리 고달플지라도
> 도무지 앞이 안 보여 캄캄 내일일지라도
> 눈감으면 둥둥 떠오르는
> 저 우람하고 찬란한 사랑을.
> 천년 만년이고 온갖 시름 삭여
> 빚고을 오늘까지 지켜서
> 세상만사 열어주는 침묵을.
>
> 착한 사람 더욱 착하게 하고
> 용맹한 사람 더욱 용맹케 하고
> 부끄런 사람 더욱 부끄럽게 하는
> 어머니 같은 어머니 같은

저 무등을 바라보면
고향을 떠나본 사람은 알리라.

온갖 사연들을 끌어 모아 품고
하늘을 떠도는 원혼들을 모아 품고
넉넉함으로 그 한량없는 깊음으로
밤이면 밤마다 서걱이는 풀잎과 함께
보라, 아침을 틔워 온누리에 뿌리고
보라, 믿음을 닦아 온누리에 비추는
저 태연하고 육중한 모습을.

고향을 지키는 사람은 알리라.
고향을 다시 찾은 사람은 알리라.

(…중략…)

무등산.
무등산.
그대는 어제도 오늘도 내일도
이 세상의 사랑이고
이 세상의 어머니임을.

―「무등산―국토 · 78」에서

　어머니로부터 받은 애정을 정적인 이미지로 고정시켜 놓고 있다. 시
적 대상인 무등산이 모성적 이미지로 작용하고 있는 것이다. 이것은
어머니에 대한 시인의 애틋한 사랑의 표징이다. 어머니에 대한 그리
움이 "눈감으면 둥둥 떠오르"게 된다고 말하면서 순간적 감정을 응축
시키고 있다. 또한 가족들의 아픔과 허물을 감싸안는 "우람하고 찬란
한 사랑"의 표상으로 어머니를 그려내고 있다. 따라서 여기에는 시인

의 감상적 정서의 표출에 의한 정적 상징의 수법이 동원되고 있다.

시 「무등산」 역시 조태일의 시적 방향이 어디에 있는가를 충분히 알 수 있게 해준다. 문학 외적인 요소들을 최대한 무화시키면서 자신의 주체적 공간을 그려내고 있는 것은 바로 외적 세계를 잠재운 채 보다 자신의 내면을 드러내는 데 역점을 두고 있다고 할 수 있다. 화자가 무등산을 두고 "고향을 떠나본 사람"만이 알 수 있다고 한 것은 지각 대상을 내면으로 끌어들이는 근거가 된다. 3연에서의 '착한 사람', '용맹한 사람', '부끄런 사람' 들은 우리 민족을 면면이 이끌어온 실체 들로서 시인의 건강한 역사인식이 드러나게 해주는 어구들이다.

시집 『산속에서 꽃속에서』 간행한 이후에도 조태일은 시적 긴장을 팽팽히 유지한다. 그리고 비판적 대상을 끌어들여 자신의 세계관을 형성하는 것도 여전하다. 따라서 어머니의 엄격한 태도를 정서적으로 농축시키면서 현실을 지탱할 수 있는 시정신을 보다 큰 대안적 가치 로 삼고 있다. 「태안사 가는 길 2」에서 그러한 것들을 엿볼 수 있다.

> 광주직할시 서구 광천동 대문을 나서며/어머니!/오냐.//전남 곡성 군 삼기면 원등 선영을 지나며/어머니!/오오냐.//보성강 태안교를 지 나며/어머니,/오오냐, 오오냐.//내 탯자리를 지나며/어머니,/오오냐, 오오냐, 오오냐.//자유교를 지나며/어머니,/오냐아.//귀래교를 지나 며/어머니,/오냐아, 오냐아.//정심교를 지나며/어머니,/오냐아, 오냐 아, 오냐아.//반야교를 지나며/어머니,/오오냐아.//해탈교를 지나며/ 어머니,/오오냐아, 오오냐아.//금강문을 지나며/어머니,/오오냐아, 오 오냐아, 오오냐아.//일주문을 들어서며/어머니,/오오냐아아, 오오냐 아아, 오오냐아.//대웅전을 들어서며/어머니!/오냐.//부처님 앞에서/ 어머니!/……//지장보살/지장보오살/지이장보오살/지이자앙보오사 알, 지이자앙보오사알…

— 「태안사 가는 길 2」 전문

어머니 죽음에 의거한 몽환적인 상상력으로 볼 수도 있으나, 이 시의 더 근본적인 의미는 시적 자아의 무의식 속에 각인되어 있는 모성애다. 시인 자신의 자아를 응시하기 위해서 결핍의 공간인 유년시절을 되돌아보는 가운데 어머니의 존재를 확인하고 있는 것이다. 여기서 조태일은 자기세계를 구축하고자 어머니와의 관계를 연상기법으로 만들어 가고 있다. 상실된 가족의 삶에서 그는 이렇게 어머니의 존재를 빌어 인식체계를 운용하고 있다. 그런가 하면 시적 자아의 왜소하고 나약한 모습이 나타나 있다. 여기서 나약한 모습이란, 억압적인 현실을 도피하는 현실주의자들과는 달리, 어머니를 잃은 자아의 허무한 정신적 반응을 일컫는다.

시에서 어머니에 대한 관심을 신중하게 그러나 거침없이 시적 감정으로 토로하고 있다. 화자는 자신의 어머니를 순교자이며 구원자와 같은 현실긍정의 반열에 올려놓고 있다. 가부장적 제도 아래에서 묵묵히 집안일을 해내는, 순정적이고 도덕적이며 겸손함을 갖추고 있는 어머니다. 그럼에도 그동안 우리네 어머니들은 사회적 역할에서 면제되었으며, 단조롭고 연약한 여성으로 취급받아왔던 것이다. 조태일은 이것을 모성의 심리적 기제로 대체시켜놓고 있는 것이다.

조태일은 일제시대 태안사에서 대처승의 아들로 태어나 여순사건이 터지던 1948년까지 그곳에서 생활했다. 그러니까 유년시절에 대한 그리움은 어머니를 찾는 데서 시작할 수밖에 없다. 시인은 어머니의 일상적 의미부여에서 한발 더 나아가 비합리적인 상황 속에서의 어머니 세계를 읽어내는 주체적 시각을 확보한 것으로 평가할 수 있다.

시는 전체가 14연이고 각 연은 3행씩인 반복운율체계로 되어 있다. 그것은 시인 조태일이 기본적인 시의 체계를 고수하고 있다는 증거가 된다. 반복적인 어구와 규칙적인 운율 사용에 의해 딱딱하고 묵직한 분위기기를 신산한 느낌으로 전환케 해주는 요인이 되고 있다. 시의

규칙적 운율은 "가슴의 응어리가 확 풀리거나 절로 신바람"[81]나게 해
주는 효과를 낸다.

　그러나 위의 시는 형태상으로는 14연으로 되어 있으나 그 시상 전
개상으로는 하나의 단락으로 되어 있다. 다시 말해 점층적 시상의 전
개는 안 되고 있다. 그 일차적인 문제는 단일한 의미만을 나열한 까닭
이다. 상상력으로써 대상에 대한 이미지의 전개과정에서 다양한 변형
을 만들어 내지 못하고 또 시적 대상의 본질을 간파하지 못한 채 표면
적인 의미만을 간취하는 데 머물러 있기 때문이다. 그나마 인용시에
서 보듯이 조태일의 모든 작품은 현실에 좌절하거나 수동적인 무기력
함을 내비치지 않음으로써 시적 긴장을 형성하는 계기로 작용한다.
그러한 시적 태도가 다음 작품과 같은 어머니에 대한 주체적 의식을
담아내는 데 기여하고 있다.

　　　어머니
　　　우리 어머니.

　　　처녀적 생사공장에서
　　　번데기를 끓이던 어머니.

　　　둘째놈의 밥상머리에서도
　　　마냥 근심어린 가슴으로
　　　손주들의 오르락내리락 숟가락질
　　　찬찬히 바라보시다가

　　　　　(…중략…)

<hr>

81/ 강우식 · 박제천, 『시창작강의』(작가정신, 1988), 78쪽.

세상만사가 다 걱정이신
어머니
우리 어머니

오늘도
아침 밥상머리에서
침침한 눈으로 그 작기만 한
바늘귀를 실로 쑤셔대며 헛지르며

오십이 넘은 둘째놈과
손주놈들이 늘 마음 안 놓이시는
어머니
우리들의 어머니.

—「아침 밥상머리에서」에서

어느새 시인도 오십의 나이를 훌쩍 넘겼다. 그런데도 어머니는 "처
녀적 생사공장에" 다니시며 가족의 생계를 꾸리시던 습관으로 "아침
밥상머리에서"조차 삯바느질을 하고 계시다. 시적 상상력으로써 어머
니에 대한 주관적 반응만을 드러내는 것이 아니라, 담담한 어조를 통
한 대상에 대한 객관성을 확보하고 있다. 만족스럽지 못한 현실적 삶
과 직면하는 상황에서는 누구든 회의적 분위기에 빠져들어 부정적 인
식의 세계관으로 치달을 가능성이 큰 것이다. 그러나 인용시는 부정
적 인식은 내면화되고, 긍정적 인식을 표출함으로써 현실로부터 빚어
진 내면적 상실감이 제거되고, 삶의 갱신을 마련하는 시적 포즈를 보
여주고 있다고 하겠다. 어머니의 바느질은 고통스런 행위의 반복이
아니라 삶의 활력을 돋우는 동력으로 이해된다. 아침 밥상머리에서조
차 바느질일을 멈추지 않는 어머니로부터 모성애를 느끼고 그것이 어
머니의 미덕이라는 것, 곧 자식들 앞에서 어머니로서의 역할을 다하

는 모습을 보고 모성적 심상의 시적 발언을 구축하고 있다. 여기에는
어머니에 대한 시적 자아의 사랑이 내포되어 있으며, 어머니의 참모
습에 대한 예찬의 발언이라고도 할 수 있다.

어머니는 가족에 구속되어 온전한 삶을 가질 수 없었던 것이 그동안
우리 사회의 풍속도였고 미덕으로 여겼다. 한편으로는 시인 조태일은
그러한 사회적 풍속도를 비판하는 차원에서 어머니를 시에 끌어들인
것으로도 볼 수 있다. 말하자면 부권의 기득권을 유지하기 위하여 허
용한 모성적 아름다움이 얼마나 희생이 따르는가를 간접적으로 제언
하면서 그러한 사회현실에 대응하는 전략으로서의 시적 발현이라 할
수 있는 것이다.

조태일의 어머니에 대한 내향적 심상의 발현은 비판적인 논리를 함
유하고 있는 가운데 자유로운 발상법에 의거한 현실의 형상을 자연을
매개로 하여 이루어지기도 한다.

더도 아니고
덜도 아닌
꼭 우리 엄니 얼굴 같은
만월이 그 자애로운 가슴 풀어
때 묻은 내 얼굴 씻기신다.
여직껏 남들한테 들키지 않았던
내 몸 구석구석 때까지 씻기신다.

부르면
눈물 먼저 나는 어머니!

달무리 근처 빙빙 도는
저 찬란한 벌떼들,
그 그리움!

　시인은 「부활절 전야」에서 순수한 개인적 삶의 가치를 엮어 올리고 있다. '만월'을 통해 어머니의 모성적 감성을 부여하는 시인의 감정이 서정적이다. 자연의 공간을 개인적 풍요의 공간으로 채워나가는 시인의 변모된 세계관을 엿볼 수 있다. 원초적 모성의 이미지를 자연물에서 포착하여 구체적이고 현실적인 인간의 세계를 객관화하는 목소리가 구현되고 있는 것이다. 객관적 상관물 '달'에 모성의 이미지를 드리우면서 시적 주체의 역할을 수행하는 조태일 시인의 토속적인 시풍을 읽을 수 있다. 그래서 "자애로운 가슴 풀어/때 묻은 내 얼굴을 씻"어 주는 '만월', 즉 어머니의 성품을 예찬하고 있다.

　조태일의 모성의 내향적 심상은 막연하게 그리고 인위적인 모성애를 만들어내지 않는 데 시적 세련이 있다고 하겠다. 조태일은 시인으로서 삶의 본질을 탐구하는 가운데 어머니의 발자취를 사리에 맞추어 합리적으로 더듬어 나가고 있는 것이다. 위의 시 역시 시각적 이미지가 압도적으로 차지하고 있는 바와 같이 소박한 단순화의 모성적 무게를 읊조리고 있는 모습이다. 그렇기 때문에 인용시는 자연물 '달'을 매개로 한 모성의 존재 의미를 자연스럽게 돋우고 있다고 하겠다.

　오늘날 기계문명발달에 따른 인간세계는 황폐화되어 있으며, 실제로 국토는 인간의 이기주의에 의해 빠른 속도로 파괴되어 가고 있다. 그러한 사회적 상황과 자연의 위기를 인식하고 시대를 초월한 아름다운 자연을 지켜내고자 고군분투하는 시인의 마음이 담겨 있다. 조태일의 시에는 그래서 상실되지 않는 자연, 즉 규칙적인 생리현상과 자연분만 같은 자연적 특성을 지닌 모성적 삶의 가치가 놓여 있다.

(3) 정신적 순결성

한국 현대시의 전통은 공동체적 정서와 개인적 감정이 합쳐진 서정성[82]에 있다. 조태일의 시 역시 시대상황에 대응하는 공동체적 심상과 세련된 감수성에 의한 자유로운 상상력을 펼쳐 보이는 모더니즘적 서정미의 경향을 목도할 수 있다. 그의 시는 기본적으로 일상적 세계에서의 삶의 본질과 인간의 존재적 가치 추구를 균형감 있게 구현하고 있다는 점에서 의의가 크다. 특히 그의 시 곳곳에 상상력의 동력이 될 수 있는 정신적 순결성의 면모를 드러내고 있어 문학적 가치로서의 관심을 더해준다.

조태일의 시는 현실 사회의 모순성을 강하게 드러내는 가운데 자아의 주체적 세계관을 세워나가는 과정으로 읽힌다. 시를 통한 사회문제를 거론하고 자아의 의지를 지탱할 수 있는 미학적 영역의 강화가 이루어지고 있기 때문이다. 그는 때로는 물신화된 세계와의 소통관계를 거부하고, 때로는 국토를 형성하고 있는 획일적인 사회제도에 반기를 든 시인이다. 그의 이러한 삶의 밑바탕에는 시인으로서의 양심과 미적 실현을 확보해 나가려는 정신적 순결성이 자리하고 있다고 하겠다. 조태일 시심의 본령을 정신적 순결성과 관련짓고 이에 대해 그 과정을 도식화하면 다음과 같다.

(A)개인의 근원 조건↔(B)삶의 공동체적 정서
    ↓   ↓   }정신적 순결성
(a)욕구의 충족 갈망↔(b)삶의 원시적 건강성

82/ 유성호, 「현실 지향의 시정신과 비판적 주체의 성립」, 민족문학사연구 편, 『1960년대 문학 연구』(깊은 샘, 1998), 124쪽.

이와 같은 도식적 분석은 두 개 이상의 모순되는 의미들을 하나로 통합시켜내는 변증법적 방법론[83]에 근거한다. 유토피아를 지향하는 개인으로서 삶의 주체적 자아인 시인(A)은 한편으로 집단의 공동체적 일원이다. 그렇기 때문에 개인으로서의 삶의 욕구를 충족시키기 위해 끝없는 유토피아적 삶을 갈망(a)하게 된다. 개인적인 욕구는 집단의 욕구로 드러나기도 하는데, 이때는 공동체의식이 결여될 여지가 많다. 그러므로 (b)를 되찾기 위하여 모순적 현실을 비판하고 역사의식이나 사회적 관심으로서 (a)와의 싸움이 불가피하다. 그리하여 공동체적 정서를 바탕으로 한 자아(B) 형성이 이루어지면서 인간의 본질적인 삶의 형태를 그려나가는 꿈을 잃지 않는 것이 조태일 시인의 정신이다.

그를 가능하게 할 수 있는 것은 인간의 이성에 입각한 지속적인 순수함을 잃지 않는 것이다. 따라서 (A)와 (B)가 충돌·대립하는 가운데서도 유토피아 지향성을 놓치지 않으려는 조태일 시인의 정신적 순결성을 확인할 수 있게 된다. 따라서 조태일의 삶의 구조가 그대로 시의 기본 골격을 이루고 있다고 하겠다. 이는 상대주의적 해석에 의한 것으로 까간의 "개인적인 것과 사회적인 것의 변증법"[84] 논리와 상통한다고 볼 수 있다.

이처럼 조태일의 시를 변증법적으로 바라보는 데에는 그의 시가 끊임없이 모순의 실체들을 파헤치고 그를 해결하기 위한 각고의 노력이 작품 속에 담겨있기 때문이다. 모든 구성체는 모순이 내재해 있음을

83/ 프레드릭 제임슨은 『변증법적 문학이론의 전개』에서 "변증법적 사고는 특정한 문제의 딜레마를 해결하기보다는 그런 문제가 보다 높은 차원에서 스스로 해결되도록 전환시키며 문제의 존재와 사실 자체를 새로운 탐구의 출발점으로 삼는 것을 목표로"하고 있는데, 이는 헤겔의 변증법이 '나'라는 인간을 주체로 출발하고 있는 것과 통용된다. 조창섭, 『현실주의 독일문학』(서울대학교출판부, 1994), 25-29쪽 참조.

84/ Moissej Kagan, *Vorlesungen zur marxistisch-leninstischen Asthetik*(Dietz Verlin, 1975), S.121.

인정하고 그것을 무화시켜내는 하나의 방법은 내면적 질서를 전도시키는 발상이다. 조태일 역시 사회에 대한 관심으로 촉발된 모순성이 자아의 발견으로 나아가는 데 유효하게 쓰여지고 있다. 시적 자아로서의 내면적 갈등이 해소되어 가는데 사회의 부정적 요소들을 외면하지 않고 그를 오히려 사고의 중심에 두는 방법이다.

　조태일의 시는 따라서 인간의 허세와 자기기만을 거부하고 자기세계에 대해 참다운 삶을 제공하는 데 중점을 두고 있다. 모순투성이의 사회현실에 새로운 질서를 구축하기 위한 방편의 하나로 자신의 원초적 순결성을 확보하는 데 의의를 두고 있다.

> 피묻은 피묻은 처녀막을 나부끼며
> 아프고 피비린 냄새를 풍기며
> 광화문 네거리 한복판에
> 내가 섰다 내가 섰어.
>
> 삼천만 개의 쌍눈을 번뜩이며
> 삼천만 개의 쌍귀를 세우고
> 삼천만 개의 가슴을 비벼 불꽃 튀는
> 불꽃 튀는 단일화된 외침을 가지고
> 삼천만의 기념비처럼
> 내가 섰다. 내가 섰어.
>
> 　　　　　　　　　　—「나의 처녀막③」에서

　당대 시대의식의 공감대를 형성하는 강렬한 의지가 내포되어 있다. 구체적 체험의 상징화로 이루어진 시대의식이 긍정적 전망으로 표출되어 있다. 열성적 모습으로서의 상투성이나 관념적 어구가 거슬리기는 하나 부정한 세계와의 대결자세는 인간적 순수성이 부각되어 있다고 할 수 있는 것이다.

삶의 상실감에서 벗어나 당당한 태도로서 현실적인 문제와 부딪치는 일이야말로 인간적 가치를 보여주는 것이다. 비탄의 어조가 아닌, 활력 넘치는 어구들로 하여금 새로운 삶을 구가하는 시인의 세계를 엿볼 수 있다. 이러한 시적 어구들이 바로 조태일 시인의 시적 본령이라 할 수 있는데, 이는 삶의 순수성에서 기인하는 바가 크다. 불합리한 사회구조와 맞서 희생하는 자세로서의 투쟁은 삶의 정직성에서 가능하기 때문이다. 불구의 사회현실을 통찰하고 주체적 비판을 가할 수 있었던 시인이었던 만큼 그의 마음가짐이 어떠하였는지는 충분히 가늠하고도 남는다.

조태일 시인은 불구적 세계 안에서도 자아의 존재를 끊임없이 재확인하면서 공동체의식을 환기시키는 순수성이 남달리 강했다는 증거가 시에서 드러나고 있다. 위의 시에서 알 수 있듯이 권위주의의 지배 권력으로부터 상처 입은 주체적 자아의 순결성을 민중적 의식으로 형상화함으로써 '처녀막'의 상징성이 고도로 부각되고 있다. 여기서 시인은 상상력에 의해 인간적 존재의 가치를 묻고 있다. 개인적 삶을 보장받지 못한 암울했던 시대에 조태일 시인은 그러나 주체적 자기인식 아래 능동적인 삶의 의지를 보여주고 있다.

정치적·사회적 문제와 부딪힐 수밖에 없는 시인은 안위의 방도를 찾기보다는 내내 공동체적 공간을 확보해 나가고 있음을 볼 수 있다. 이때 시대상황에 대한 대응력으로서 지녀야 할 매개가 필요한데, 조태일의 작품에서 드러나는 것은 순결성이다. "아프고 피비린 냄새를 풍기"는 것은 축적된 감정을 폭발시키는 행위의 다름 아니다. 그러나 이것은 이념적 대결의 분노라기보다 시적 주체의 순결성임을 '처녀막'이라는 이면적 의미와 연결해 보면 쉽게 알 수 있다.

"피묻은 피묻은 처녀막"은 자신의 의지와는 상관없이 외적인 힘에 의해 육체적 · 정신적으로 유린당했음을 외현화시켜주고 있는 것이다. 그럼에도 시적 주체는 당대 현실, 즉 군사독재정권의 상징인 중앙청 "광화문 네거리 한복판에" 의연한 자세로 그 상처 입은 "처녀막을 나부끼며" 존재하고 있음을 확인시켜주고 있다. 비합리적인 정권 앞에 자신의 존재를 부정하지 않고 인간적 양심으로서 위기 상황에 적극적으로 대응하는 모습을 부각시키고 있다고 할 수 있다. 이러한 시인의 적극적인 태도가 정신적 순결성을 바탕에 깔고 있었기에 가능한 것이다.

올바른 삶을 향한 주체로서의 적극적 목소리, 즉 시적 자아의 격정적인 어조를 통해 시적 진실이 드러나고 있으며 그러한 내면적 의미 확충이 정신적 순결성으로 체득되고 있다고 하겠다. 정신적 순결성은 조태일 시인의 마지막 양심적 보루로 작용하고 있다고도 말할 수 있다. 작품을 통해 시인 조태일이 현실과 치열하게 맞서 싸웠음을 알 수 있듯이 그의 양심적 행위는 공동체적 전망의 확보로 이어진다. 그래서 그의 시는 시적 자아의 내면공간에 존재하고 있는 순결성의 대치물인 처녀막의 의미화를 통해 사회의 허구성을 보여주는 의식적 노력의 산물이라고도 할 수 있는 것이다. "불꽃 튀는 단일화된 외침"과 같은 것이 강력한 주체적 사회의식을 엿볼 수 있는 어구다. 그의 이러한 시적 언사는 일체의 기교적 표현을 배제하고 현실적인 대응력을 유지하는 데 유효하게 쓰여지고 있다. 따라서 순결성을 지니고 있는 처녀막의 이미지가 개인과 사회의 관계 사이에서 높은 상징성을 부여받고 있는 것이다.

한편 위의 시처럼 시대적 삶의 체험으로 체득된 정신적 순결성은 조태일 시에 있어서 모성적 순결성과 관련지어 논의의 거리를 제공하고 있다. 그것은 시인이 현실적 삶의 타개를 위한 방법으로 어머니의 삶을 시적으로 발아하고 있는 까닭이다.

수많은 별들을 이끌 때라야만
달은 피어오른다.

수많은 별들을 이끌고
달이 피어오른다.

목에 찬 저 한의 덩어리를
어떤 바람이 감히 쓸어버리랴.

더러는 집을 나가 돌아오지 않고
더러는 영영 생명을 버린
자식들을 참 못 잊은 채
남은 자식들만이라도 무릎 가까이 모아 앉히고

순한 우리 어머니들이
못다 베푼 사랑을 피워올리듯
그 사랑이랑 함께 피어오르듯

우리들의 캄캄한 가슴엔
수많은 별들을 이끌고
달이 피어오른다.
순한 어머니가 피어오른다.

어떤 바람이 감히 이 사랑을 쓸어버리랴.
어떤 칼날이 감히 이 자유를 베 버리랴.

―「달―국토 · 41」 전문

시인은 일상적으로 대하는 '달'에게조차 어머니의 음영과 표리관계
에 놓이게 한다. 모성적 본질을 자연의 세계와 동일시하는 시인의 깊

은 철학적 사유를 알 수 있게 하는 작품이라 하겠다. '달'에 함축되어 있는 모성의 이미지는 어머니의 인식적 가치, 즉 온화함과 넉넉한 심성의 기질이 표백되어 있다.

달을 매개로 모성의 정서를 대상화함으로써 유년의 시간과 공간이 응축된 시적 자아의 심상을 읽을 수 있 있다. 달은 자연의 법칙에 따라 순환된다. 따라서 조태일이 시적 대상으로 삼은 달은 시인 개인의 현실적 삶의 정서 그 이상도 이하도 아닌 것이다. 별들과의 상호작용 형식으로 묘사되어 있는 달은 시적 자아의 어머니며, 별은 가족으로 비유된 것이라 할 수 있다.

한편 존재자를 존재자로 있게끔 하는 조태일의 자유의 정신이 나타나 있다.[85] 그 자유 속에는 "한 시대의 겸허한 예언자적 기능"[86]도 포함되어 있으므로 화자가 달과 어머니를 동일시하고 있는 것은 당연하다.[87] 그러나 시인의 현실은 여전히 자연적 삶을 억누르는 정치체제에 직면해 있다. 그것은 "목에 찬 저 한의 덩어리"인 달, 즉 불균형의 삶에 매몰되어 있는 어머니다.

조태일은 그의 시적 작업에서 어머니를 때 묻지 않은 자연과 결합시키고 있다. 이러한 시도는 그가 "순한 우리 어머니들이/못다 베푼 사랑을 피워올"린다고 하면서 자연적 뿌리인 순결성을 잃게 될까 조바심하고 있는 데서 알 수 있다. 근대 이후에도 꾸준히 여성들은 그러한 자연발생적인 순결성이 문명의 발달 과정 속에서 침해 - 아이의 출산이나 임신을 제한하는 낙태, 또는 피임약 복용 - 받아 왔다. 그럼에도

85/ 하이데거는 정신을 불·불길·연소·대방화라 정의하고, 정신이란 불붙고 있는 화염과 불꽃이라 했다. 자크 데리다, 김보현 편역, 『해체』(문예출판사, 1996), 286-287쪽.
86/ 정효구, 『한국문학』(1987. 4), 405쪽.
87/ "동일성은 객관세계의 상실과 자아상실이라는 두 가지 위기감에서 야기된다." 김준오, 『시론』(삼지원, 1997), 393-403쪽.

조태일 시인은 순결함이 배어 있는 어머니에 대한 신뢰를 잃지 않고 있다. 그러한 순결성을 화자를 통해 그 어떤 바람에게도, 칼날에게도 절대 지켜낼 것임을 마지막 연에서 확신하고 있음을 보여준다. 시인의 이러한 내면에 자리잡고 있는 어머니에 대한 순결성은 자신의 순결성으로 전이되어 간다.

> 너 들끓는 쬐그만 가슴을
> 흐트리지 않고 용케도
> 여기까지 왔구나.
>
> 무슨 소문 듣고파서
> 다투며 밀려오는 파도에
> 큰 눈을 맡기고 설레이는 마음 맡기고
> 기대어 있는 너의 곁에까지
> 숨 할딱이며 나 또한
> 용케도 따라왔구나.
>
> 지평선 끝에 타오르는
> 이 시대의 그리움들은 파도치고,
> 저녁놀로 타오르고.
>
> 별들이 하나둘 떠오를 때까지
> 순한 서로의 눈들은 불꽃이 되어
> 포개지고 얼싸안고 함께 나뒹굴 때
> 그렇게 그렇게
> 사슴의 눈에 사슴의 눈이
> 어른거릴 때
>
> 우리는 입을 열지 않은 채

두고 온 온갖 소문들을
파도에게 별빛에게 퍼뜨렸다.

거듭 사슴의 눈에
사슴의 눈이 포개질 때,
우리의 눈이 어른거릴 때,
파도는 소문이 되어
더 큰 바다를 향해 떠나고
별들도 소문이 되어
하늘에 바다에 웅성거렸다.

—「연가」 전문

　시적 자아는 고결한 순결함을 잃지 않고 삶을 지탱시켜 나가고자 각고의 노력을 한다. 시대의 아픈 경험을 안고 새로운 시대를 갈망하는 의미가 내포되어 있는 것으로 보인다. 불운했던 시대의 사회적 상황 인식을 길어 올리는 가운데 안정적 삶을 꿈꾸는 자아를 구현한 것이라 할 수 있다. 또한 서정적 자아로서 자신의 삶을 확대해 보여주는 가운데 인간 상호간의 관계에 대한 철학적 의미를 드러내려는 의도가 깔려 있다. 그러니까 시적 자아의 민중적 정서로서의 저항 정신이 함유된 시적 의미를 갖는다. 그것이 "순한 서로의 눈들은 불꽃이 되어"로 제시된 것이라 하겠다. 시에서 사슴의 눈은 시인 자신의 눈이라 할 수 있다. 순수한 존재성을 부각시키기 위한 하나의 제재로 선택한 사슴, 이는 조태일 자신의 정신적 순결성과 결부시켜 볼 수 있다. 그러하기에 사슴처럼 "입을 열지 않"고도 부정한 세계에 대한 비판적 시야를 가질 수 있게 된 것이라 하겠다.

　현대사회를 지배하는 일방적 자본주의 체제는 기존의 사회적 가치를 꾸준히 바꿔놓고 있다. 과학기술발달에 의한 인간은 자동 기계화되어 버린 지 오래다. 그에 따라 인간의 개체들은 파편화되어 삶의 문제들을 이전과 달리 각자 스스로 풀어내야 한다. 이러한 사회적 인식은 순결성을 담보하지 않고는 제대로 확보할 수 없다. 시 「연가」에서 조태일의 그러한 인식적 묘사가 깔려 있다.

조태일은 사회 경험에서 체득된 정신적 순결성을 대상에 대한 비판적 관점으로만 현현하지 않고 자아 성찰을 형성하는 사유를 드러내기도 한다.

별들은 밤에도 눈을 감지 못한다.
수많은 새끼들은 무릎에 앉히거나
팔베개를 하고 자장가를 불러도
별새끼들은 에미와 애비를 따라
밤새도록 눈감을 줄 모른다.

풀잎들은 밤에도 눕지 못한다.
눕기는커녕 밤새도록 몸을 뒤척인다.
수많은 새끼들을 껴안거나
어루만지며 자장가를 불러도
풀새끼들은 에미와 애비를 따라
밤새도록 누울 줄을 모른다.

구름들을 보아라.
별들의 초롱초롱한 눈빛을 받으며
풀잎들의 서걱이는 몸짓을 보며
구름들도 멈춰 있지를 못한다.

수많은 새끼들을 꽁무니에 달거나
겨드랑이에 끼며 자장가를 불러도
구름새끼들은 에미와 애비를 따라

밤새도록 쉬지를 못한다.

시인들은 밤에도 눈을 감지 못한다.
별들이며 풀잎들이며 구름들이 자지 않는 한
수많은 시인들은 이 어둠 속에서
잠을 잘 수가 있겠는가?
에미와 애비와 새끼들도 한통속이어서
별들과 풀잎들과 구름들과 시인들도
한통속이어서 끝끝내 이 어둠을 두고는
잠들지 못한다.

—「밤에 쓴 시」 전문

  '별', '풀잎', '구름', '시인' 등의 시적 언어를 활용, 감상적 이념을
극복하는 자아성찰의 계기를 이루고 있다. 이들 언어의 쓰임으로 조
태일의 여타 작품에서 느껴지는 투박하고 경직된 분위기가 쇄신되고
이미지와 상징으로써 미적 의미를 강화하는 시적 본래의 역할의 계기
를 마련하고 있다. 이는 시인의 정신적 순결성에 잘 부합되는 시적 방
법론이라 할 수 있다. 위의 시는 그러나 사실적인 풍경만 보여줄 뿐,
새로운 차원에서 거듭나게 할 아름다움이나 삶의 전망의 세계는 명징
하게 드러내 보여주지 않는다. 그럼에도 사유의 구체적 전개 과정으
로 볼 때, 불균형이 노정되는 삶에 대한 비판적 인식과 삶의 역동적
의미망을 구축하기 위한 자기성찰이 함유되어 있다고 하겠다.
  시의 구성은 파격적인 언어구사나 이념 과잉의 통사구조는 거세되
고 삶의 새로운 질서를 모색하는 시적 자아의 정신적 순결성이 뚜렷
하게 나타난다 하겠다. 시적 자아의 눈에 비친 대상들을 향한 가치 부
여는 별→풀잎→구름→시인들로 전개되면서 살아 있는 것들에 대한
영생의 꿈을 강화하는 것으로 보인다. 자아성찰에 의한 존재의 각성

과 연민의 대상으로서 본질적인 삶으로의 귀향을 촉진하는 형태라 할 수 있다. 그렇기 때문에 시는 연민의 시선과 더불어 이해의 심정으로 구축되고 있다. 시적 대상들이 "밤새도록 눈감을 줄 모르"고, "밤새도록 누울 줄을 모르"고, "밤새도록 쉬지를 못"하고, "잠들지 못"하는 것으로 그려진 것도 그러한 시적 자아의 삶과 동일시하는 시적 발언이라 하겠다. 이러한 자아성찰은 정신적 순결성이 내면에 자리 잡고 있는 데서 가능한 것이다.

조태일에 의하면 시인들은 "별들이며 풀잎들이며 구름들이 자지 않는 한" "잠을 잘 수가" 없다. 그것은 시인들이 "별들과 풀잎들과 구름들과" 한통속이기 때문이다. 그리하여 시는 별=풀잎=구름=시인이라는 등식으로 바라보게 된다. 조태일 시인이 이렇게 자연의 요소를 끌어들여 자아와 동일시하는 데에는 시인 역시 자연의 일부로서 자연을 통해 인간의 삶을 통찰할 수 있기 때문이다.

조태일은 소시민적 삶에 연연하지 않고 꾸준히 그러한 자연적 요소들로 하여금 사회와의 관계를 지속하려는 노력을 보여준다. 실제로 그는 시대적 아픔들을 치유하지 못한 점에 대해 다음과 같이 반성하고 있다.

민족의 슬픔을 알고 그들의 앞을 개척해 주는 역할을 문인들이 맡고 있다면 지금까지 시나 소설이 무엇을 했느냐는 반성을 하지 않을 수 없었다. 지금까지 문학작품들이 민중보다 앞서가지 못하고 감상적으로 허위적 거려 절실하지 못했던 적이 많았다고 생각된다. 또 솔직히 말해서 용기를 갖지 못한 점도 있다.[88]

공동체적 연대의식으로 민족적 삶의 모순을 감지하고 그러한 사회

88/ 조태일, 『중앙일보』(1983. 7. 9).

구조를 문제 삼아 문학으로써 맞닥뜨리지 못한 점을 아쉬워하고 있다. 이것이 그를 예리한 현실의식을 소유한 시인으로 보게 되는 가장 큰 이유다. 민족과 사회현실의 직시는 정신적 순결성이 내면에 침잠되어 있지 않으면 불가능한 것이다. 시인의 정신적 순결성은 냉철한 자기반성에서 비롯된다는 얘기가 된다.

정신적 순결성의 확보는 부정한 현실의 실체를 끄집어낼 수 있는 요체기도 하다. 한편 시적 자아의 어머니와의 애정적 관계를 도모하면서 순결성의 인식을 강화시키는 내적 논리를 형성하고 있다. 그런 가운데 시인은 바깥세상을 향해 모성적 실체를 찾아 나서고 있다. 이때 어머니의 순결에 대한 인식적 토대는 인간의 삶에 대한 긍정적인 시선이다. 따라서 정신적 순결성은 가족의 존재를 부각하게 된다.

간밤에 큰비가 오면
어머니는 잠을 못 이뤘다
간밤에 큰눈이 오면
어머니는 몸을 뒤척였다

우리 칠남매의 꽁보리밥을
한 숟갈씩 공평하게 펴서 아침이면
광천동 다리 밑의 그 거지를 찾았다

수족을 잘 쓰지 못한 채
빼꼼한 눈만을 껌벅이는 그 왕자를
누가 버렸나 우리의 땅에서

생사공장에서 귀가할 때마다
누이동생 업고 마중가다가
나는 보았다

어렵사리 들고 나온 번데기 한 웅큼
그 왕자에게 주는 것을
걱정 많이 보이는 어머니의 전체를.
—「다리 밑의 왕자-국토 · 56」 전문

이 시는 꾸밈이 없다. 시적 상징이나 이미지 현현을 위한 기교적 수사가 극도로 절제되어 있다. 어머니에 대한 지고지순한 사랑만이 표출되어 있다. 어머니의 구체적인 이미지를 그리면서 자신의 심정을 토로하는 가운데 자아의 정신적 순결성이 드러나고 있다. 다만 어머니에 대한 맹목적인 예찬에 머물지 않고 창조적 원동력으로서의 어머니의 상을 담아내고 있는 것이다.

우리네 어머니들은 어느 시대에서나 남성들보다는 유약하고 섬세한 감수성의 소유자로 인식되어 왔다. 정신적 순결성이 남성들보다 우위에 있다는 말과 같다. 이러한 논리적 기반은 그동안의 어머니들에 대한 일반적인 이해에서 쉽게 찾아볼 수 있다. 여성들보다 남성들이 거친 성격의 소유자로서 누구든 여성들보다는 남성들을 두려운 존재로 인식되어 온 것이다.

시에서 조태일이 어머니의 인간적인 삶에 경도되어 있음을 알 수 있다. 시인의 어머니도 다른 어머니들처럼 늘 현실적 삶에 부딪치며 살아가는 존재다. 그렇기 때문에 삶의 문제를 껴안고 살아갈 수밖에 없음을 인지하는 차원에서의 시적 형태를 취하고 있는 것으로 바라보게 된다. 모성의 실체를 발견하는 일이 시인으로서의 의무가 아니라, 사회에 때묻지 않은 아이처럼 "간밤에 큰비가 오"고 또 "간밤에 큰눈이" 올 때마다 "몸을 뒤척"이며 잠을 쉽게 이루지 못하는 어머니의 모습을 지켜보는 가운데 정신적 순결성이 더욱 더 필요하게 되는 것이다.

어머니의 모성적 실체인 순결성을 시인은 어디서 어떻게 표현하고 있는가. 그것은 "광천동 다리 밑의" 거지를 도와주는 행위에서 찾아진다. 타인의 궁핍함에 대해 아파하는 마음이야말로 이타적 심성의 소유자인 것이다. 가난한 자가 빈곤한 자에게 베푸는 박애주의, 곧 소박한 삶에서 우러나오는 정신적 순결성이 어머니를 존재케 하는 지표가 된다. 조태일 시인은 이에 따라 어머니로부터의 순결성을 이어받아 기계문명발달에 의해 인간성이 상실되어버린 인간사회를 바꿔보려는 노력의 일환으로 자연적 모태를 찾아 나섰다고 볼 수 있는 것이다. 어머니로부터 받은 순결한 정신이며, 현실의 복잡다단한 인간세계에서 자기 스스로 순결성을 잃지 않으려는 극복도 마다하지 않는다.

> 바람을 따라
> 바람이 바람의 바람의 뒤를 바짝 따르듯
> 나도 바람처럼
> 바람의 바람의 뒤를 바짝 따랐네
>
> 바람을 따라
> 단맛 쓴맛 팅팅 오른 꽃밭을 지나
> 팔랑거리는 개울 물살 위를 지나
> 비틀거리는 마른풀 향기를 지나
> 바람의 바람의 뒤를 바짝 따라가 보니
>
> 팔십 평생 걸음 멈추시고
> 어머님! 쉬시는 곳,
> 그곳에
> 노오란 잔디,
> 단풍 물든 햇볕,
> 먼저 온 바람들이
> 노닥거리고 있었네.

—「바람을 따라가 보니」 전문

어머니는 이제 이 세상 사람이 아니다. 시인의 정신적 지주로서 평생을 고결하고 숭고하게 살다가 결국 땅 속에 묻힐 수밖에 없는 인생 무상을 당신이 아닌, 화자가 깨닫고 있다. 시에서 바람은 세월이다. 그러므로 화자도 바람을 따를 수밖에 없는 운명을 직시하고 자기도 언젠가는 어머니가 편히 쉬시는 곳에 닿을 것이라는 생각을 한다. 그렇기 때문에 화자는 어머니의 무덤 앞에서도 슬픔을 내비치지 않는다. 그리고 그 순결하고 진실한 모성애를 "어린 풀들이 잔뿌리 발버둥 치며/하늘로 하늘로 끌어올리려 숨가쁘다."(「무등산」에서)고 토로한다. 시인의 정신적 순결성이 신비화되고 있는 순간이다.

조태일은 이 밖에도 그의 마지막 시집인 『혼자 타오르고 있었네』에서 화자를 통해 모성적 이미지에 의한 정신적 순결성을 잘 형성시키고 있다. 이들 시적 묘사에서는 정신적 순결을 좀더 강한 울림으로 표출하기 위하여 비교적 서정적 분위기로 이어가고 있다. 그 시행을 나열하면 다음과 같다.

1) 이제야 어머님 무덤가에 사시사철 맴돌며 산다./엄마야, 엄마야, 엄마야,(『메아리』)
2) 오메, 내 새끼/오메, 내 새끼(『분꽃씨』)
3) 이제는 마당가에 누워 있다.//어린 새끼/가득 밴 채.(『붉은 고추』)
4) 이젠/깨끗한/침묵으로/아문다.//어머니의/임종처럼.(『꽃들이 아 문다』)
5) 봄빛은/어미 품속/파고드는 노랑, 하양, 검정 병아리들.(『봄빛』)
6) 저승의 내 마음속에/영원히 남으리/나의 싱그러운 처녀, 처녀 인…(『처녀작』)
7) 순하게 순하게 엎드린 마을의 등허리를/언제까지나 토닥거리며

서있는(『동구나무』)

8) 어머니의 굽은 등은/이젠,/아스라이 멀기만 한 산등성인데(『들깻
잎 향기』)

9) 어머님/편안하시죠?/오냐, 오냐,/ 편안타, 편안타. (『어머니를 찾
아서』)

역사의 흐름에 따라 문학도 그 시대의 현상과 함께 지속과 변화를 거듭하며 다양한 창작방법에 의해 발전되어 왔다. 한국의 시들만 보더라도 1900년 전후의 개화기, 1910년부터의 국권상실기, 1945년부터의 해방기, 1950년 전후의 분단기, 1970년 전후부터의 산업부흥기, 2000년 전후부터의 통일이행기 등 큰 역사적 사건발생 때마다 시인들은 그 의미를 새롭게 작품으로 담아내느라 분주했다. 문학 활동이란 숨겨진 인간적 삶의 진리를 세상 밖으로 끄집어 올리기 위한 예술적 몸짓이므로 비록 창작행위 자체가 허구이고 사실에 부합되지 않더라도 거기에는 창작자 삶의 경험이 녹아 있기 마련이다. 모든 문학작품에는 그 시대의 인간적 삶의 흔적들이 묻어 있다고 할 수 있다. 특히 조태일은 남다른 역사인식과 사회의식으로 그에 걸맞은 상상적 작품을 산출한 시인이다.

민족의 결속 파괴를 낳은 1950년 6·25 한국전쟁은 이미 1948년 4·3 민중항쟁에 불을 지핀 극단적 좌우이데올로기 대결로부터 시작되었다. 그 후 10년 동안은 민족적 이질성을 가져온 분단의 허구성을 파헤치지 못한 채, 저마다 새로운 삶의 희망마저 접어버린 시대였다. 시에서도 이념적 갈등과 분단의 현실 문제를 극복하지 못하고, 윤리의식이나 인간탐구 같은 시적 논리로 합리화하면서 지적인 편협성을 드러냈다.

1960년대에 접어들어 지난 시대의 비극을 초래한 정치적 이데올로기가 정치위정자들의 권력에서 비롯되었음이 비판적으로 제기되면서 4·19 민주혁명을 통하여 시대의 정직한 목소리가 표출되기에 이른다. 4·19 혁명의 결과로 문화 전반에서 현실적 삶에 대한 새로운 인식이 싹트기 시작했고, 시인들에게도 자유와 권리에 대한 열망을 불러일으키는 전환점이 되었다. 이와 같은 사회상황을 근거 삼아 시인들은 현실의 문제를 보다 치열하게 표출하기에 이른다. 박봉우, 신동엽, 김수영 등이 그들이다. 1960년대 후반에 이르러 최하림, 신경림, 이성부 등과 함께 조태일이 부정한 현실에 대한 저항정신을 이어나갔다. 이들은 구체적·진실적 현실의 반영을 목표로 삼았다.

올바른 역사인식과 사회의식을 민중적 정서로 현현한 조태일의 시적 작업은 1970~80년대 소시민적 한계를 극복하고 부조화된 삶의 구조에 대한 비판적 인식과 자율적 인간의 존재와 가치를 지향하는 김남주, 곽재구, 김정환, 백무산, 박노해 등에게 영향을 끼쳤다고 볼 수 있다.

조태일의 시 세계는 민족의 정체성을 묻는 작업과 궤를 같이 한다. 주체적 자기인식의 발로로써 투철한 시대의식을 가진 시인인 것이다. 조태일 시 세계의 한 축인 국토의 문제는 삶의 질 중심의 공동체 문화와 냉전적 이데올로기 해체, 경쟁과 분열의 사회질서 재편 등과 길항관계에 놓여 있다. 인간적 삶의 가치를 뚜렷하게 설정하고 거기에 침투되는 모든 부정한 현상들을 거세하기 위한 몸부림으로 산출된 연작시 「국토」를 비롯한 많은 시작품들로 문학적 성과를 얻어냈다.

남북으로 갈라진 민족이 통일되지 못하는 한, 한반도 문제는 영원히 해결되지 못한다. 따라서 조태일의 시는 세계 자본주의로 인한 물신주의를 거부하고 민족적 삶에 기초한 인간옹호의 원리에 두었다고 할 수 있다. 자연히 그의 시적 성취는 상대방을 이해하고 또 나를 이해시키는 대안으로서의 민족공동체의식을 내비치고 있다. 민족은 그에게 있어서 자아와 세계 사이를 좁힐 수 있는 힘의 원천이자 전망의 주체가 된다. 반 백 년이 넘는 긴 세월 동안 남북을 갈라놓았던 역사의 벽을 사실성과 순결성, 그리고 미적 기법을 동원하여 시적 대응을 시도했다는 사실에서 조태일의 문학사적 의의는 크다고 하지 않을 수 없다. 삶의 경험을 통해서 민족의 역사성을 올곧이 세우고 그와 함께 개인의 참된 문화적 창조에 매진한 것이야말로 물질문명발달로 인한 현대인들의 파편화되고 자동화된 의식을 깨치는 데 일조한 것이다.

한편 그의 시는 자족적 생명의 공간인 향토의식이 충만해 있다. 그의 시적 향토는 인간성이 상실되어 버린 도시로부터의 탈출구로서 정신적 귀향과 맞닿아 있다. 그의 향토에는 생명의 역동성을 느낄 수 있는 자연적 요소들이 곳곳에 자리잡고 있다. 조태일에게 있어서 향토의식은 자기 정체성을 확고히 다지는 계기로 작용한다. 그리하여 자기의 분신이라 할 수 있는 '눈물'과 '모성'의 제재를 취급하여 상상력으로써 사회적 성격을 창조하는 형식을 보여준 것이다.

눈물은 개인의 심리적 현상이지만, 슬픔에서 오는 감정의 형태를 조태일 시인은 사회적 관계 속에서 용해시켰으며, 모성은 운명적 사랑의 관계를 나타내는 인간적 특성이지만, 이 또한 시인에 의해 순결성과 함께 현실적 삶의 세계에 생기를 불어넣을 수 있는 원초적 심상의 기제로 삼았다. 그 결과 한국의 근대화 과정에서 드러난 불구의 사회구조와, 권위주의적 정치권력에 맞서 현대사회의 병리적 현상의 하나인 인간성 상실, 세대 간의 갈등 등을 불식하고 공동체의식 회복의 가능성을 보여주었다고 할 수 있다.

그러나 조태일의 시 세계는 현실 참여적 형상화 못지않게 서정적 주체로서의 소박한 자연의 정서도 흘러넘친다. 그렇기 때문에 조태일이 인간세계를 총체적으로 인식한 시인이라 할 수 있다. 삶의 다양성을 추구하며, 시적 주체의 통찰에 따른 인간 상호간의 유기적 결합의 성격을 드러냈다고 할 수 있다. 본론에서 전개한 시적 논리를 정리하면 다음과 같다.

향토의 세계에서는 과거와 현재적 삶의 연결고리로서 대지가 놓여 있다. 거기에는 고향을 토대로 한 근원적인 생명의 뿌리가 시적 정황으로 제시되고 있었다. 대지에는 아리스토텔레스의 질료로 설명되는

'흙'과 '바람'의 자연적 요소들로 이미지화 되었다. 흙과 바람의 질료는 조태일 시에서 대립된 향토의 구성 요소로서의 역할로 모아지고 있다. 인간세계의 모순점을 거론하는 인식체계로 이해할 수 있는 것들이다. 그리고 향토는 조태일 시인 자신의 존재가치를 심화 확대할 수 있는 공간으로 이미지화되었다. 자아의 존재성을 부각시키는 차원에서 향토는 자연적 생의 힘을 돋우는 기제로 씌어졌으며, 다시 그것은 분단된 국토로 인식 지평을 확대해 보여주었다고 하겠다. 그에 따라 조태일의 상상력은 국토분단의 구조적 모순에 응전하는 방식을 취했다고 보게 된다.

눈물의 세계에서는 개인의 감정적 분비물을 사회현실에 접목시키는 가운데 눈물은 역사적 · 시대적 정서가 함유되어 있다. 거기에는 국토의식을 고양시키는 눈물이 있었고, 인간의 정서적 가치를 회복하고자 하는 참된 삶의 눈물이 있었다. 가족이 시적 제재로 가미되면서 의식적으로 창조된 눈물의 형태적 이미지를 드러냈다. 결국 눈물도 사회현실과의 유기적 관계 속에 이미지화되었으며 눈물에서조차 시인의 시대의식을 찾아볼 수 있다. 또한 내면의식의 강화를 띤 눈물은 주체적인 사회현실 자각과 인간적 삶의 내적 발전을 유기적으로 결합하는 이미지로 나타났다. 그러면서 눈물은 시적 주체와 객체의 상호작용 속에서 이념적 층위와 정서적 층위의 조화를 보여준다.

모성의 세계에서는 국토의 젖줄인 산맥이 독도까지 흘러내리면서 자연히 그 국토는 어머니의 모습으로 받아들여지는 이미지를 띤다. 시인의 삶을 보호하고 성장시켜주는 모성의 양상이 비쳐지는 가운데 향토에서의 고양된 정서적 체험을 바탕으로 한, 통일 지향적인 배경으로 엮어나가는 형태를 보여준다. 이때 그의 시를 외향적 심상과 내향적 심상으로 구분지울 수 있는 여지가 마련되었다. 시인의 시적 동기가 시대적 변화에 상응한 현실인식으로 접근하여 가는 것이 외향적 심상이라면, 그러한 분단된 국토의 현실을 자신의 내면으로 끌어들이는 것이 내향적 심상이라 하겠다. 전자는 가족적 삶의 경험을 사회현실과 결합하는 형태를 취하고 있으며, 후자는 외부세계의 상황을 가족적 삶, 즉 어머니에게로의 상상력 전이를 보여준 것으로 설명된다. 여기서 바로 시인의 정신적 순결성과 접목시켜 볼 수 있는 대목이다. 조태일의 순결성은 획일화된 사회제도를 거부하는 네거티브 기능으로 작용하였고, 불구의 사회상황을 올바르게 개조시키는 투철한 공동체의식을 가지는 데 힘의 원천으로 작용하고 있다.

이상에서 조태일의 시에 나타난 이미지를 살펴봄으로써, 그의 문학적 성과는 분단된 국토에서의 민족적 동질성을 회복하기 위한 공동체적 삶의 가치지향에서 찾아진다고 하겠다. 이화 함께 노출된 문제점은 다음과 같다.

첫째, 시적 정서의 통일을 끝까지 보여주지 못했다. 그가 건강하고 온전한 인간의 존재 가치를 일관성 있게 지향한 것은 사실이지만, 일상적인 감정이 사회현실 속에 종속되어 있기 때문에 시대 변이에 따른 시적 감성의 변화를 보였다. 특히 1990년대의 시작이 그러했다.

둘째, 객관적 현실에서의 삶의 지표를 자신의 내부세계에서 그쳐버렸다. 이것은 사회의 근본적인 문제성을 직시하고 있으면서도 명확한 목표를 제시하지 못한 채, 다분히 문학적 실천에 머물렀다는 이야기가 된다.

셋째, 생활체험에 근거한 자연적 제재를 다양한 시적 이미지로 형상화하였음에도 불구하고 많은 작품에서 상투적인 사회 의식성이 내장되어 있는 관계로 미학적 측면에서 진부함을 드러냈다. 이는 조태일이 현실참여적인 시인으로서 이해할 수 있는 부분이지만 관점에 따라서는 시 창작을 자신의 이념적 수단으로 활용했다는 비판 받을 여지가 충분하다.